FASZINATION JESUS

ROLAND WERNER
GUIDO BALTES

FASZINATION Jesus

Sonderausgabe und 8. Gesamtauflage

Umschlaggestaltung: Ruth Gombert
Satz und Druck: Books on Demand GmbH

ISBN Paperback 978-3-9825486-0-9
ISBN Hardcover 978-3-9825486-1-6
ISBN eBook 978-3-9825486-2-3

www.spacecontrol-verlag.de

Inhalt

Vorwort zur ersten Auflage

Warum wir dieses Buch schreiben

In den letzten zwei Jahren habe ich an vielen Universitäten in Deutschland und Osteuropa gesprochen. Zu den Vorträgen kamen Hunderte von Zuhörern, Studenten und Professoren, Christen und Nichtchristen, Gläubige und Atheisten. Ohne Übertreibung kann ich sagen, dass kein Thema so viele Zuhörer angezogen hat wie das Thema Jesus. Wer war er? Wer ist er? Was wollte er? Das interessiert auch heute noch die Menschen. Denn von Jesus geht eine starke Faszination aus.

Ich habe aber auch entdeckt, dass sehr viel Fehlinformation in den Köpfen selbst gebildeter Menschen umherschwirrt. Dass viele Zeitgenossen irgendwann und irgendwo irgendwelche Halbwahrheiten oder ganze Unwahrheiten über Jesus gehört haben und nun in der Gefahr sind, diese für bare Münze zu nehmen und sich so ein Leben lang selbst gegen Jesus zu immunisieren.

Deshalb dieses Buch. Es handelt von dem, was wir wirklich und verlässlich von Jesus wissen können. Dies Buch ist deshalb eine Einführung. Es soll dem Mangel an solidem Grundwissen in Sachen Jesus abhelfen. Es soll informieren und den Leser in die Lage versetzen, sich selbst ein Urteil über Jesus zu bilden. Und dann entsprechend darauf zu reagieren.

Deshalb die Warnung: Es könnte sein, dass viele Vorurteile wegfallen werden und Sie auf einmal vor der Frage stehen: Was ist meine persönliche Einstellung zu Jesus? Was bedeutet Jesus für mich und mein Leben – heute?

Dies ist kein wissenschaftliches Fachbuch für theologische Insider. Vielmehr haben wir uns stets um Allgemeinverständlichkeit bemüht. Natürlich haben wir wissenschaftliche Erkenntnisse stark aufgenommen. Im Literaturverzeichnis werden Hilfen zum Weiterarbeiten für den interessierten Leser gegeben. Aber wir wollen verhindern, dass das geschieht, was bei theologischem Werken leider oft der Fall zu sein scheint: Man nimmt neue Gedanken zur Kenntnis. Man findet sie ganz interessant, bedenkenswert, vielleicht auch diskussionswürdig oder sogar wahr. Aber letztendlich versteckt man sich hinter einem akademischen Interesse. Man lässt die Sache nicht wirklich an sich heran. Um das zu vermeiden, wird der persönliche Bezug, so hoffen wir, immer wieder deutlich werden.

Denn darum geht es letztlich: Wer ist Jesus? Und was hat Jesus mit uns zu tun? Davon handelt der Hauptteil.

In den Anhängen behandeln wir dann Themen von mehr theoretischem Interesse. Dies erklärt auch unsere Doppelautorenschaft. Während der Hauptteil aus meiner Feder stammt, hat Guido Baltes die Anhänge verfasst. Trotz dieser grundsätzlichen Arbeitsteilung haben wir alles miteinander durchgearbeitet und durchgesprochen, manchmal in langen Nachtsitzungen!

Wir schreiben als Christen. Das heißt: Wir sind Leute, die dem lebendigen Jesus Christus begegnet sind. Und die versuchen, in ihrem alltäglichen Leben ihm nachzufolgen. Deshalb sind wir bei diesem Thema nicht unbeteiligt. Das ist sowieso keiner, der irgendetwas schreibt. Sondern wir sind von Jesus ergriffen. Wir finden ihn großartig. Und es ist unser Wunsch, dass auch viele Leser sich neu von der Person Jesus konfrontieren lassen. Und dass sie vielleicht in dieser Begegnung mit Jesus neue Lebensmöglichkeiten entdecken.

Im Frühsommer 1992

Gedanken zur Auflage 2023

Kein Buch kann Jesus wirklich ganz darstellen. Es können immer nur Teilaspekte sein, gesehen durch die Brille von Menschen unserer Tage. Wer wirklich Jesus kennenlernen will, dem ist vor allem die intensive Lektüre der vier Evangelien zu empfehlen. Dort werden wir in unübertrefflicher Weise mit dem wirklichen Jesus zusammen- gebracht. Kein anderes Buch kann dies ersetzen.

Jesus fasziniert immer noch. Deshalb haben wir uns entschlossen, dieses Buch nach mehreren deutschen Auflagen und Übersetzungen ins Russische, Serbische, Polnische, Mazedonische und Indonesische noch einmal herauszugeben. Der Text des Hauptteils wurde durchgesehen und leicht überarbeitet. Wir sind umso überzeugter, dass die Sache mit Jesus stimmt.

Roland Werner, Ostern 2023

1. Jesus: Mythen und Märchen

Wir würden Jesus gern persönlich begegnen![1]

Jesus fasziniert. Keine andere Gestalt der Weltgeschichte hat es vermocht, so viele Menschen in ihren Bann zu ziehen. Unzählige Bücher wurden über ihn geschrieben. Zahllose Lieder besingen ihn. In Hunderten von Sprachen wird Jesus gepriesen. Heere von Wissenschaftlern beschäftigen sich mit Teilaspekten seines Lebens und seiner Botschaft. Das Neue Testament, das Buch, das von seinem Leben berichtet, ist das meistgelesene Buch der Welt. Teile der Bibel wurden bis heute in nahezu 2000 Sprachen übersetzt, das Neue Testament in weit über 1000, die ganze Bibel in knapp 500. Überall lesen Menschen die Geschichte von Jesus: im Hochland von Iran Jaya und Papua Neuguinea, wo sie den Umbruch von der Steinzeit ins 21. Jahrhundert zu bewältigen haben, wie in den Wolkenkratzern Singapurs, in den Großstädten Afrikas, in einsamen Andendörfern wie in den Universitäten Europas. Der Wissensdrang in Sachen Jesus ist riesig. Jesus fasziniert – bis auf den heutigen Tag.

Ein erstaunliches Phänomen

Das ist eigentlich erstaunlich. Jesus schrieb nie ein Buch. Er lebte fern von den wichtigen Zentren der antiken Kulturwelt in einem etwas abgelegenen Winkel des römischen Reiches. Er verließ nie die engere Umgebung seines Heimatlandes, abgesehen von ein paar Jahren in Ägypten während seiner Kindheit, als die Familie vor der Verfolgung durch Herodes dem Großen fliehen musste. Er sah nie Rom oder Athen, Ephesus oder Antiochien.

---

1 Joh 12,21

Wie lässt sich die ungeheure Wirkung erklären, die Jesus entfaltet hat? Das Leben dieses einen Menschen zog Kreise, die zu seiner Zeit kaum jemand für möglich gehalten hätte. Wer von seinen Zeitgenossen hätte damals daran gedacht, dass wir uns heute noch mit Jesus befassen würden? Jesus selbst aber schien davon auszugehen, dass sein Leben Bedeutung bis in entfernteste Zeiten und Weltgegenden hinein haben würde. Das wird bei vielen seiner Aussagen deutlich. Ein Beispiel: Als Maria, die Schwester von Marta und Lazarus, also die Tochter einer mit Jesus befreundeten Familie, ihn mit ihrem teuren Parfüm überschüttete, sagte er voraus, dass Menschen in fernen Zeiten noch davon sprechen werden.[2] Ebenso sagte Jesus, dass die gute Nachricht, die er gebracht hatte, in allen Ländern verkündigt werden würde, bevor das Ende der Zeiten kommt.[3] Aber wer konnte sich damals wirklich vorstellen, dass es so kommen würde? Dass er nicht einfach wie Millionen seiner Zeitgenossen in Vergessenheit geraten würde?

Jesus ist ein Phänomen, mit dem man sich auseinandersetzen muss. Wir leben „nach Christus", Anno Domini, „im Jahre des Herrn". Nach seiner Geburt datiert sich unsere Zeitrechnung, wenn auch der Mönch Dionysius Exiguus,[4] der als Erster von der Geburt Christi an rechnete, sich leider um ein paar Jahre verrechnet hat. Man geht heute davon aus, dass Jesus im Jahr 7 oder 6 „vor Christus" geboren wurde. Doch egal wann genau sie stattfand, die Tatsache bleibt, dass die Geburt Jesu einen entscheidenden Wendepunkt in der Weltgeschichte markierte.

---

2 Mt 26,13

3 Mt 24,14

4 Er lebte in der 1. Hälfte des 6. Jahrhunderts in Rom und machte sich in vielerlei Hinsicht wissenschaftlich verdient. Unter anderem beschäftigte er sich mit chronologischen Fragen und rechnete den alten römischen sowie den damals üblichen christlichen Kalender, der bei der Verfolgung durch Diokletian ansetzte, auf den heute gebräuchlichen christlichen Kalender „von Christi Geburt an" um. Auch dieser Kalender hat im Lauf der Zeit immer wieder Revisionen erfahren, wobei es vor allem um die Einführung von Schaltjahren und Ähnliches ging.

Existierte Jesus überhaupt?

Es war offizielles marxistisch-leninistisches Dogma, dass Jesus Christus nie existiert habe. Ich war eingeladen zu Vorträgen an verschiedenen Universitäten der ehemaligen Sowjetunion. Nach einem Vortrag an der Universität Moskau über die Geschichtlichkeit der Evangelien sagte mir ein Professor, er habe in der Schule gelernt, dass Jesus nie gelebt hat. Als Beweis dafür wurde angeführt, dass Herodes der Große im Jahr 4 vor Christus gestorben sei. Also hätte er zum Zeitpunkt der angeblichen Geburt Jesu nicht mehr gelebt und hätte weder die Weisen aus dem Morgenland empfangen noch den Kindermord in Bethlehem befehlen können, der den neugeborenen Jesus als möglichen Königsrivalen ausschalten sollte.[5] Die Logik der Argumentation ist überwältigend! Gerade die Tatsache, dass Herodes der Große vier Jahre vor unserer Zeitrechnung starb, zeigt, dass Jesus vor unserem heutigen Jahr Null geboren worden sein muss! Denn es lässt sich weder an der Geschichtlichkeit von Jesus noch an der von Herodes etwas drehen. Daran zweifelt heute kein Wissenschaftler.[6] Woher kommt also diese irrige Ansicht?

Karl Marx war in seinem Urteil, Jesus habe nie wirklich gelebt, sondern sei die Erfindung irgendwelcher Christen im 2. Jahrhundert, von dem Berliner Privatdozenten der Theologie, Bruno Bauer (1809–1882), beeinflusst. Der hatte die Glaubwürdigkeit des Neuen Testaments radikal infrage gestellt. Er ging so weit, die Existenz Jesu als geschichtliche Figur überhaupt zu leugnen. Abgesehen davon, dass das eine wissenschaftlich völlig unhaltbare These ist, führte die folgende Auseinandersetzung dazu, dass Bauer 1842 die Lehrerlaubnis entzogen wurde. Das erzürnte den freiheitsliebenden Geist von Karl Marx und er schloss sich gerade deshalb umso intensiver der Meinung Bauers an. Und so kam es, dass jahrzehntelang in einem großen Teil der Welt im Namen des wissenschaft-

---

5 Vgl. Mt 2,16-23

6 Neben dem Neuen Testament erwähnt z. B. der jüdische Geschichtsschreiber Josephus Flavius sowohl Herodes den Großen als auch Jesus (siehe Kapitel 2 und Anhang).

lichen Atheismus die Nichtexistenz Jesu als Dogma gelehrt wurde. Doch das hat keine historische Basis. Wie immer man zu den Ideen von Karl Marx stehen mag: An dieser Stelle hat er sich geirrt. So einfach lässt sich Jesus nicht ausschalten.

Eine doppelte Reaktion

Es ist schon erstaunlich, wie unterschiedlich Menschen auf Jesus reagieren. Für die einen ist sein Name nur Bestandteil einer gedankenlosen Redensart. Für die anderen ist er der Sohn Gottes, den sie anbeten und dem sie nachfolgen wollen. Manche halten die Sache mit Jesus für den größten Betrug der Geschichte, andere setzen ihr ganzes Leben für genau diese Sache ein, weil sie glauben, dass Jesus wichtiger ist als alles andere. Auch die Bücher über Jesus, die zurzeit auf dem Markt sind, können sich dieser Notwendigkeit, so oder so Farbe zu bekennen, nicht entziehen. Obwohl sie vorgeben, neutral und ganz wissenschaftlich zu sein, zeigt sich bei manchen von ihnen doch, wie heftig sie sich gegen die biblische Darstellung des Lebens Jesu zur Wehr setzen müssen.

Gegenüber Jesus ist es offensichtlich schwer, neutral zu bleiben. Er fordert zur Entscheidung heraus. Die Erwähnung des Namens Jesus ist vielen Zeitgenossen unangenehm. Das gilt sogar manchmal in der Kirche. Es ist viel leichter, allgemein von „Gott" zu reden. Oder allenfalls von „Christus". Aber Jesus – das ist zu konkret. Zu eindeutig. Zu herausfordernd. In feiner Gesellschaft redet man über alles, nur nicht über Jesus. Das gehört sich nicht. War im letzten Jahrhundert das Thema Sexualität tabuisiert, so sind es heute die Themen Jesus, Religion und Tod. Das wird in unserer Zeit, die sich sonst allen Themen gegenüber so frei und unerschütterlich gibt, poinlichst ausgespart.

Aber ist nicht diese Scheu, dieser Versuch, Jesus totzuschweigen, schon in sich ein indirekter Hinweis auf seine Bedeutung? Könnte die peinliche Stimmung, die bei der Erwähnung von Jesus manchmal aufkommt, ein versteckter Hinweis darauf sein, dass wir sehr wohl wissen, wie wichtig Jesus ist? Dass wir instinktiv fühlen, dass er einen Anspruch auf uns hat?

Wer war Jesus?

Es geht also um Jesus. Wer war er? Was sind die historischen Fakten, soweit wir sie in den Blick bekommen können? Was war seine Botschaft? Worin lag seine Faszination? Was ist die Bedeutung seines Lebens? Und wie sollen wir seinen Tod am Kreuz verstehen? War das eine Niederlage, der traurige Abschluss eines guten Lebens oder der Anfang von etwas Neuem, wie die Christen behaupten? Ist Jesus von den Toten auferstanden?

Dies sind einige der Fragen, die wir in diesem Buch behandeln wollen. Und wir laden Sie ein, mit offenem Verstand und ohne Vorurteile sich dieser Frage zu stellen: Wer war Jesus? Und welche Bedeutung kann er für mein Leben haben? Beim Nachdenken über diese Fragen kann es geschehen, dass wir neu erfasst werden von der Faszinationskraft, die von Jesus ausgeht.

Bilder von Jesus

In den verschiedenen Zeiten haben sich die Menschen unterschiedliche Bilder von Jesus gemacht. Alle möglichen Kategorien sind auf ihn angewandt worden. Wenn man sich einmal die Galerie der Jesusbilder anschaut, wird deutlich, wie jeder versucht, ihn in sein Schema einzuordnen und nach seinen Maßstäben zu verstehen. Je nach der eigenen Weltsicht und der persönlichen Vorliebe kommt ein ganz anderes Bild von Jesus heraus. Dabei wird deutlich, dass die verschiedenen Bilder oft mehr über die Person dessen aussagen, der sie entworfen hat, als über Jesus selbst. Weil sie aber teilweise so weit verbreitet sind und sich so hartnäckig behaupten, will ich einige dieser Bilder kurz darstellen.

Der Revolutionär

Als in den 1960er-Jahren die Studentenunruhen begannen und viele sich nach einer neuen Gesellschaftsordnung sehnten, die durch Revolution, durch Umsturz des Bestehenden, erreicht werden sollte, war der revolutionäre Jesus in. Sein Bild, von Künstlern der Pop Art entworfen, war fast deckungsgleich mit den Fotos des südamerikanischen Revolutionärs Che Guevara. Fast überall konnte man den Steckbrief lesen: „Wanted: Jesus Christ!“ Er war nach dieser Vorstellung der große Rebell, der Aufrührer aus Galiläa. Das passte voll in den Trend der Zeit: Jesus als Revolutionär, der die Armen gegen die Übergriffe der Reichen verteidigt, der das Establishment angreift, der sich gegen Bürgerlichkeit und Traditionen wendet. Jesus der Revolutionär war angepasst an das Leitbild dieser Zeit.

Der Hippie

Eine Variante dieses Jesusbildes ist Jesus als erster Hippie. Der war allerdings nicht so gewaltbereit wie der revolutionäre Jesus. „Make love, not war!“ Mit dieser Devise der Blumenkinder-Ära auf den Lippen konnte der Hippie-Jesus direkt an den sanften und milden Jesus der Maler der Jahrhundertwende anknüpfen. So hatte die sogenannte „Schule der Nazarener“ Jesus dargestellt: lieb, lächelnd und nachdenklich. Dieses Jesusbild, eine Kreation einer lange vergangenen Zeit, entsprach jetzt wieder dem Lebensgefühl einer neuen Generation. Es war ein Jesus, der jünglingshaft mit langen, blonden Haaren und wallendem Gewand beschwingt durch die Felder schreitet und Kindern, Tieren und Pflanzen seine Aufmerksamkeit widmet. Ein jugendlicher Jesus, der von der Generation vor ihm missverstanden wird, weil er den friedlichen Protest der freien Blumenkinder gegen ihre verbürgerlichten und materialistischen Eltern verkörpert. So wurde Jesus zum ersten Hippie.

John Allegro hat dann noch eine Zuspitzung dieses Hippie-Jesus versucht. Er behauptete, die ersten Christen hätten einen bestimmten Pilz als Droge entdeckt, mit dessen Hilfe sie einen kosmischen Trip geworfen und so eine „Erleuchtung" erlangt hätten. Er ging sogar so weit, die Historizität von Jesus ganz zu leugnen und zu behaupten, „Jesus" sei das Codewort für den Pilzkult gewesen. So absurd uns das heute erscheint, so sehr bewegten diese Thesen damals weltweit die Medien und die öffentliche Diskussion, bis sie wieder in Vergessenheit gerieten. Es war eine Sonderform des Bildes von Jesus als Hippie: Jesus oder seine Jünger als Entdecker einer bewusstseinserweiternden Droge. Angesichts der heute bekannten negativen Folgen der Drogenabhängigkeit ist die damalige naive Drogeneuphorie von John Allegro überhaupt unverständlich geworden.[7] Dass das mit dem wirklichen Jesus sowieso nichts zu tun hat, ist klar.

Der psychologische Jesus

Eine Weiterführung des Bildes von Jesus als friedliebendem Hippie ist Jesus als Repräsentant einer neuen psychologischen Welle. Dieser Jesus liegt nunmehr ganz im Trend einer Tiefenpsychologie, die den Schlüssel für das Selbst und das eigene Leben abgeben soll. Die Psychologin Hanna Wolff hat ihn entdeckt und ihn in ihrem Buch „Jesus, der Mann" dargestellt.[8] Im Gefolge fand dann Franz Alt, dass Jesus darüber hinaus der „erste neue Mann" sei.[9] Für ihn ist Jesus der softe Mann, voll zarter Männlichkeit, in die seine Weiblichkeit ganz integriert ist. Ein Mann, der Yin und Yang in sich harmonisch ausbalanciert hat. Der uns als psycho-

---

7 Vgl. John Allegro: The Sacred Mushroom and the Cross. London 1973. Diese Behauptungen Allegros wurden von vielen Wissenschaftlern wiederholt widerlegt. In seinem mehr wissenschaftlichen Werk über die Funde in Qumran (Search in the Desert, London 1965) allerdings schreibt Allegro historisch korrekt, dass die Funde uns nichts über Jesus direkt sagen, sondern nur etwas über den historischen Hintergrund, also die Welt des Judentums um die Zeitenwende (so S. 173).

8 Hanna Wolff: Jesus, der Mann. Stuttgart 1975. Auch: Jesus als Psychotherapeut. Stuttgart 1978.

9 Franz Alt: Jesus – der erste neue Mann. München 1989.

logisches Leitbild dienen kann. Einer technologieverdrossenen Zeit will er sagen, dass das wahre Heil nur in der Tiefe der eigenen Seele zu finden ist. Jesus ist nach dieser Vorstellung also der erste Therapeut, der sich selbst zuerst ganz analysiert und angenommen hat und nun als ganz integrierter Mann Männern und Frauen bei ihrer Selbstverwirklichung als Vorbild dienen kann.

Dieses Jesusbild passt natürlich in eine Zeit, in der nichts so unsicher geworden ist wie die eigene Identität und die Beziehungsfähigkeit. Wo nicht mehr die Gesellschaft als Ganzes verändert werden soll, sondern die eigene Psyche die größte Aufmerksamkeit erfordert. Wo es in jeder einigermaßen ernst zu nehmenden alternativen Zeitschrift von psychologischen und therapeutischen Angeboten nur so wimmelt. Hier passt der psychologische Jesus wunderbar hinein.

Wunsch oder Wirklichkeit?

Die verschiedenen Jesusbilder sind faszinierend. Es ist schon spannend zu sehen, wie jeder versucht, Jesus dem eigenen Interesse entsprechend zu verstehen und zu beschreiben. Ein Stück Wahrheit ist ja in jedem dieser Jesusbilder. Ja, Jesus war eine vollkommen integrierte Persönlichkeit. Nicht von ungefähr können Psychologen den Versuch unternehmen, das in ihren Untersuchungen nachzuweisen. Er war eine durch und durch heile Person. Bei ihm klafften Reden und Tun nicht auseinander. Er lebte eine Lebensqualität, die wir nur staunend wahrnehmen können.

Ja, es stimmt! Er ging zärtlich mit Kindern um. Er nahm die Außenseiter in seine Gemeinschaft auf. Er protestierte gegen eine Traditionsgläubigkeit, die nicht mehr nach Recht und Unrecht, Wahrheit und Lüge fragte. Er setzte sich für die Armen ein. Er prangerte die Strukturen und Herrschaftssysteme an, die Menschen in unmenschlichen Zwängen niederdrückten. Und das alles tat er in großer Sanftmut, Gelassenheit und Klarheit. Er verzichtete auf Gewalt gegen Menschen und Tiere. So stimmen die erwähnten Jesusbilder zum großen Teil. All das tat Jesus. Und deshalb können sich so viele Menschen heute bei Jesus mit ihrem Anliegen wiederfinden.

Und doch war Jesus mehr als irgendeins dieser Bilder. Oder als alle zusammengenommen. Das dürfen wir nicht vergessen. Jesus ist mehr! Er ist der Mann, der in kein Schema passt.

Nicht nur in letzter Zeit gab es diesen Versuch, Jesus in ein Schema zu pressen. Das Bestreben, ihn irgendwie zu zähmen, der eigenen Anschauung anzupassen, finden wir überall in der Geschichte. Ich will noch einige weitere Jesusbilder nennen:

Der liberale Jesus

Das 19. Jahrhundert war das Jahrhundert des ersten großen technischen Schubs. Das früher Unmögliche schien auf einmal möglich zu werden. Elektrizität, Eisenbahnen, weltweite Entdeckungen und Eroberungen ließen in der westlichen Welt das Gefühl entstehen, alles sei machbar. Die Wissenschaft eroberte Stück für Stück die Wirklichkeit. Da war kaum noch Platz für Gott. Und auf keinen Fall Platz für das Übernatürliche. Die bürgerliche Gesellschaft legte großen Wert auf treue, selbstvergessene Pflichterfüllung. Moral und gute Sitten wurden hoch angesehen.

Und so entdeckten die Theologen dann auch dementsprechend einen Jesus, der dem Zeitgeschmack entgegenkam. Alles Übernatürliche in den Evangelien, also die Wunder, die Vorhersagen und Erfüllungen, die Heilungen und die Befreiung von dämonischen Mächten, sollten nun herausgestrichen werden. All diese Berichte seien zeitbedingt und spiegelten nur das primitive Weltbild der Antike wider. In unserer aufgeklärten Zeit, so sagten die Verfasser vieler liberaler Jesusbücher, erkennen wir, dass das alles nur nachträglich hinzugefügtes Beiwerk sei. Der wirkliche Jesus sei stattdessen Jesus, der Sittenlehrer. Der uns zeigt, wie man verantwortlich und pflichtbewusst sein Leben führt. Der Lehrer, der seinen gutwilligen, aber noch bildungsbedürftigen Schülern zeigt, was sich schickt und was nicht. Der uns die ewig gültige Regel der Nächstenliebe hinterlassen hat.

Das Jesusbild wurde also von allen Hinweisen auf Übernatürliches befreit. Übrig blieb ein Jesus, der im Bild eines preußischen Erziehers geschaffen war. Der mehr an einen deutschen Gymnasiallehrer erinnerte als an einen jüdischen Rabbi. Eine Art antiker Immanuel Kant. Ein zweiter Sokrates. Ein sanfter, gütig, bisweilen aber auch etwas streng dreinblickender Lehrer.

Das war natürlich ein attraktives und den Status quo wenig gefährdendes Jesusbild. Und doch entpuppte sich der liberale Jesus schon zu seiner Zeit als mangelhaft. Jeder Autor produzierte nämlich seine eigene Version des Lebens Jesu. Spätestens als Albert Schweitzer dann sein Buch „Die Geschichte der Leben-Jesu-Forschung“[10] schrieb, hätte allen klar werden müssen, dass dieser Versuch in einer Sackgasse geendet hatte. Es war einfach unmöglich, die sogenannten übernatürlichen Elemente aus dem Leben Jesu herauszuschneiden und dennoch ein einigermaßen vernünftiges Restbild von Jesus zu bewahren. Die verschiedenen Teile seiner Person und seines Wirkens ließen sich einfach nicht voneinander trennen. Das Ergebnis wäre gewesen, dass man gar nichts mehr über Jesus aussagen könnte. Und das wäre dann doch zu wenig gewesen! Diese Tatsache erkannte Schweitzer.

Und doch wurde immer wieder der Versuch unternommen, einen „naturwissenschaftlich haltbaren“ Jesus zu finden. Der Marburger Neutestamentler Rudolf Bultmann war einer der späteren Theologen, die das immer noch versuchten. Das Problem war allerdings, dass der Wissensstand der Naturwissenschaft, den er und andere Theologen als Maßstab an den Jesus des Neuen Testamentes legten, schon längst überholt war, als sie ihre Werke über das Neue Testament schrieben. Die materialistische Weltsicht, das mechanistische Weltbild der Physik des 19. Jahrhunderts, das keinen Raum für Wunder oder auch Unregelmäßigkeiten in Naturvorgängen offen ließ, leitete diese Theologen noch in der Mitte des 20. Jahrhunderts. Doch da war längst durch die moderne Quantenphysik

10 Albert Schweitzer: Die Geschichte der Leben-Jesu-Forschung. 4. Auflage 1926.

die Theorie von der absoluten Einförmigkeit und Vorhersagbarkeit der Naturvorgänge widerlegt. Das liberale Jesusbild, das sich einer alten Physik anpassen wollte, war schon hoffnungslos veraltet, als es durch diese Theologen popularisiert wurde. Die zwingende Notwendigkeit, Wunder aus naturwissenschaftlichen Gründen von vornherein als unmöglich auszuschließen, war also gar nicht mehr vorhanden. Und doch geistert das liberale Jesusbild, durch Bücher und Religionsunterricht vermittelt, immer noch in den Köpfen vieler herum. Und verstellt ihnen den Blick auf den wirklichen Jesus.

Der germanische Held

Dieser Versuch, Jesus für eine bestimmte Weltanschauung zu gewinnen, gehört ebenfalls in das 20. Jahrhundert. Der Sieg der biologischen Weltanschauung, die Lehre von dem Überlebensrecht des Stärkeren, hatte mit dazu beigetragen, dass Menschen unter dem Gesichtspunkt der Rasse und Volkszugehörigkeit angesehen wurden. Dann war es nur noch ein Schritt, bis ein Volk als grundsätzlich überlegen, als Herrenmenschen, und ein anderes als unterlegene Rasse, als Untermenschen bezeichnet werden konnte. Für die sogenannte „Deutsche Glaubensbewegung", eine heidnisch-christliche Mischreligion, die ihr Gedankengut unter starker Anlehnung an nationalsozialistische Vorstellungen und den Rückgriff auf heidnisch-germanische Sagen gebildet hatte, und später auch für Teile der Bewegung der sogenannten „Deutschen Christen" im nationalsozialistischen Staat war es unerträglich, an einen jüdischen, dunkelhäutigen und schwarzhaarigen Jesus zu glauben. Jesus musste neu modelliert werden, umgestaltet in das Bild eines blonden, hünenhaften germanischen Recken, der als ethisch hochstehender Muskelmann Vorbild für den neuen Deutschen sein konnte. Das Alte Testament wurde als jüdisch und undeutsch abgetan. Jesus wurde eingedeutscht. Er konnte nun Vorbild für den freien germanischen Mann sein, der auszieht, um neuen Lebensraum für sein Volk zu erobern.

Welche gedankliche Akrobatik zu einer solchen Umformung der biblischen Dokumente gehört, ist für uns heute kaum noch nachvollziehbar. Aber die Sache selbst geschieht immer neu: Jesus wird dem jeweiligen Geschmack angepasst.

Jedoch ist auch in dieser Jesusdeutung ein Körnchen Wahrheit enthalten: Jesus und seine Botschaft sind für jede Kultur relevant. Und jede Kultur, wie jeder einzelne Mensch, wird Jesus von einer bestimmten Seite her ansehen. Und das Gefühl gewinnen, dass Jesus ganz zu ihm steht, ganz auf seine Seite tritt. Das wird vor allem in künstlerischen Jesusdarstellungen deutlich. In verschiedenen Kontinenten wird in der Kunst Jesus als einer gemalt und dargestellt, der ganz zu ihnen gehört. So gibt es den schwarzen Jesus, den indonesischen Jesus und den indianischen Jesus. Jesus wird von der jeweiligen Kultur ganz angenommen und integriert. Und das ist gut so, denn hier zeigt sich die universelle Bedeutung von Jesus. Er hat in sich die Kraft, Menschen jeder Kultur anzusprechen und für sich zu gewinnen. Dennoch gibt es eine feine Trennlinie: Keines dieser auf eine bestimmte Kultur zugeschnittenen Bilder von Jesus darf absolut gesetzt werden. Jedes ist nur eine Interpretation, das in die bestimmte Situation hineinspricht. Und jedes muss sich immer wieder an den historischen Dokumenten, wie sie uns im Neuen Testament vorliegen, überprüfen und korrigieren lassen. Denn Jesus ist eben letztlich doch nicht ein germanischer, afrikanischer oder asiatischer Jesus.

Der Geheimlehrer

Auch dies ist ein heute sehr beliebtes Jesusbild, besonders in der westlichen Welt. Das Strickmuster ist etwa wie folgt: Zuerst wird gesagt, Jesus habe zwei verschiedene Arten von Lehren von sich gegeben. Öffentlich habe er dem allgemeinen Volk Gleichnisse und einfache Glaubenslehren vermittelt. Daneben aber habe er seinen Jüngern eine Art Geheimlehre weitergegeben, in die sie wiederum nur auserwählte Einzelne einweihen durften. Diese geheime Lehre von Jesus befinde sich auf einer höheren

Stufe als das, was die einfachen Gläubigen wissen. Die seien auch zu einfach und unverständig, um dies richtig zu verstehen. Deshalb wird gesagt, dass diese geheime Lehrunterweisung Jesu in einer Geheimtradition immer weiter vermittelt worden sei, wobei die offizielle christliche Kirche versucht habe, dieses Wissen zu bekämpfen und zu unterdrücken.

Diese auf den ersten Blick spannende und deshalb viele Menschen anziehende Hypothese hat ein großes Problem: Ihr fehlt die geschichtliche Grundlage. In den Evangelien haben wir, wie wir noch sehen werden, tatsächlich verlässliche Berichte über das, was Jesus getan und gelehrt hat. Die Theorie von der Geheimlehre Jesu ist erst mehrere Generationen später, nämlich im ausgehenden 2. Jahrhundert und dann vor allem im 3. Jahrhundert nach Christus, entstanden als Versuch, Jesus in ein bestimmtes geistiges System einzuordnen. Die sogenannten apokryphen Evangelien, die neben vielen fantastischen Ausschmückungen des Lebens Jesu diese Theorie vertreten, haben keine historische Grundlage. Man merkt ihnen vielmehr auf jeder Seite an, dass sie den Geist ihrer Zeit tragen. Dass sie bestimmt sind vom Pessimismus der spätantiken Gesellschaft und das Heil in der Befreiung der Seele aus dem Gefängnis der materiellen Welt erwarten. Jesus wird in diesem System zum Vermittler des geistigen Wissens, des Know-how der Selbsterlösung. Er ist der Seelenführer, der der Seele hilft, die materielle Welt hinter sich zu lassen und zurückzukehren in die höheren geistigen Sphären. Das Geheimwissen, das er weitergibt, besteht aus esoterischen Erkenntnissen, Wissen um die Zusammenhänge der Himmelswelten, teilweise aus magischen Formeln und Wortspielen und vielem mehr.

Wie entfernt diese Vorstellungen vom wirklichen Jesus sind, liegt auf der Hand. Jesus wird in diesen gnostischen Systemen nur als Chiffre genommen. Er ist letztlich in seiner Person unwichtig und fungiert stattdessen nur noch als Mittler eines Wissens, mit dessen Hilfe sich der Mensch selbst befreien kann. Statt der Zuwendung zum konkreten Menschen, zu allen Menschen, die wir beim wirklichen Jesus sehen, ist er zum Führer der wenigen „Wissenden“ geworden. Statt Umkehr und Lebenserneuerung heißt seine Botschaft jetzt höhere Erkenntnis und Selbsterlösung. Statt der Verkündigung der Herrschaft Gottes in allen Bereichen des Lebens, statt der Befreiung von Krankheiten und Leiden lehrt dieser gnostische Jesus, die Welt hinter sich zu lassen und das Heil in höheren Regionen zu suchen. Anstatt eine neue Gemeinschaft zu gründen, in die jeder eingeladen ist, die Armen und die Reichen, die Kranken und die Gesunden, die Männer und die Frauen, lehrt dieser Geheimlehrer Jesus nur die Wenigen, ja er lehrt sogar die Frauen, wie sie Männer werden können, damit sie die höhere Erkenntnis erlangen können.[11]

Auch dieses Jesusbild ist nicht identisch mit dem wirklichen Jesus, egal ob es nun in antiker oder in moderner Aufmachung erscheint.

Jesus als Nur-Prophet

Dies ist das Bild von Jesus, das wir im Koran finden. Jesus ist ein Bote Gottes wie andere Propheten: Mose, Abraham, David. Zwar wird ihm auch im Koran eine besonders hohe Stellung unter den Propheten eingeräumt, er trägt Ehrentitel, die kein anderer, nicht einmal Mohammed selbst, für sich in Anspruch nimmt: Wort Gottes, Geist von Gott und andere. Auch im Koran wird von seinen Wundern berichtet. Und dennoch ist er letztlich doch nur Prophet und nicht mehr. Die koranische Vorstellung von Jesus formt ihn nach dem Vorbild des Propheten Mohammed. Die Kreuzigung Jesu wird geleugnet, da es unvorstellbar ist, dass Gott es zulassen würde, dass sein Prophet so leidet. Denn Gott ist allmächtig und kann nicht erlauben, dass der von ihm Gesandte eine solche endgültige Schlappe erleidet.[12]

Aber nicht nur im Koran findet sich dieses Jesusbild. Eine ganze Reihe von nachchristlichen Religionen hat versucht, Jesus in ihr System einzubauen. Und das ist so zu erklären: Diese in den letzten 2000 Jahren entstandenen Religionen können nicht an Jesus vorbei. Es geht nicht, ihn einfach zu ignorieren. So muss er irgendwie in die neue Reli-

---

[11] Vgl. Anhang 3

[12] Ulrich Parzany: Jesus – der einzige Weg? Neukirchen-Vluyn 1991. S. 80 ff.

gion aufgenommen werden. Und das geschieht meist, indem man ihn als einen der Propheten bezeichnet, die als Vorläufer des jeweiligen Religionsgründers gekommen sind. Jesus ist auf diese Weise unschädlich gemacht, denn man kann jederzeit sagen: Wir glauben auch an Jesus. Aber eben nur als Prophet. Als einer unter anderen. Als Vorläufer. Und so hat man ihn integriert, hält ihn aber gleichzeitig mit seinem Anspruch auf Distanz.

So attraktiv diese Lösung des Problems Jesus ist, so schwierig ist sie auch. Denn alles, was wir vom wirklichen Jesus wissen, deutet in eine andere Richtung. Er behauptete eben nicht, nur ein Prophet unter anderen zu sein, einer von denen, die halt sporadisch in der Weltgeschichte auftauchen. Die Vorstellung von Jesus als nur einem Propheten ist eine unwahrhaftige Kompromisslösung. Auf der einen Seite kann man Jesus nicht ignorieren. Auf der anderen Seite will man ihn aber auch nicht als die entscheidende Schlüsselfigur anerkennen. So macht man ihn zu einem Propheten unter anderen, zum letzten großen Vorläufer des jeweiligen Religionsstifters. Das große Problem dabei ist nur: Die Berichte der Evangelien lassen einen solchen Lösungsversuch nicht zu. Genauso wie der liberale Jesus oder der Geheimlehrer Jesus ist der Nur-Prophet Jesus eine Erfindung.

Wer war Jesus wirklich?

Diese Frage ist wichtig. Denn dass Jesus von Bedeutung ist, ist klar. Seine Faszination besteht noch heute wie damals, als er seine ersten Jünger zu sich rief. Er konnte Menschen so ansprechen, dass sie alles verließen und ihm nachfolgten. Doch es blieb nicht bei einer kurzfristigen Faszination, einer oberflächlichen Begeisterung. Seine Jünger wanderten mit ihm durch die Städte Palästinas, sie hörten ihn täglich bei seinen öffentlichen Ansprachen und in persönlichen Begegnungen. Sie sahen seine Wunder und Heilungen. Sie erlebten ihn im Alltag. Wenn jemand behaupten konnte, Jesus zu kennen, dann sie. Und dennoch waren auch sie immer wieder erstaunt über Jesus. Wer ist dieser Mann?, rätselten sie. Und spürten, wie sich in ihnen eine Antwort bildete.

Von dieser anfänglichen und danach ständig wachsenden Faszination, die von Jesus ausging, berichten die Evangelien. Wer Jesus ist, das ist die geheime Frage im Hintergrund aller Erzählungen – und darauf mussten alle eine Antwort finden. Die Freunde von Jesus so wie seine Feinde. Die Juden und die Römer. Die Gebildeten und die einfachen Leute. Die Antworten waren verschieden. Der Gouverneur Pilatus ließ auf das Kreuz schreiben, als wen er Jesus verurteilen ließ: Jesus Nazarenus Rex Iudaeorum: Jesus der Nazarener, der König der Juden. War das seine eigene Meinung oder nur grausamer Spott, dass er Jesus als König der Juden bezeichnete? Die jüdischen Führer verurteilten ihn als Gotteslästerer. So unterschiedlich die Menschen, so unterschiedlich die Antwort. Doch die Frage lässt die Menschheit nicht los. Wir müssen eine Antwort darauf finden: Wer ist dieser Jesus?

Eines Tages stellte Jesus seinen Freunden genau diese Frage: „Was glauben die Leute, wer ich, der Menschensohn, bin?" Die Antworten, die seine Jünger ihm berichteten, waren ebenso vielfältig wie die heutigen: „Manche sehen in dir Johannes den Täufer, andere den Elia, noch andere meinen, du bist Jeremia oder einer der anderen Propheten."[13] Und dann fragte er sie direkt: „Und ihr – was denkt ihr über mich? Wer bin ich eurer Meinung nach?" Die Antwort, die Petrus im Namen aller Jünger formulierte, war eindeutig: „Du bist der Messias, der Sohn des lebendigen Gottes!" Zu diesem Schluss waren sie im Laufe ihres Zusammenseins mit Jesus gekommen. Obwohl sie in seiner nächsten Nähe lebten, waren sie seiner nicht überdrüssig geworden. Sie konnten keine Verfehlung, keine Schuld bei ihm finden. Uneingeschränkt war das ihre Überzeugung: Jesus ist der Christus. Er kommt von Gott. Bei Jesus sind wir an der Quelle, wenn wir etwas Verlässliches von Gott wissen wollen.

[13] Mt 16,13-17

Wenn das stimmt, dann sprengt Jesus den Rahmen aller von Menschen gemachten Jesusbilder. Dann sind alle Kategorien zu klein. Dann ist er wirklich in kein Schema zu pressen, weil alle Schemata versagen. Und dann ist ganz deutlich: Es kommt wirklich auf Jesus an.

Denn dann ist Jesus einzigartig.

2. Jesus: Berichte und Geschichte

Das war Jesus, der damals am Anfang seines öffentlichen Wirkens, ungefähr dreißig Jahre alt war. Er wurde angesehen als Sohn von Josef, dem Sohn von Eli ...[14]

Wenn wir uns mit der Fülle der zeitbedingten Jesusbilder auseinandersetzen, ist es wichtig, dass wir einen Maßstab finden, an dem wir sie messen können. Was wissen wir von Jesus? Woher kommen unsere Informationen?

Oft wird gesagt, dass wir von Jesus eigentlich nichts wissen. Das ist die Vorstellung, die in vielen Köpfen herumgeistert. Ein Theologe des 20. Jahrhunderts, der Marburger Rudolf Bultmann, hat es einmal ganz krass ausgedrückt: Seiner Meinung nach brauchen wir von Jesus nichts zu wissen als das „Dass des Gekommen-Seins". Diese extreme Aussage hat er selbst aber so gar nicht geglaubt. Er hat sie selbst in vielen seiner Schriften widerlegt, in denen er sich sehr wohl historische Urteile über das Leben Jesu bildete und viele Einzelzüge des geschichtlichen Jesus darstellte. Außerdem ist man heute entscheidend weitergekommen und beurteilt die historische Lage viel positiver.[15]

Nun ist von uns ja keiner damals dabei gewesen. Wir sind bei Jesus wie bei jeder anderen Person der Geschichte auf Zeugnisse von Zeitgenossen angewiesen, also auf historische Quellen. Aus diesen Quellen können wir Rückschlüsse ziehen auf das, was damals passiert ist. Keiner von uns war dabei, als Julius Cäsar mit seinem Heer den Rubikon überschritt. Und dennoch nehmen wir das aufgrund der schriftlichen Überlieferungen und der Auswirkungen, die dieses Ereignis für die römische Geschichte hatte, als wirklich geschehen an. Ebenso hat kein Mensch des 21. Jahrhunderts

---

14 Lk 3,23. Als neueres Grundlagenwerk zu Jesus ist das Buch „Messias Jesus: Seine Geschichte, seine Botschaft und ihre Überlieferung" (Gießen 2019) von Rainer Riesner sehr zu empfehlen.

15 2 Vgl. Anhang 1, 2 und 5.

Sokrates gesehen. Und dennoch gehen wir von seiner Geschichtlichkeit aus, weil wir von Platon und anderen Zeitgenossen Berichte über das Leben des Sokrates haben.

Die Evangelien als verlässliche Informationsquellen

Wie im Anhang ausführlicher dargestellt wird, sind wir bei den Berichten über das Leben Jesu auf mindestens ebenso gutem, wenn nicht viel besserem Grund als bei vielen anderen Persönlichkeiten der antiken Welt. Wir besitzen in den Evangelien den Ertrag von Augenzeugenberichten von hohem Wert. Die Manuskripte des Neuen Testaments sind viel besser erhalten und viel früher anzusetzen als bei allen anderen antiken Autoren. Ebenso werden die neutestamentlichen Texte schon in Schriften am Ende des 1. Jahrhunderts und dann ausgiebig im 2. Jahrhundert zitiert, sodass klar ist, dass sie damals schon weit verbreitet waren. Und auch inhaltlich sind sie stimmig. Was die Evangelien und die Apostelgeschichte berichten, fügt sich lückenlos in das ein, was wir sonst über die antike Welt wissen. Lukas, der Verfasser des nach ihm benannten Evangeliums und der Apostelgeschichte, zeigt eine genaue Kenntnis der Verhältnisse im Römischen Reich im 1. Jahrhundert und wird von Historikern als Quelle für das Altertum hoch eingeschätzt.[16] Vieles, was früher angezweifelt wurde, hat sich inzwischen bewahrheitet.[17] So entspricht z. B. die Darstellung der Kreuzigung Jesu genau der damals geübten Praxis, wie wir sie aus römischen Quellen kennen. Und die Beispiele sind beliebig zu vervielfachen.

So ist die historische Lage bei Jesus besser als bei den meisten Persönlichkeiten der alten Welt.

---

[16] Vgl. z. B. W. W. Gasque: The Historical Value of the Book of Acts. Theologische Zeitschrift Jahrgang 28. Heft 3 Mai-Juni 1972. S. 177-196.

[17] Vgl. Roland Werner: Zehn gute Gründe, Christ zu werden. Neukirchen-Vluyn 6. Auflage 2004. S. 35 ff.

Gründe für die Evangelienkritik

Und doch sind wir bei den Berichten, die wir in den Evangelien lesen, besonders kritisch. Woher kommt das? Hier spielen sicher zwei Gründe eine Rolle. Zum einen passt vieles, was in den Evangelien berichtet wird, nicht in unser gegenwärtiges westliches Weltbild. Alles sogenannte Übernatürliche, also Heilungen, Wunder, Prophetien und alles nicht sofort Erklärbare, wird von vielen unserer Zeitgenossen von vornherein abgelehnt. Das ist eine typisch westliche Erscheinung aufgrund des sogenannten naturwissenschaftlichen Weltbilds. In vielen anderen Kulturen rechnet man ganz natürlich mit sogenannten übernatürlichen Dingen. Und auch im Westen ist man unter dem Einfluss der modernen Physik und der Weiterentwicklung der Wissenschaft viel vorsichtiger geworden mit grundlegenden Urteilen über das, was möglich ist und was nicht. Diese Erkenntnis hat noch nicht alle Zeitgenossen erreicht, wird sich aber längerfristig sicher durchsetzen. Hiermit fallen viele der grundlegenden Einwände gegen die Bibel in sich zusammen.

Die Kritik an den neutestamentlichen Texten hat jedoch neben dem Grund, dass vieles nicht in unser zeitbedingtes und einseitiges westliches Weltbild passt, noch eine weitere Ursache. Und die liegt in der Brisanz der ganzen Sache. Denn wenn das stimmt, was von Jesus berichtet wird, dann hat das automatisch Konsequenzen für unser Leben. Und die sind nicht immer angenehm. Der Anspruch, den Jesus erhebt, ist unbequem. Wenn das wahr ist, was er sagt, dann kann man sich nicht einfach an Jesus vorbeimogeln. Dann muss man sich seinem Anspruch stellen. Und das hat Auswirkungen in allen Bereichen der Lebensgestaltung. Das passt uns vielfach nicht. Das ist zu herausfordernd.

Ich glaube, dass hier der tiefste Grund für die innere Abwehrhaltung gegenüber der Bibel liegt. Ein bisschen Religion ist okay. Aber konsequente Nachfolge eines Jesus, der wirklich von Gott kommt und einen Anspruch auf unser Leben hat, so wie das Neue Testament es sagt, das ist eine ganz andere Sache. Das würde sehr viel kosten.

Doch zurück zu der Frage, was wir von Jesus wissen. Neben den Evangelien gibt es einige Informationen in außerbiblischen Texten. Diese sollen hier im Überblick dargestellt werden.[18]

Jesus in der römischen Geschichtsschreibung

Es ist nicht verwunderlich, dass wir in den römischen Quellen kaum zeitgenössische Berichte über das Leben Jesu finden. Die Geschichtsschreiber beschäftigten sich damals – wie heute – vor allem mit dem Leben der Einflussreichen und Mächtigen. Das Kaiserhaus, Eroberungskriege, der Senat in Rom, Intrigen, Skandale und Liebesaffären von bekannten Leuten, das waren die Themen, die berichtenswert erschienen. Außerdem waren die Schriftsteller und Dichter von der Gunst der führenden Schicht abhängig. Sie schrieben häufig bestellte Lobeshymnen auf die jeweiligen Herrscher und ihre Errungenschaften. Kritik war nur in begrenztem Maße möglich, und meist erst im Nachhinein wie bei Nero, der in Ungnade gefallen war. Es wundert daher nicht, dass wir von römischen Schriftstellern wenig über Jesus, einen jüdischen Lehrer in einem von Rom eroberten Gebiet im Osten des Reiches, erfahren. Was wirklich verwundert, ist, dass überhaupt etwas berichtet wird. Von den Berichten, die jeder Gouverneur von Judäa sicher regelmäßig nach Rom senden musste, ist uns z. B. überhaupt nichts erhalten geblieben. Für die Auflösung dieser Archive des „ewigen Roms" sorgten neben dem ständig nagenden Zahn der Zeit auch größere Katastrophen wie Brände und die Stürme der Völkerwanderung, die die germanischen Heerscharen nach Italien brachten. Da blieb nicht viel übrig.

Solche Berichte, auch aus der Amtszeit des Pilatus, muss es jedoch in Rom gegeben haben, und noch im Jahr 150 n. Chr. konnte Justin der Märtyrer in seiner Verteidigungsschrift für die Christen an den Kaiser An-

---

[18] Im Anhang 5 werden die Texte ungekürzt wiedergegeben.

toninus Pius auf die unter Pontius Pilatus angefertigten Akten verweisen, die von den Ereignissen bei der Kreuzigung Jesu berichteten.[19]

Ausführlichere Berichte als diese kurzen Hinweise, die an mehreren Stellen auftauchen, finden sich bei den römischen Geschichtsschreibern Sueton, Tacitus sowie bei Plinius dem Jüngeren. Wir wollen sie einzeln untersuchen und darstellen, was sie uns an Information über Jesus zu bieten haben.

Sueton

Der römische Schriftsteller Sueton verfasste um das Jahr 120 n. Chr. eine Biografie der zwölf ersten römischen Kaiser in lateinischer Sprache. In der Beschreibung des Lebens des Claudius heißt es: „Die Juden vertrieb er aus Rom, weil sie, von einem gewissen Chrestos aufgestachelt, fortwährend Unruhe stifteten."[20] Dies geschah im Jahr 49 n. Chr. Sueton hatte seine Information wahrscheinlich einem Polizeibericht entnommen, den er jedoch etwas missverstand. Er nahm wohl an, dass dieser Chrestos im Jahr 49 n. Chr. in Rom anwesend war. In Wirklichkeit handelte es sich aber um Auseinandersetzungen innerhalb der Judenschaft über die Frage, ob Jesus der Christus sei. Die Schreibung Chrestos für Christos ist aus dem sogenannten Itazismus im Griechischen zu erklären, also der Tendenz, manche Vokale und Doppelvokale nur noch als langes i zu sprechen. So lautet Athen heute auf Griechisch Athini. Diese Verwechslung von „Chrestos" und „Christos" ist also verständlich, da Christus ja ein griechisches Wort ist, das Sueton nur gehört hatte und dann auf Lateinisch wiedergeben wollte.

Aus dieser Notiz des Sueton wird deutlich, dass schon in den Vierzigerjahren, also weniger als zwanzig Jahre nach Kreuzigung und Auferstehung

19 Justin, Erste Apologie 35, 7-9 und 48, 3.
20 Sueton, Vita Claudii 25, 4.

Jesu, innerhalb der jüdischen Bevölkerung Roms Christen waren. Und dass die Auseinandersetzungen um Christus zur Ausweisung aller Juden aus der Kaiserstadt führten. Innerhalb der jüdischen Gemeinschaft in Rom gab es offensichtlich heftige Diskussionen darüber, ob Jesus der Christus ist oder nicht. Genau diese Frage trennt noch heute Juden und Christen!

Es ist bemerkenswert, dass dieselbe Vertreibung der Juden aus Rom auch in der Apostelgeschichte berichtet wird. Der Verfasser Lukas schreibt: „Danach zog Paulus fort aus Athen und kam nach Korinth. Dort begegnete er einem Juden namens Aquila, der aus der Gegend von Pontus stammte. Zusammen mit seiner Frau Priszilla war er kurz vorher aus Italien dorthin gekommen, weil Kaiser Klaudius angeordnet hatte, dass alle Juden die Stadt Rom verlassen mussten.“[21] Das Ehepaar Aquila und Priszilla waren schon Christen, als sie aus Rom kamen. Hier sehen wir, wie die Berichte des römischen Historikers Sueton und des neutestamentlichen Historikers Lukas sich gegenseitig bestätigen. Wobei zu beachten ist, dass Lukas 50 bis 60 Jahre vor Sueton geschrieben hat, also viel näher am eigentlichen Geschehen war!

Eins jedenfalls wird aufgrund dieser Episode deutlich: Die Faszination von Jesus war schon wenige Jahre nach seinem Tod in der Hauptstadt des römischen Reiches zu spüren.

Nach dem Tod von Claudius (54 n. Chr.) kehrten die Juden, und mit ihnen die jüdischen Christen, wieder nach Rom zurück. Inzwischen war auch eine Reihe von Römern und Griechen Christen geworden, ja der christliche Glaube war sogar in den Kaiserpalast eingedrungen. Manche aus der Garde und einige Sklaven hatten den neuen Glauben angenommen. Als im Jahr 64 Rom niederbrannte und das Gerücht zu kursieren begann, dass Nero selbst das Feuer gelegt habe, suchte er einen Sündenbock, um den Verdacht von sich abzulenken. Deshalb ließ er die unbeliebte Gruppe der Christen beschuldigen. Viele von ihnen wurden gefangen genommen und wilden Tieren vorgeworfen oder als lebende Fackeln bei einem seiner Gartenfeste verbrannt. Sueton erwähnt dies in seinem „Leben Neros“:

---

[21] Apg 18,1-2

„Mit Todesstrafen wurde gegen Christen vorgegangen, eine Sekte, die sich einem neuen, gemeingefährlichen Aberglauben ergeben hatte.“[22]

Tacitus

Einen ausführlicheren Bericht darüber gibt jedoch der Geschichtsschreiber Tacitus. In seinen „Römischen Annalen“ berichtet er vom Brand Roms und Neros Versuch, die Schuld auf die Christen abzuwälzen. Sie sind „eine Sorte Menschen, verabscheut wegen ihrer Laster ... Dieser Name stammt von Christus, der unter Tiberius vom Prokurator Pontius Pilatus hingerichtet worden war. Dieser verderbliche Aberglaube war für den Augenblick unterdrückt worden, trat aber später wieder hervor und verbreitete sich nicht nur in Judäa, wo er aufgekommen war, sondern auch in Rom, wo alle Gräuel und Abscheulichkeiten der ganzen Welt zusammenströmen und geübt werden.“[23] Diesen Bericht aus den Jahren zwischen 115 und 117 n. Chr. hat Tacitus wahrscheinlich aufgrund der Dokumente in den staatlichen Archiven in Rom verfasst. Tacitus hatte Zugang zu diesen Archiven, und wenn der Bericht des Pilatus noch vorlag, was sehr wahrscheinlich ist, so wird er ihn eingesehen haben.

Was er schreibt, ist bemerkenswert. Nicht nur gibt er eine genaue Angabe über die Hinrichtung von Jesus, die unter Pontius Pilatus in Judäa stattgefunden hat, sondern er gibt auch einen Hinweis darauf, dass nach dem Tod Jesu nicht alles vorbei war. Der „verderbliche Aberglaube“ ließ sich nur für einen Augenblick unterdrücken, dann aber verbreitete er sich mit großer Kraft und erreichte alle Teile der römischen Welt. Niemand kann Tacitus unterstellen, den Christen gegenüber freundlich gesinnt zu sein. Und dennoch stimmt seine Notiz mit dem überein, was wir aus dem Neuen Testament wissen. So ist Tacitus ein weiterer,

---

22 Sueton, Vita Neronis 16, 2.
23 Tacitus, Annalen 15, 44.

unabhängiger Zeuge für die Tatsächlichkeit des Lebens und Sterbens Jesu. Und der Auswirkungen, die Jesus bis auf seinen Tag hatte: Viele Menschen, auch Römer, wurden Christen – Jünger von diesem Jesus Christus.

Plinius der Jüngere

In seinem Briefwechsel mit Kaiser Trajan in Rom gibt uns Plinius der Jüngere wichtige Informationen über die Christen seiner Zeit und damit auch über Jesus. Plinius war im Jahr 111 n. Chr. kaiserlicher Legat in Bithynien, also im Nordwesten der heutigen Türkei, geworden. In seiner Provinz gab es viele Christen. Nun hatte es eine Reihe von anonymen Anklagen gegeben, in denen Menschen des Christseins beschuldigt wurden. Plinius war unsicher, ob dies allein schon als hinrichtungswürdiges Verbrechen ausreichte oder ob tatsächliche Straftaten nachgewiesen werden mussten. Er berichtet, dass er die, die gestanden, Christen zu sein, zur Hinrichtung abgeführt habe, die aber, die dem Kaiserbild geopfert hatten, frei gelassen habe, auch wenn sie vorher Christen gewesen waren. Er schreibt: „Die Sache scheint mir nämlich der Beratung zu bedürfen, vor allem wegen der großen Zahl der Angeklagten. Denn viele jeden Alters, jeden Standes, auch beiderlei Geschlechts sind jetzt und in Zukunft gefährdet. Nicht nur über die Städte, auch über Dörfer und das flache Land hat sich die Seuche dieses Aberglaubens verbreitet ..."

Wessen wurden die Christen beschuldigt? Ein eigentliches Verbrechen konnte Plinius nicht finden, außer der Hartnäckigkeit, mit der viele bei ihrem Glauben blieben und sich weigerten, dem Kaiserbild zu opfern. Plinius schreibt: „Andere, die der Denunziant genannt hatte, gaben zunächst zu, Christen zu sein, widerriefen es dann aber; sie seien es zwar gewesen, hätten es dann aber aufgegeben, manche vor drei Jahren, manche vor noch längerer Zeit, hin und wieder sogar vor zwanzig Jahren. Auch diese alle bezeugten deinem Bilde und den Götterstatuen ihre Verehrung und fluchten Christus. Sie versicherten jedoch, ihre ganze Schuld oder ihr ganzer Irrtum habe darin bestanden, dass sie sich an einem bestimmten Tage vor Sonnenaufgang zu versammeln pflegten, Christus als ihrem Gott einen Wechselgesang zu singen und sich durch Eid nicht etwa zu irgendwelchen Verbrechen zu verpflichten, sondern keinen Diebstahl, Raubüberfall oder Ehebruch zu begehen, ein gegebenes Wort nicht zu brechen, eine angemahnte Schuld nicht abzuleugnen. Hernach seien sie auseinander gegangen und dann wieder zusammengekommen, um Speise zu sich zu nehmen, jedoch gewöhnliche, harmlose Speise ..."[24]

Hier finden wir also den Bericht eines römischen Statthalters, der davon berichtet, dass eine ganze Gegend vom christlichen Glauben erfasst ist, und zwar 60 bis 80 Jahre nach Jesus. Die Christen in Bithynien priesen nach seiner Aussage Christus als Gott *(quasi deo),* versammelten sich an einem bestimmten Tag (dem Sonntag) frühmorgens zu einem Gottesdienst und dann abends noch einmal zu einem gemeinsamen Mahl (Abendmahl) aus ganz gewöhnlicher Speise und nicht, wie man ihnen nachgesagt hatte, zu kannibalistischen Gebräuchen. Dies ist ein deutlicher Hinweis auf das Essen und Trinken von „Leib und Blut" Jesu, das oft in der Antike missverstanden wurde, da zum Abendmahl hinter verschlossenen Türen nur Getaufte zugelassen wurden. Der Eid, den sie schworen, ist mit der Verpflichtung zum christlichen Leben bei der Taufe identisch. Das lateinische Wort für Eid, *sacramentum,* wurde später zum Fachausdruck nicht nur für die Taufe, sondern auch für das Abendmahl.

Plinius erwähnt hier alle wesentlichen Elemente des christlichen Glaubens, ohne sie selbst ganz zu verstehen: die Gottheit Jesu Christi und daraus folgend die Weigerung, dem Kaiser oder den Göttern Verehrung darzubringen, die Erinnerung an das Leiden und Sterben Jesu im Abendmahl als zentraler christlicher Glaubensinhalt, die Gemeinschaft der Christen, in die man durch die Taufe aufgenommen wurde, und die hohe ethische Lebensführung.

---

[24] Plinius d. J. Briefe 10, 96.

So ist Plinius am Übergang vom 1. zum 2. Jahrhundert ein unabhängiger Zeuge für alle wesentlichen Elemente des christlichen Glaubens, wie sie auch im Neuen Testament dargelegt sind. Allein aufgrund dieser Beschreibung – neben vielen anderen, die angeführt werden könnten – werden alle Behauptungen widerlegt, die uns weismachen wollen, die Lehre von der Gottheit Christi wäre erst Jahrhunderte später von irgendwelchen Konzilien festgelegt worden. Auch ist sein Brief ein Zeugnis für die Anziehungskraft des Christentums in der damaligen Zeit.

Thallus

Dieser außerbiblische Beleg für Jesus ist relativ unbekannt. Während Sueton, Tacitus und Plinius der Jüngere alle kurz nach der Jahrhundertwende über Christus und die Christen berichteten, haben wir mit dem Schriftsteller Thallus eine Erwähnung von Jesus aus dem Jahr 52 n. Chr. Er verfasste eine Geschichte der östlichen Mittelmeerländer vom trojanischen Krieg bis zu seiner Zeit. Das Werk selbst ist verloren gegangen, ein Hinweis darauf ist aber bei Julius Africanus zu finden, der zu Anfang des 3. Jahrhunderts, also etwa 170 Jahre später, ein chronologisches Werk schrieb. Julius Africanus diskutiert darin unter anderem die verschiedenen Deutungsversuche des Erdbebens und der Dunkelheit, die bei der Kreuzigung Jesu über das ganze Land kamen, und lehnt Thallus' Erklärung ab. Dieser hatte sie nämlich als Sonnenfinsternis auslegen wollen. Julius Africanus jedoch verneinte dies, weil Jesus bei Vollmond gekreuzigt worden ist und an einem Vollmond keine Sonnenfinsternis möglich ist.[25] Und damit hatte er recht.

---

25 Julius Africanus-Zitat bei F. Jacoby: Die Fragmente der griechischen Historiker IIB. Berlin 1929. S. 1147. Vgl. auch F. F. Bruce: Außerbiblische Zeugnisse über Jesus und das frühe Christentum, Gießen 1991. S. 19 f.

Obwohl wir Thallus' Original nicht haben, gibt es keinen Grund, den Hinweis bei Julius Africanus infrage zu stellen. Denn Africanus bezieht sich so nebenbei und selbstverständlich auf dieses Werk von Thallus, dass es einfach als bekannt vorausgesetzt werden muss. Wir sehen daraus, dass offensichtlich die Christen und die Ereignisse um die Kreuzigung Jesu in den Fünfzigerjahren in Rom so bekannt waren, dass ein römischer Geschichtsschreiber sie in seine Darstellung mit aufnehmen wollte. Dies steht auch im Einklang mit der oben erwähnten Vertreibung der Juden aus Rom aufgrund eines „gewissen Chrestos" zu etwa derselben Zeit, zu der Thallus schrieb.

Wenn die erwähnten römischen Quellen auch nicht entscheidend mehr darstellen, als wir aus den Evangelien ohnehin – und viel konkreter – wissen, so ist es doch bemerkenswert, dass Jesus und die von ihm herkommenden Christen überhaupt eine solche Erwähnung finden. Wir merken, dass wir uns hier sehr wohl auf gutem historischem Boden bewegen.

Über die überlieferten schriftlichen Zeugnisse hinaus – und es ist uns ja nur ein kleiner Bruchteil der antiken Schriften erhalten – finden wir eine ganze Reihe von archäologischen Funden aus einer frühen Zeit, die das Geschehen um Jesus weiter bestätigen.[26]

Nichtrömische Autoren

Neben den römischen Autoren finden sich noch weitere frühe Erwähnungen von Jesus von Nazareth außerhalb der Evangelien und frühchristlichen Schriften. Die frühchristlichen Schriften wie zum Beispiel die Didache (um 90–110 n. Chr.), die Briefe von Ignatius von Antiochien (gest. 107 n. Chr.), von Polykarp von Smyrna (69/70–155/156 n. Chr.), manche andere frühchristliche Autoren sowie nicht zuletzt die Informationen, die Eusebius von Caesarea in sein Kirchengeschichtswerk eingearbeitet hat, vermitteln

[26] Vgl. Anhang 5 und 6.

uns ein sehr differenziertes Bild der christlichen Gemeinden schon um die Wende vom 1. zum 2. Jahrhundert. Alles, was sie sagen, bestätigt das allgemeine Bild. Aber das wirklich Spannende ist ja das, was Nichtchristen geschrieben haben, weil bei ihnen nicht die Gefahr besteht, dass sie den Glauben verteidigen wollen. Dass es solche Schriften gibt, ist erstaunlich. Aber hier ist auch zu bedenken, dass es sehr wohl sehr viel mehr an nichtchristlichen, besonders jüdischen Schriften, die Jesus erwähnen, gegeben haben kann, dass uns aber besonders durch die Zerstörung Jerusalems sowie überhaupt antiker Stätten allgemein bedingt vieles auf immer verloren sein wird. Was jedoch erhalten geblieben ist, ist einiges.

Der Brief des Mara bar Serapion

Im Britischen Museum in London liegt eine im 7. Jahrhundert n. Chr. ausgeführte syrische Abschrift eines älteren Briefes, den Forscher irgendwo zwischen 72 n. Chr. und dem 2. bis 3. Jahrhundert n. Chr. datieren, wobei ein sehr früher Abfassungstermin der wahrscheinlichste ist. In ihm ermutigt ein syrischer Mann namens Mara bar Serapion seinen Sohn, im Streben nach Weisheit fortzufahren. Zwar ist er selbst zurzeit im Gefängnis, doch Unglück und Verfolgung seien das Los vieler weiser Männer. Als Beispiele nennt er Sokrates, Pythagoras und Christus.

Und dann führt er aus: „... Welchen Vorteil hatten die Juden davon, ihren weisen König hinzurichten? Bald darauf hatte ihr Königreich ein Ende. Gott verschaffte diesen drei weisen Männern gerechte Rache: Die Athener starben Hungers, die Samier wurden vom Meer überwältigt, die Juden, ruiniert und aus ihrem Land vertrieben, leben in völliger Zerstreuung ... Ebenso wenig starb der weise König für immer. Er lebte weiter in der Lehre, die er gegeben hatte.“[27]

[27] Vgl. Anhang 5.

Mara bar Serapion war offensichtlich kein Christ. Sonst hätte er Jesus nicht nur einen „weisen König" genannt, der in seiner Lehre weiterlebt. Gerade deshalb ist es bemerkenswert, dass er Christus neben Sokrates und Pythagoras als Beispiele eines weisen Lehrers für die Menschheit anführt und von einem Zusammenhang zwischen der Hinrichtung Jesu und der Zerstörung Jerusalems und der Vertreibung der Juden aus ihrem Land sah. So bezeugt er nicht nur die Existenz Jesu, sein Auftreten als Weisheitslehrer, seinen Anspruch, der König Israels, also der Messias, zu sein, sondern auch über seinen Tod am Kreuz aufgrund der Ablehnung der jüdischen Führer; außerdem über den Zusammenhang zwischen dieser Ablehnung und dem Geschehen bei der Zerstörung des Tempels und Jerusalems, ein Zusammenhang, der auch schon von Jesus angedeutet worden war.[28]

Josephus Flavius

Der jüdische Feldherr Josephus Flavius befehligte im Aufstand gegen Rom die galiläischen Truppenverbände. Bei seiner Gefangennahme durch General Vespasian im Jahr 67 überraschte er diesen mit einer erstaunlichen Voraussage, die ihm das Leben rettete: Er verhieß Vespasian, dass er römischer Kaiser werden würde. Als das zwei Jahre später geschah, wurde Josephus freigelassen und verbrachte den Rest seines Lebens als Pensionär des römischen Kaisers damit, historische Werke zu verfassen. Neben dem „Jüdischen Krieg" sind seine „Jüdischen Altertümer" von höchstem Wert für die Kenntnis vieler geschichtlicher Zusammenhänge. Viele der Personen, die im Neuen Testament erwähnt werden, tauchen auch bei Josephus auf: Herodes der Große und seine ganze Familie, die Hohepriester Annas und Kaiphas, Johannes der Täufer, Jakobus, der Bruder Jesu, und viele andere. Über den Hohepriester Annas den Jünge-

[28] Mt 21,43; Mt 23,37-39; Lk 23,26-31

ren, den Sohn des im Neuen Testament erwähnten Hohepriesters Annas, schreibt er Folgendes:

„Er berief eine Gerichtssitzung des Sanhedrin ein, führte den Bruder des Christus genannten Jesus vor, der Jakobus hieß, und einige andere, verklagte sie wegen Gesetzesübertretung und verurteilte sie zur Steinigung."[29] Diese Angabe von Josephus stimmt mit den neutestamentlichen Aussagen überein. Paulus nennt Jakobus den Bruder des Herrn,[30] ebenso wird er in den Evangelien erwähnt.[31]

Josephus nennt also Jakobus und bezeichnet ihn näher als Bruder von Jesus, der Christus genannt wird. Das macht neugierig darauf, ob bei Josephus noch eine weitere Erwähnung dieses Jesus zu finden ist. Und das ist der Fall. Folgendes kann man bei Josephus lesen:

„Zu dieser Zeit lebte Jesus, ein weiser Mensch, wenn man ihn einen Menschen nennen darf. Unerhörte Taten tat er nämlich, ein Lehrer von Menschen, die mit Freude die Wahrheit annehmen, und gewann viele Juden und auch viele Griechen für sich. Er war der Christus. Und als Pilatus nach Hinweisen unserer führenden Männer ihn zum Kreuz verurteilte, gaben diejenigen, die ihn zuerst geliebt hatten, nicht auf. Er erschien ihnen nämlich am dritten Tage wieder lebend, was neben zehntausend anderen wunderbaren Dingen die göttlichen Propheten gesagt hatten. Und noch bis jetzt ist der nach ihm genannte Stamm der Christen nicht verschwunden."[32]

Nun ist dies eine äußerst erstaunliche Aussage aus Josephus' Feder, der kein Christ war. Die Gelehrten haben immer wieder daran gezweifelt, ob dieser Abschnitt wirklich von Josephus stammt, da sie meinten, dass er dies einfach nicht geschrieben haben könne. Jedoch enthalten alle Handschriften von Josephus diesen Abschnitt, sodass es keinen Hinweis auf eine andere Fassung des Textes gibt. Auch schon Eusebius (etwa

---

29 Josephus, Antiquitates 20, 200. Jakobus' Steinigung fand im Jahr 44 n. Chr. statt.
30 Gal 1,19
31 Mt 13,55 u. a.
32 Josephus, Antiquitates 18, 63 f.

260/265–339/340) zitiert diesen Abschnitt in dieser Fassung.[33] Es sind verschiedene Erklärungen für diese Aussage im Text von Josephus vorgeschlagen worden. Dass der ganze Abschnitt ein Einschub eines späteren, christlichen Abschreibers ist, ist unwahrscheinlich, denn der Stil verrät die Hand von Josephus. Außerdem hätte ein Christ, wenn er diesen Abschnitt verfasst und bei Josephus eingeschoben hätte, möglicherweise noch deutlichere Aussagen über Jesus gemacht. Deshalb meinten viele Autoren, dass der Text eine erweiterte Version des ursprünglichen sei, und versuchten, den Urtext zu rekonstruieren, indem sie die Aussagen strichen, die ihrer Meinung nach nur ein Christ gesagt haben kann. Andere Lösungsversuche bestehen darin, dass man einiges einfügt und anderes fortlässt. Wie dem auch sei, fest steht, dass diese Stelle so in allen griechischen Handschriften erscheint.[34] Sie ganz aus dem Text herauszustreichen, ist also nicht möglich. Es könnte auch sein, dass Josephus einfach berichtet, was die Christen sagen, dass er also christliche Aussagen kommentarlos zitiert. „Er war der Christus" und „Er erschien ihnen nämlich am dritten Tage wieder lebend" hätte er also nur berichtet, ohne es selbst notwendigerweise selbst zu glauben.

Der englische Neutestamentler F. F. Bruce ist der Ansicht, dass der ganze Abschnitt keine reine Einfügung ist und dennoch Josephus ihn nicht exakt in der Form verfasste, wie er uns heute vorliegt. Er folgert: „Wir können jedenfalls sagen, dass Josephus von der Existenz Jesu Zeugnis ablegt, von seiner Verwandtschaft mit Jakobus dem Gerechten, von seinem Ruf als Wundertäter, von seiner Kreuzigung unter Pontius Pilatus als Folge von Anklagen, die durch die jüdischen Führer gegen ihn vorgebracht worden waren. Ferner von seinem Anspruch, der Messias zu sein, und von seiner Wirkung als Ursprung des ‚Stammes der Christen'".[35]

---

33 Kirchengeschichte I 11,4 f. Demonstratio evangelica III 5 und 105.

34 Allerdings bringt eine Übersetzung des Josephus-Textes ins Altslawische, die wohl im Mittelalter angefertigt wurde, eine um christliches Gedankengut erweiterte Version. Dieser sogenannte Alt-Slawische oder Alt-Russische Josephus-Text ist für uns hier nicht weiter von Belang.

35 Bruce, 30.

Josephus, der im Jahr 37 n. Chr. in Judäa als Sohn einer vornehmen Priesterfamilie geboren war, kannte sich in den Verhältnissen im Israel seiner Zeit bestens aus. Er wird die christlichen Gemeinden in Jerusalem und ganz Palästina zumindest aus den Berichten vieler Mitbürger gekannt haben. So verwundert es nicht, dass seine Aussagen im Kern mit denen übereinstimmen, die wir im Neuen Testament und den frühchristlichen Schriften finden.

Rabbinische Texte

Auch die ältere rabbinische Literatur enthält Hinweise auf Jesus. Nach der Zerstörung des Tempels und der Zerschlagung des jüdischen Volkes begann ein mühsamer Prozess des Wiederaufbaus. Vieles ging sicher für immer verloren. Erstaunlich viele Traditionen konnten jedoch bewahrt werden und wurden von den Schulen, besonders in Jamnia im westlichen Palästina, wo ein neuer Sanhedrin[36] gebildet wurde, festgehalten. So entstand die Mischna, in der die religiösen Gesetze zusammengefasst und erläutert wurden. Diese wiederum wurde bald in Palästina und Babylon selbst studiert und erläutert. Die so entstandenen Kommentare (Gemara) bilden zusammen mit der Mischna den Talmud. Außerdem gab es noch die sogenannte Tosefta, eine Auslegung der Mischna, die nicht in den Talmud aufgenommen wurde. In der frühen Zeit dieser Kanon-Bildung, die als die tannaitische bekannt ist (Tannaiten heißt Lehrer oder auch Repetitoren), wurden auch Traditionen überliefert, die Jesus erwähnen.

Eine dieser Traditionen lautet:

„Am Vorabend des Pesachfestes henkte man Jesus. Vierzig Tage vorher hatte der Herold ausgerufen: Er wird zur Steinigung hinausgeführt, weil er Zauberei betrieben und Israel verführt oder abtrünnig gemacht

---

36 Der Sanhedrin, auch griechisch Synhedrion, im Neuen Testament oft als „Hoher Rat" übersetzt, war oberste Religions- und Justizbehörde im Judentum.

hat, wer etwas zu seiner Verteidigung zu sagen hat, komme und bringe es vor. Da aber nichts zu seiner Verteidigung vorgebracht wurde, so henkte man ihn am Vorabend des Pesachfestes."[37]

Hier wird in Übereinstimmung mit dem Johannesevangelium berichtet, dass Jesus am Vorabend des Passafestes hingerichtet wurde. Der Hinweis auf die Zauberei, die Jesus nachgesagt wird, ist wie in anderen jüdischen Texten der Versuch, die Wunder, die Jesus tat, zu erklären. Auch in den Evangelien wird von der Behauptung der pharisäischen Gegner Jesu berichtet, er täte seine Wunder und Machttaten durch die Macht des Teufels. Eine andere Tradition, die der zitierten beigefügt wurde, besagt, dass Jesus „dem Königtum nahestand", was wohl heißen soll, dass er von König David abstammte.[38] Auch hier findet sich eine Übereinstimmung mit den Evangelien. Dass ein Herold vierzig Tage vorher zur Verteidigung Jesu aufgerufen habe, ist eine spätere Erfindung und angesichts der Tatsache unmöglich, dass ja die Römer unter Pontius Pilatus Jesus kreuzigten. Offensichtlich sollte diese Angabe nur beweisen, dass die jüdischen Führer nichts unversucht gelassen hätten, um Jesus zu retten, was aber nicht den historischen Tatsachen entspricht.

Eine weitere Erwähnung Jesu findet sich in manchen rabbinischen Texten, in denen er „Jesus ben Pantera (oder Pandera)" genannt wird. Dies könnte „Sohn des Panters" bedeuten, was aber keinen richtigen Sinn ergibt. Wahrscheinlich ist dieser Name eine Verballhornung des griechischen Wortes *parthenos* „Jungfrau", sodass eben „Jesus, Sohn der Jungfrau" gemeint ist.

Aus den übrigen Erwähnungen sei noch eine Tradition wiedergegeben, die aus Palästina kurz nach dem Jahr 70 n. Chr. stammt. Ein gewisser Jaakow kommt, um einen anderen Rabbi, Elieser ben Dama, im Namen von Jesus ben Pandera von einem Schlangenbiss zu heilen. Der Onkel von Elieser, Rabbi Ishmael, verbietet dies, weil es nicht gestattet sei, im Namen Jesu zu heilen. Elieser versucht aber im eigenen Interesse, die

---

[37] Talmud b Sanhedrin 43a.

[38] Ebenda, Talmud b Sanhedrin 43a.

Zulässigkeit einer Heilung im Namen Jesu aus dem Gesetz zu beweisen. Während die Diskussion noch andauert, stirbt Elieser, und sein Onkel preist ihn glücklich, da er im Frieden gestorben sei, was besser wäre, als die Wiederherstellung der Gesundheit im Namen Jesu anzunehmen.[39]

Hier gewinnen wir ein Bild der Auseinandersetzungen innerhalb des Judentums in Palästina im ausgehenden 1. Jahrhundert. Es gab natürlicherweise viele Kontakte zwischen den Juden, die an Jesus als Messias glaubten, und denen, die ihn nicht anerkannten. Offensichtlich hatten manche der Judenchristen Mut genug, ihren kranken Nachbarn und Freunden Gebet um Heilung im Namen Jesu anzubieten. Interessanterweise wird nicht diskutiert, ob solch eine Heilung möglich sei, sondern nur, ob sie vom Gesetz her zulässig ist, da Jesus ja nicht anerkannt war. Jaakow aber handelt genau gemäß dem, was die Jünger Jesu in den Evangelien von Jesus als Auftrag bekommen hatten: „Bringt den Kranken Heilung, ... vertreibt die Dämonen!"[40]

„Sie werden die Hände auf Kranke legen, und die werden dann wieder ganz gesund werden."[41]

Wir sehen also, dass die Diskussion um Jesus im 1. Jahrhundert in Palästina, in Rom und anderswo in vollem Gange war. Denn die Überlieferungen, wie sie hier im Überblick gegeben werden, stellen ja nicht mehr als die Spitze des Eisbergs da. Wären alle Schriften des Altertums bewahrt, könnten wir sicher ein noch viel vollständigeres Bild von Jesus, seinem Leben, seinem Tod und seiner Auferstehung sowie von den ersten Jüngern gewinnen. Doch was wir außerhalb des Neuen Testaments über Jesus erfahren, ist schon beachtlich. Es ist wie ein Scherenschnitt, anhand dessen wir die groben Züge von Jesus erkennen können.

Wenn wir jedoch Jesus genauer ins Blickfeld bekommen möchten, müssen wir ins Neue Testament schauen. Dort sehen wir Jesus, wie er wirklich war.

---

39 Tosefta Hullin 2, 22 f. Talmud b Avoda Zara 27b.

40 Mt 10,8

41 Mk 16,18

Jesus in den Evangelien

Was wir von Jesus wissen, wissen wir durch das Neue Testament. Wer die Berichte der Evangelien vorurteilsfrei liest, wird ein immer deutlicheres Bild von der Person Jesus gewinnen. Seine Worte, seine Taten, seine Reaktionen, sein Umgang mit Menschen, all dies und viel mehr tritt so klar vor unser geistiges Auge, dass wir das Gefühl bekommen, Jesus wirklich persönlich zu kennen. Er fasziniert bis auf den heutigen Tag. Wir finden Jesus aber nicht an den Evangelien vorbei. Sie sind die einzigen durchgängigen Berichte, die wir vom Leben und Sterben Jesu haben. Zwar lassen sie vieles aus dem Leben Jesu aus. Nur zwei der Evangelien berichten etwas aus seiner Kindheit und Jugend. Die ersten Jahrzehnte seines Lebens werden kaum erwähnt. Der Fokus der Evangelien liegt auf dem öffentlichen Wirken Jesu seit seiner Taufe. Es sind nur wenige Jahre, zwei oder drei, in denen er mit seinen Jüngern durch Palästina wanderte und seine Botschaft verkündigte. Nach dem gestrafften Bericht der synoptischen Evangelien (Matthäus, Markus und Lukas) scheint es gerade ein Jahr gewesen zu sein mit nur einer Reise von Galiläa nach Jerusalem, während Johannes ausführlicher von mehreren Wanderungen nach Jerusalem zu den jährlichen Festen berichtet. In jedem Fall war es nur eine kurze Zeit, in der Jesus öffentlich auftrat. Und doch veränderten diese wenigen Monate den Gang der Weltgeschichte.

Evangelium – eine Nachricht, die alles verändert

Davon berichten die Evangelien. Das Wort Evangelium bezeichnet eine ganz neue Literaturgattung, die es bis dahin noch nicht gegeben hatte. Die Evangelien sind ganz anders als die üblichen Biografien des Altertums. An vielen Einzelheiten des Lebens Jesu gehen sie vorüber. Sie konzentrieren sich auf eins: darzustellen, was Jesus sagte, was er tat, wie er Menschen begegnete, wie er starb und was danach geschah. In dem allen findet sich das „Evangelium“. Das Wort bedeutet genau übersetzt: „gute Nachricht, Botschaft, die Gutes bringt“. Es wurde ursprünglich im römisch-griechischen Umfeld gebraucht, wenn der Kaiser einen Erlass verkündigen ließ, zum Beispiel die Nachricht, dass Steuern erlassen wurden (was selten vorkam). Oder dass ihm ein Sohn und Thronfolger geboren wurde. Also eine gute Nachricht, die alle anging.

Die Schreiber der Evangelien gebrauchten diesen Begriff, auch in Anlehnung an die Stelle im Alten Testament, um zu beschreiben, was Jesus bedeutet. Denn dort war vorausgesagt worden, dass Gott eine neue, gute Nachricht verkündigen wird, eine Nachricht, die den Menschen Freiheit bringt: „Wie lieblich sind auf den Bergen die Füße des Freudenboten, der da Frieden verkündigt, Gutes predigt, Heil verkündigt, der da sagt zu Zion: Dein Gott ist König!“[42] Auch dort findet sich in der Septuaginta, der griechischen Übersetzung des Alten Testaments, dieses Wort: Evangelium bringen, gute Nachricht verkündigen.[43]

Beide Bedeutungsstränge zusammengenommen zeigen, was ein Evangelium ist: Es ist die Botschaft Gottes, die alle angeht. Das ganze Leben Jesu ist eine einzige gute Nachricht für die Menschen. Deshalb wählten die Berichterstatter diesen Ausdruck, Evangelium, als Namen für ihre Jesusberichte.

Die Evangelien sind zuverlässig

Die Evangelien sind also Berichte über Jesus, die in der frühen Christenheit niedergeschrieben wurden. Keine anderen Schriften der Weltliteratur

---

42 Jes 52,7

43 Diese griechische Übersetzung des ursprünglich auf Hebräisch (und in kleinen Teilen auf Aramäisch) geschriebenen Alten Testaments entstand in der jüdischen Gemeinde in Alexandrien in Ägypten in den letzten Jahrhunderten vor Christus. Die frühen Christen lasen dann vor allem diese Übersetzung. Sie wird „Septuaginta“ (Lateinisch für „Siebzig“) genannt, weil 70 Übersetzer daran mitgewirkt haben sollen.

sind gründlicher untersucht worden als die Bücher des Neuen Testaments und vor allem die vier Evangelien. Und je länger sich Wissenschaftler mit ihnen befassen, umso größer wird das Vertrauen darauf, dass sie historisch zuverlässig sind. Während man vor 50 Jahren noch an vielen Orten die Glaubwürdigkeit der Evangelien stark in Zweifel zog, ist man inzwischen viel vorsichtiger in der Kritik geworden. Denn immer wieder zeigte sich, dass die Evangelien doch recht hatten.

Im Anhang gehen wir etwas genauer auf ihre Entstehung ein. Deshalb soll hier nur ein kurzer Abriss gegeben werden.

Nach einer Phase der mündlichen Weitergabe der Worte und Taten Jesu fingen schon früh Christen an, einzelne Aussprüche Jesu zusammenzustellen und einen Abriss seines Lebens zu geben. In der Antike galt allgemein die mündliche Tradition mehr als die schriftliche. Die verlässliche Weitergabe einer Aussage von Augenzeugen an zuverlässige „Tradenten", also Überlieferungsträger, die das Gehörte auswendig lernten, war der normale Weg, Dinge für die Nachwelt zu erhalten. In Gesellschaften, die nicht so sehr vom geschriebenen und gedruckten Wort abhängig sind wie wir, ist dies heute noch üblich. Wo nicht die ständige Reizüberflutung einer fast totalen Medienversorgung herrscht, ist es ohne weiteres möglich, auch längere Texte auswendig zu kennen. Ich selbst habe in Kairo sechsjährige Kinder gesehen, die schon den ganzen Koran auswendig wussten. Die großen Werke von Homer, Ilias und Odyssee wurden über Jahrhunderte mündlich überliefert. Auch in Afrika und Asien finden wir dies: Menschen können erstaunliche Gedächtnisleistungen vollbringen, wenn sie etwas für so wertvoll und wichtig halten, dass es überliefert wird.

Nun handelt es sich bei den Evangelien längst nicht um so riesige Zeiträume, in denen die Informationen nur mündlich weitergegeben wurden. Man geht heute allgemein davon aus, dass Markus das früheste Evangelium ist und in der Mitte der Sechzigerjahre des 1. Jahrhunderts n. Chr. in Rom entstand. Das bedeutet, dass ein Abstand von nicht viel mehr als 30 Jahren zu den Ereignissen besteht, die berichtet werden. Viele der Augenzeugen lebten noch. Markus selbst stammte aus Jerusalem und hielt in seinem Evangelium vor allem die Erinnerungen der

Urgemeinde in Jerusalem und die von Petrus fest, der zu der Zeit in Rom war und kurz darauf den Märtyrertod erlitt.

„Eine alternative Möglichkeit der Abfolge der Niederschrift der Evangelien basiert auf der Aussage des Kirchenvaters Papias: Er berichtet, dass Matthäus als erster ein Evangelium verfasst hat, und zwar in hebräischer Sprache, und erst danach Markus und Lukas ihre Evangelien auf Griechisch schrieben. Die griechische Version des Matthäusevangeliums wäre demnach eine Übersetzung und eventuell Erweiterung des ursprünglichen hebräischen Evangeliums, die wahrscheinlich von Matthäus selbst angefertigt wurde."[44]

Die Absicht des Lukas

Lukas, der einige Jahre später schrieb, meiner Auffassung nach noch vor der Zerstörung Jerusalems (70 n. Chr.) und vor Paulus' Tod (66 oder 64 n. Chr.), leitet sein Evangelium mit folgenden Worten ein:

„Hochverehrter Theophilus! Nachdem jetzt schon viele Personen sich darin versucht haben, einen Bericht zusammenzustellen von den Dingen, die sich in unserer Mitte ereignet haben – und das aufgrund der Aussagen derjenigen, die selbst Augenzeugen waren und sich dann der Aufgabe gewidmet haben, diese Botschaft weiterzugeben –, habe auch ich es für gut erachtet, es für dich der Reihe nach aufzuschreiben, nachdem ich alles ganz genau von seinem Anfang an untersucht habe, damit du die Zuverlässigkeit der Berichte und Aussagen erkennst, in denen du unterrichtet worden bist."[45]

Der griechische Arzt Lukas, der Christ geworden war und als Mitarbeiter von Paulus in den frühen Gemeinden bekannt war, legt hier klare Rechen-

---

[44] Vgl. dazu das sehr empfehlenswerte Buch von Thomas Weissenborn: „Apostel, Propheten und Lehrer" (Francke-Verlag 2004), das die Zusammenhänge der Entstehung der Evangelien historisch entfaltet.

[45] Lk 1,1-4

schaft ab über seine Ziele und Vorgehensweise bei der Abfassung seines Evangeliums. Er hat ein deutliches historisches Interesse. Es stimmt nicht, was oft gesagt wird, dass die Verfasser der Evangelien am wirklichen, geschichtlichen Jesus uninteressiert gewesen seien. Lukas hat genau recherchiert (im Griechischen steht hier das Wort *akribôs,* also „akribisch, sorgfältig"), hat die schon vorhandenen Berichte zur Kenntnis genommen und gesichtet und will jetzt „der Reihe nach", also chronologisch von Jesus berichten. Das alles tut er, damit sein Leser, ein gewisser Theophilus, dem er sein Evangelium widmet, und dann alle anderen, die es auch lesen, die „Zuverlässigkeit" der ihnen vermittelten christlichen Unterweisung erkennen. Hier liegt wieder die Betonung auf der Tatsächlichkeit der beschriebenen Ereignisse und dem Wunsch, so genau und exakt wie möglich zu erfahren und zu vermitteln, was Jesus gesagt und getan hat.

Lukas hat seinem Evangelium die Apostelgeschichte als zweiten Teil seines Werkes angefügt. Auch dort zeigen sich sein geschichtliches Interesse sowie seine genaue Kenntnis der Zeitumstände. Viele Einzelheiten, besonders im Bereich der politischen Ordnung der verschiedenen Städte und Landschaften im römischen Reich, die Lukas erwähnt, sind inzwischen durch archäologische Funde bestätigt worden. Lukas wie den anderen Evangelisten, Markus, Matthäus und Johannes, ging es also um verlässliche Informationen über Jesus.

Die Zuverlässigkeit der Evangelien-Berichte

Und diese Informationen über Jesus sind uns zuverlässig übermittelt worden. Der Text des Neuen Testaments, wie er uns heute vorliegt, entspricht dem, was damals geschrieben worden ist. Wir sind also bei Evangelien an der richtigen Adresse, wenn wir etwas über Jesus erfahren und verlässliche Informationen über ihn erhalten wollen. Das Bild, das die römischen und jüdischen Schriftsteller nur undeutlich zeichnen, wird hier ganz deutlich.

Wenn wir Jesus kennenlernen wollen, müssen wir uns in die Evangelien vertiefen. Deren geheime Frage, wer Jesus ist, ist in vielen Einzelabschnitten das Leitthema.[46] Dort begegnet uns eine Person, die wirklich faszinieren kann. Damals wie heute zieht Jesus Menschen mit Macht an. Und die Auswirkungen seiner Worte, seiner Taten und seines Lebens sind weitreichend.

In den folgenden Kapiteln werden wir uns mit einigen Aspekten seiner Lehre, seines Wirkens, seines Lebens und Sterbens befassen. Doch auch das kann nur ein Anfang einer Beschäftigung mit Jesus sein. Denn Jesus sprengt alle Rahmen, auch den Rahmen einer solchen Darstellung. Das hatte schon der Evangelist Johannes erkannt: „Noch viele andere Dinge tat Jesus. Aber wenn die alle vollständig aufgeschrieben würden, dann könnte meiner Meinung nach die Welt all die Bücher nicht auf- nehmen, die geschrieben werden müssten."[47]

---

[46] Z. B. Mt 16,13-28; Mk 6,1-6; Lk 20,1-19; Joh 4,1-42

[47] Joh 21,25

3. Jesus: Attraktion und Faszination

Viele Leute folgten ihm auf dem Fuß,
und er heilte jeden Einzelnen von ihnen.[48]

Wo Jesus auftauchte, kamen die Leute in Scharen. Menschen jeder Couleur, jeder Herkunft und sozialen Gruppe. Unter ihnen waren selbst römische Offiziere und Mitglieder des Sanhedrins, des Hohen Rates. Alle wollten ihn sehen und hören. Selbst Herodes, der Provinzkönig von Galiläa, wollte ihn gern einmal zu Gesicht bekommen. Dieser Wunsch wurde erst während der Gerichtsverhandlung am letzten Tag Jesu erfüllt. Allerdings wurden die heimlichen Hoffnungen des Sohnes von Herodes dem Großen enttäuscht. Jesus tat kein Wunder vor seinen Augen. Stattdessen würdigte Jesus ihn nicht einmal einer Antwort.[49]

Die Attraktivität Jesu war enorm. Seine Versuche, in die Einsamkeit zu entfliehen, um Zeit zum Gebet zu haben, wurden immer wieder zunichte gemacht, weil ganze Volksscharen sich auf den Weg machten, ihn aufzuspüren und ihn zu finden. So wanderten sie einmal um den halben See Genezareth, um Jesus zu hören.

Jesus wurde immer populärer. Viele redeten ihn nur noch als „Sohn Davids“ an, und nicht nur, weil Maria wirklich aus der Linie von König David stammte, sondern weil sie ihn als Befreier sahen. Sie wollten Jesus mehrfach zum König machen, doch jedes Mal kam er diesen Plänen zuvor, indem er sich rechtzeitig zurückzog. Jesus war ein richtiger Volksheld geworden.

Was machte die große Attraktivität Jesu aus? Ich will einige Wesenszüge von Jesus kurz darstellen.

---

48 Mt 12,15

49 Lk 23,6-12

Echte Identität

Da war zuerst seine erstaunliche Persönlichkeit. Wer ihm begegnete, merkte, dass Jesus ganz außergewöhnlich war. Seine Worte trafen ins Schwarze. Er scheute sich nicht, die Wahrheit zu sagen, auch wenn sie unbequem war und das für ihn selbst negative Folgen haben konnte. Er weigerte sich, irgendjemandem nach dem Mund zu reden. Das hatte er gar nicht nötig. In einer Welt, in der Lüge, Ungerechtigkeit, Hass und Verbitterung normal waren, war er einfach anders. Er brauchte gar nichts Besonderes zu tun. Einfach durch sein Dasein strahlte er eine Atmosphäre des Friedens aus. Menschen fühlten sich in seiner Gegenwart wohl. Jesus schien nie aus der Ruhe zu geraten. Auch im größten Getümmel, wenn sich die Menschen nur so an ihn herandrängten, war er gesammelt und hatte ein persönliches Wort für den Einzelnen. Er lebte aus einer inneren Mitte heraus. Er besaß eine Identität, die nicht abhängig war von der Meinung der anderen und die sich nicht je nach Situation in verschiedene Rollen aufteilte. Worin lag das Geheimnis seiner inneren Stärke?

Beziehung zu Gott

Jesus beantwortete diese Frage selbst. Er lebte in einer grundsätzlichen Bezogenheit auf seinen Vater im Himmel. Immer wieder betonte er, dass er nur den Willen seines Vaters tun wollte. Das war Ziel und Zentrum seines Strebens. Er wollte mit allen seinen Worten und Handlungen das, was sein Vater im Himmel sagt und tut, in dieser Welt widerspiegeln.[50] Deshalb war es sein ständiges Bestreben, die Beziehung zum Vater im Himmel zu pflegen und zu bewahren. Immer wieder ging er frühmorgens allein aus dem Haus, um in der Einsamkeit zum Vater zu beten. Als er aus der größeren Gruppe der Jünger die Zwölf berief, die seine engsten Mitarbeiter und

---

[50] Joh 5,19-23

Säulen der Gemeinde werden sollten, betete er die ganze Nacht vorher.[51] Er tat nichts, was er nicht vorher den Vater tun sah. Seine Abhängigkeit vom Vater im Himmel war Ausdruck seines Bewusstseins, Gottes Sohn zu sein. Der, der den Willen des Vaters im Himmel auf der Erde zur Geltung bringt. Deshalb konnte er auch vor den Menschen gerade stehen.

Dieses Bewusstsein, Gottes Sohn zu sein, hat Jesus schon früh gehabt. Als Zwölfjähriger im Tempel verteidigte er sein Verhalten gegenüber seinen Eltern mit dem Hinweis darauf, dass er da sein müsse, wo sein Vater ist.[52] Bei seiner Taufe im Jordan sprach die Stimme vom Himmel ihm diese Identität noch einmal ganz unmissverständlich zu: „Du bist mein Sohn, den ich lieb habe. Über dich freue ich mich sehr."[53] Als er mit Petrus, Johannes und Jakobus auf dem Berg der Verklärung war, sprach wiederum diese Stimme, diesmal zu den drei Jüngern: „Dieser ist mein Sohn, dem meine ganze Liebe gilt! An ihm habe ich meine ganze Freude. Achtet genau auf das, was er zu sagen hat!"[54] Das Bewusstsein, Gottes Sohn zu sein, war für Jesus zentral. Er lebte sein Leben ganz bezogen auf den Vater im Himmel. In allen Begegnungen und Geschehnissen seines Lebens sah er deshalb letztlich die Hand des Vaters am Werk. So auch in der Gartenanlage Gethsemane, in den Stunden vor seiner Gefangennahme und Kreuzigung. Dreimal betete Jesus zu seinem Vater, dass der Kelch wenn möglich an ihm vorübergehen möge. Aber nicht sein Wille, sondern der des Vaters solle geschehen. Und weil er dem Willen des Vaters vertraute, wurde er bereit, den Leidensbecher anzunehmen und auszutrinken, bis zum letzten Tropfen.[55] Auch am Kreuz trat Jesus nicht aus der Beziehung zum Vater heraus. Das zeigt sein letztes Gebet: „Vater, ich übergebe meinen Geist in deine Hände!"[56] Die Beziehung zum Vater im Himmel war für Jesus das Zentrum seines Lebens und Wirkens.

---

51 Lk 6,12-16
52 Lk 2,41-53
53 Mk 1,11
54 Mt 17,1-9
55 Mt 26,36-45
56 Lk 23,46

Menschenfreundlichkeit

Dennoch lebte Jesus nicht fern von der Welt der einfachen Menschen. Er kannte ihre Sorgen. Er engagierte sich für sie. Jeder, der zu ihm kam, fand sein Ohr. Der Blinde am Wegrand, die verzweifelte Witwe, die um ihren Sohn trauerte, die zehn Aussätzigen, die von ihrer Dorfgemeinschaft ausgestoßene Frau am Jakobsbrunnen, der alt gewordene Theologe Nikodemus, der römische Offizier, dessen Diener erkrankt war, sie alle erlebten die freundliche Zuwendung Jesu. Keiner wurde abgewiesen. Die Reihe ist fast endlos, denn die Evangelien berichten von einer Begegnung nach der anderen, in der je ein bestimmter Aspekt der Zuwendung Jesu deutlich wird. Er heilte die Tochter der syro-phönizischen Frau, die nicht zu den Juden gehörte, zu denen sich Jesus zuerst gesandt wusste. Er überschritt nationale, religiöse, soziale Grenzen zwischen Menschen, weil es ihm immer um den Einzelnen ging. Er war bei dem Pharisäer Simon ebenso zu Gast wie beim Zöllner Zachäus. Er heilte die Tochter des Synagogenvorstehers Jairus ebenso wie den Diener des römischen Offiziers und das Ohr des Hilfssoldaten Malchus, der zur Truppe gehörte, die ihn gefangen nahm. „Als Jesus herauskam, sah er die Menschenmassen. Da wurde er von Mitleid erfasst und begann, alle Kranken unter ihnen zu heilen."[57]

Jesus sah die Menschen immer ganz. Er teilte sie nicht auf in Leib und Seele. Wenn er Menschen heilte, dann ganz. Wer Jesus begegnete, wurde von körperlicher und seelischer Krankheit befreit. Seine Sorge für den ganzen Menschen wird auch in den Nahrungswundern deutlich. Als ihm eine große Menge in die Wüste folgte und sie ohne Verpflegung waren, sorgte Jesus auf wunderbare Weise dafür, dass alle satt wurden. Er ließ sich das Wenige bringen, was ein Junge an Proviant dabeihatte, fünf Brote und zwei Fische. Er nahm es, dankte dem Vater im Himmel und teilte es an die Jünger aus, die es weitergaben. Am Ende waren alle satt,

---

[57] Mt 14,14

über fünftausend Männer, ohne Frauen und Kinder gerechnet.[58] Diese Speisung, die von allen vier Evangelisten berichtet wird, blieb nicht ohne Wirkung. Das Volk wollte ihn zum König machen. Denn wer Brot geben kann, ist angesehen. Doch hier entzog sich Jesus dem Volk. Denn sein Auftrag war ein anderer. Er hatte die Menge nicht ernährt, um selbst etwas dadurch zu erlangen. Sondern es ging ihm dabei wie bei allem anderen darum, die Menschenfreundlichkeit seines Vaters im Himmel widerzuspiegeln, der alle ernährt und erhält. Die Menschen sollten verstehen, dass Gott gut ist und es gut mit ihnen meint.

Umgang mit Kindern

Immer wieder erwähnte Jesus Kinder in seiner Lehrunterweisung. Das fällt ganz aus dem Rahmen der damaligen Zeit. Weder bei den jüdischen Rabbinen noch bei griechischen Philosophen lassen sich auch nur annähernde Parallelen finden. Jesus war bei Kindern beliebt. Natürlich waren bei allen Ansprachen Jesu, bei den Heilungen und Wundern oft Kinder dabei. Als die Jünger einmal darum stritten, wer den besten Ministerplatz in der neuen Weltregierung Jesu beanspruchen dürfe, nahm Jesus ein kleines Kind, das gerade neugierig dastand, und führte es in die Mitte des Kreises seiner erregten Schüler. Mit seinen Worten machte Jesus klar, wie ganz anders die Maßstäbe seiner Regierung sind als die Maßstäbe dieser Welt: „Ich sage es euch klipp und klar: Wenn ihr euch nicht vollkommen ändert und wie die Kinder werdet, dann werdet ihr überhaupt nicht in Gottes neue Wirklichkeit hineinkommen!“[59] Nur wer sich selbst herabbeugt und klein wird wie ein Kind, wird in der Herrschaft Gottes groß genannt. Kinder sind Gott ganz nahe. Kein Mensch soll sie verachten. Wer ein Kind im Namen Jesu aufnimmt, nimmt Jesus auf. Wer

58 Mt 14,15-21
59 Mt 18,3

aber ein Kind verführt, sodass es das Vertrauen auf Gott verliert, für den ist es besser, im Meer zu ertrinken.[60]

Das Verhältnis von Jesus zu Kindern war ganz besonders. Einmal wollten Frauen ihre Kinder zu ihm bringen, damit er seine Hände auf sie legte und sie segnete. Als seine Jünger versuchten, das mit dem Hinweis zu verhindern, dass Jesus zu viel zu tun habe, als dass er sich mit Kindern aufhalten könnte, wies er sie scharf zurecht: „Die Kinder sollen ruhig zu mir kommen! Versperrt ihnen nicht den Weg zu mir! Denn gerade für sie ist Gottes neue Wirklichkeit in diese Welt hineingekommen."[61]

Kinder waren es auch, die im Tempel laut riefen: „Hosianna! Das ist der Davidsohn!", natürlich sehr zur Entrüstung der Hohepriester und Schriftgelehrten. Jesus aber verteidigte dieses Verhalten mit dem Hinweis, dass schon in den Psalmen gesagt wurde, dass gerade die Säuglinge und unmündigen Kinder Gottes Taten machtvoll preisen werden.[62] Jesus stellte sich immer schützend vor die Kinder. Denn bei ihnen können die Erwachsenen lernen, was einfaches Vertrauen auf den Vater im Himmel bedeutet.

Freundschaft mit Frauen

Jesus sammelte keine reine Männergesellschaft um sich. Viele Frauen zählten zu seinen Freunden. Seine Einstellung Frauen gegenüber war revolutionär. Als er am Jakobsbrunnen, in der Nähe des samaritanischen Städtchens Sychar, eine Frau wie seinesgleichen ansprach und sie um einen Schluck Wasser bat, verschlug es ihr fast die Sprache. Offenbar war sie es nicht gewohnt, dass ein Mann, – zudem ein jüdischer Mann –, eine Frau, – zudem eine samaritanische Frau –, um Hilfe bat. Oft wurden

---

60 Mt 18,4-10
61 Mt 19,14
62 Mt 21,15-16 und Ps 8,3

Frauen von Männern nicht als gleichwertige Gesprächspartner angesehen. Und zwischen Juden und Samaritern gab es viele religiöse Streitigkeiten, insbesondere über den richtigen Umgang mit Lebensmitteln. Außerdem musste Jesus wissen, was für eine Frau sie war: Sie holte allein in der Mittagshitze ihr Wasser, und nicht zusammen mit den anderen Frauen. Vielleicht wurde sie von anderen Frauen gemieden. Aber Jesus nahm er sie an und verlieh ihr so Würde.

Er wollte nichts von ihr, sondern er wollte ihr etwas geben: Lebendiges Wasser, das den Lebensdurst stillt. Er wusste alles über sie und lehnte sie dennoch nicht ab. Kein Wunder, dass diese Begegnung für die Frau zur entscheidenden Lebenswende wurde: Sie erkannte Jesus als Messias und scheute sich nicht mehr, im Dorf alle anzusprechen und auch einzuladen, Jesus zu begegnen. Sie fand heraus aus ihrer Isolation, weil sie Jesus begegnet war.[63]

Unter denen, die als Jünger mit Jesus durch Israel zogen, waren auch Frauen: „Es war Maria, die auch Magdalena genannt wurde, von der sieben Dämonen ausgefahren waren, außerdem Johanna, die Frau von Chuza, dem Verwaltungsbeamten von Herodes, und Susanna und viele andere, die sie tatkräftig mit ihrem Hab und Gut unterstützten."[64] Jesus verbannte die Frauen nicht in die Küche. Im Haus seiner Freunde, der Geschwister Lazarus, Marta und Maria, ließ er es zu, dass sich Maria, ganz gegen den Brauch der Zeit, mitten unter die Männer zu seinen Füßen setzte und auf seine Lehre hörte. Jesus ließ es zu, dass eine stadtbekannte Sünderin ihm öffentlich die Füße salbte.[65] Er heilte am Sabbat in der Synagoge eine Frau, die seit achtzehn Jahren verkrümmt war.[66] Er heilte Petrus' Schwiegermutter.[67] Er erhörte die verzweifelte Bitte der kanaanäischen Frau für ihre Tochter.[68] Er half der blutflüssigen Frau.[69] Er

---

63 Joh 4,1-42
64 Lk 8,2-3
65 Lk 7,36-50
66 Lk 13,10-17
67 Mt 8,14-15
68 Mt 15,21-28
69 Mk 5,24-34

stellte die Witwe, die alles gab, was sie hatte, als Vorbild für alle hin.[70] Als Maria ihn wenige Tage vor seiner Kreuzigung mit ihrer kostbaren Narde übergoss und den Zorn der Jünger auf sich zog, verteidigte Jesus sie: „Wo auch immer in der ganzen Welt diese Botschaft von mir weitergegeben wird, da wird man auch berichten von dem, was diese Frau getan hat. So wird man sich überall an sie erinnern."[71] Bei seiner Kreuzigung waren es die Frauen, die nahe am Kreuz bei ihm aushielten, während die Jünger nur von ferne schauten.[72]

Frauen gingen nach der Kreuzigung mit zum Grab, in das der Leichnam Jesu gelegt wurde.[73] Am Ostermorgen waren sie schon wieder früh auf dem Weg zum Grab, um ihn dem geltenden Brauch entsprechend einzubalsamieren. Frauen waren auch die ersten Augenzeugen des Auferstandenen.[74] In diesem allen sehen wir: Jesus würdigte Frauen wie kein anderer Rabbi seiner Zeit. Gegen den Trend der jüdischen, aber auch der griechischen und römischen Gesellschaft sah er Frauen auf der gleichen Stufe wie Männer. Kein Wunder, dass Frauen ihm gern nachfolgten und in den frühen Gemeinden eine große Rolle spielten.

Jesus überwand die Grenzen zwischen Menschen dauerhaft. So ist auch verständlich, dass Paulus, der Apostel Jesu, wenige Jahre später über die neue Gemeinschaft der Christen, die Jesus gestiftet hatte, schreiben konnte: „Nicht mehr Jude oder Grieche, nicht mehr Leibeigener oder freier Mensch, nicht mehr Mann oder Frau seid ihr, sondern ihr seid alle eins durch den Messias Jesus."[75]

---

[70] Lk 21,1-4
[71] Mt 26,6-13
[72] Joh 19,25 vgl. Lk 23,49
[73] Lk 23,55-56
[74] Mk 16,1-6
[75] Gal 3,28

Humor und Freude

Das ist ein weiterer Zug der Persönlichkeit Jesu. Das Bild eines immer streng dreinblickenden, humorlosen Morallehrers hat mit dem wirklichen Mann aus Nazareth wenig gemein. Jesus war nicht zuletzt auch dadurch für die Menschen attraktiv, dass er voller Freude steckte. Humor erwächst aus einer im guten Sinne überlegenen Distanz zu den Dingen. Und die hatte Jesus. Viele seiner Beispiele zeigen Humor. Sicher hat Jesus das Beispiel vom Mann, der einen Splitter aus dem Auge des Nächsten holen will, während er selbst einen riesigen Balken im Gesicht hängen hat, mit einem Augenzwinkern erzählt. Die Leute haben wahrscheinlich schallend gelacht, als sie sich vorstellten, wie ein Kamel vergeblich versucht, durch ein Nadelöhr zu kriechen.

Der, der die Sorglosigkeit der Spatzen als Beispiel für das richtige Vertrauensverhältnis zu Gott gebrauchte, war sicher kein Griesgram. Wo Jesus war, verbreitete sich Freude. Er hatte etwas Festliches an sich. Genau das warfen die Pharisäer ihm vor: dass er nicht ernst genug sei. Er sei ein Weintrinker und Fresser, einer, der Feste mit Sündern feierte.[76] Aber genau daran hatte Jesus Freude: dass die Sünder, die Gottfernen, wieder in eine Beziehung zu Gott kamen. Und so erzählte er in seinem wohl bekanntesten Gleichnis, wie ein Sohn nach Hause kommt, der sich vom Vater befreien wollte und in der Ferne alles verloren hatte. Die Heimkehr ist für den Vater Anlass zu einem rauschenden Fest mit gutem Essen und Trinken, mit Musik und mit Tanz. Dem älteren Bruder, der daran Anstoß nimmt, sagt der Vater: „Aber wir müssen uns doch freuen und so richtig feiern! Denn er, dein Bruder, war tot und ist jetzt wieder am Leben, er war völlig verloren und wir haben ihn wieder zurückbekommen!“[77]

Freude ist angesagt, wenn ein Mensch wieder zu Gott findet. Jesus sorgte sogar dafür, dass eine Hochzeit nicht ins Wasser fallen musste, in-

---

[76] Lk 7,31-35
[77] Lk 15,11-32

dem er das reichlich vorhandene Wasser in Wein verwandelte. Die Freude, die da aufkam, war für Jesus und alle Hochzeitsgäste wie eine Vorfreude auf Gottes kommendes Friedensreich.[78]

Was für ein Jubel muss das gewesen sein, als die kleine Tochter des Jairus wieder die Augen aufschlug und nicht im Tod blieb![79] Jesus war ein Freund der Freude. Denn er wusste, dass bei Gott Freude herrscht. Die Engel, so behauptete er, veranstalten eine Freudenfeier, wenn nur ein einziger Mensch von einem falschen Weg umkehrt und zu Gott findet.[80]

Schlagfertigkeit

Es muss eine Wonne gewesen sein, Jesus zuzuhören. Selbst in die trickreichsten Fallen, die ihm gestellt wurden, tappte er nicht hinein. Stattdessen erwies er sich immer als Herr der Lage. Als die religiösen Führer ihm die Fangfrage stellten, ob es genehmigt sei, dem Kaiser Steuern zu zahlen, hatten sie Jesus eigentlich eingekreist. Wenn er es verneinte, so hätten sie ihn sofort bei den Römern als Volksaufwiegler anschwärzen können. Wenn er es bejahen würde, so hätte er schnell die Sympathie des Volkes verloren, das die drückenden Steuerzahlungen natürlich ablehnte, nicht zuletzt, weil sie eine ständige Erinnerung an die schmachvolle Besetzung des Landes durch römische Truppen beinhaltete. Jesus konnte also bei beiden Antworten nur verlieren. Doch er ließ sich nicht in die Defensive treiben. Stattdessen übernimmt er die Situation: Gebt mir einen Dinar! Und siehe, das Geldstück mit dem Kaiserbild, es ist schnell aus einer Tasche hervorgekramt. „Von wem ist das Bild und die Aufschrift darauf?" – „Das stellt den Kaiser dar!" – „Dann gebt doch auch dem Kai-

---

78 Joh 2,1-11. So deuten es auch viele Ausleger: Jesus will in dieser Symbolhandlung mehr als nur eine Feier retten. Er will zeigen, dass Gottes Heilszeit angebrochen ist, in der es genug für alle gibt, als Erfüllung von Jes 25,6-9.

79 Mt 9,18-19.23-26

80 Lk 15,10

ser das, was von ihm stammt, und Gott, was von ihm herkommt!“[81] Jesus enttarnte die Heuchelei der Fragesteller. Als Leute, die das Gesetz ernstnehmen, hätten sie gar keine Münze mit einem Bildnis besitzen dürfen. Was hatten sie als gläubige Juden, die das Bilderverbot des mosaischen Gesetzes kannten, mit dem Kaiserbildnis zu schaffen, das auf jeder Münze war? Anstatt die Steuer zu verweigern, wie sie es forderten, hätte jeder Jude alle Kaiserdinare freiwillig weggeben sollen. So die Antwort Jesu. Die Schriftgelehrten knirschten natürlich mit den Zähnen, während die umstehenden einfachen Leute sich freuten über die Schlagfertigkeit Jesu, der den Finger auf das wirkliche Problem legte: die Habgier und Heuchelei des menschlichen Herzens.

Treffende Beispielerzählungen

Jesus besaß eine unvergleichliche Erzählgabe. Die Evangelien sind voll von spannenden Geschichten, die Jesus erzählt hat. Wenn wir nur diese Erzählungen und sonst nichts von Jesus kennen würden, müssten wir ihn unter die größten Erzähler der Weltgeschichte einreihen. Seine Geschichten ergreifen Menschen in allen Kulturen. Sie sind Klassiker, die nicht zu überbieten sind. Sie sind einfach und doch voller Tiefe. Kinder lieben und verstehen sie und Erwachsene spüren, wie sehr sie mit ihrem Verständnis noch an der Oberfläche hängen bleiben.

Jesus steht mit seinen Beispielerzählungen in der Tradition des Alten Testaments. Auch dort finden sich solche meist kurzen Geschichten. Doch die Gleichnisse Jesu sind unübertroffen. Sie zeigen in unüberbietbarer Klarheit den Kern der Sache. Sie sind treffsicher und unvergesslich. Sie zeigen das Herz des Menschen, wie es wirklich ist.

Auf die ausweichende Frage eines religiösen Führers, wer denn der Nächste sei, den es zu lieben gilt wie sich selbst, gibt Jesus keine theo-

---

[81] Lk 20,20-26

retische Antwort. Stattdessen erzählt er von einem Samaritaner: Samaritaner gehörten wie die Juden zum Volk Israel, aber sie galten bei den Juden als weniger gesetzestreu. Ausgerechnet so ein Samaritaner erfüllt das Gebot der Nächstenliebe und half als einziger dem Mann. Weder der Priester noch der Levit hatten Zeit für den halb toten Volksgenossen, der auf dem felsigen Weg zwischen Jericho und Jerusalem lag. Nur der Samaritaner half ihm. Denn er sah in ihm nicht einen Angehörigen der feindlichen jüdischen Bevölkerungsgruppe, sondern einen Menschen in Not. Und in ihm entdeckte er die Herausforderung, die Gott ihm vor die Füße gelegt hatte, seinen Nächsten nicht mit Worten, sondern mit der Tat zu lieben.[82]

Um zu zeigen, dass Gott gut ist und gern gute Gaben gibt, erzählte Jesus eine Geschichte: Es ist Nacht. Ein Mann wird spät von Besuchern überrascht, denen er nichts zu essen anbieten kann. So klopft er beim Nachbarn an und bittet um Brot. Trotz dessen Unwilligkeit aufzustehen, bekommt er doch schließlich das Gewünschte aufgrund seiner Hartnäckigkeit. Und das ist nun der Punkt, den Jesus zeigen will: Wenn schon Menschen, die im Grunde egoistisch sind, auf hartnäckiges Bitten hin handeln, wie viel mehr und wie viel lieber wird der Vater im Himmel denen den heiligen Geist und alles Gute schenken, die ihn bitten![83]

Mit einem Beispiel aus dem täglichen Leben verdeutlicht Jesus die Freude, die ausbricht, wenn ein Mensch Gott findet. Eine Frau hat eine ihrer zehn Münzen verloren. Diese Münzen sind ihr Privatbesitz, eine Art Lebensversicherung. Sie stellt das ganze Haus auf den Kopf, kriecht in jede Ecke und gibt nicht auf, bis sie das verlorene Geldstück wiedergefunden hat. Dann läuft sie los und teilt ihre Freude mit den Nachbarinnen. Jesus scheut sich nicht, dieses Beispiel auf Gott anzuwenden: So sehr freut sich Gott, wenn er einen Menschen, der sich verirrt hat, wiederfindet![84]

---

[82] Lk 10,25-37
[83] Lk 11,13
[84] Lk 15,8-10

In einer anderen Beispielerzählung stellt Jesus seine Zuhörer vor eine letzte Entscheidung. Ein Mann veranstaltet ein großes Fest. Viele werden frühzeitig eingeladen. Am Abend des Festes geht noch einmal ein Diener aus mit der Erinnerung, dass das Fest bald beginnt. Doch er wird überall abgewiesen. Keiner hat Lust oder Zeit zu kommen. Jeder hat eine andere Entschuldigung: ein neu gekaufter Acker, zehn gerade erworbene Ochsen, eine soeben geschlossene Ehe. Der Diener kommt unverrichteter Dinge zurück. Sein Herr sendet ihn noch einmal aus, um auf den Straßen und Gassen die Armen, Verkrüppelten, Blinden und Lahmen einzusammeln und zum Festmahl zu holen. Als noch Raum ist, geht er ein zweites Mal und bringt alle herein, die er irgendwo an den Hecken und Zäunen finden kann. Die zuerst Eingeladenen aber bleiben außen vor.[85] Jesus sagt: So lädt Gott alle Menschen ein. Er will nicht allein bleiben mit seiner Festfreude. Doch er zwingt niemanden zu sich. Viele sind zu reich, als dass sie erkennen, wie sehr sie Gott brauchen.

In einem anderen Gleichnis zeigt Jesus, welche Verantwortung Gott den Menschen zumisst. Ein Mann zieht für eine lange Zeit außer Landes. Seinen Dienern vertraut er große Geldbeträge an, mit denen sie handeln sollen. Der eine erhält fünf Zentner Silber, der andere zwei, der Dritte einen. Als er zurückkommt, verlangt er Rechenschaft von seinen Dienern. Die beiden Ersten haben durch klugen Einsatz das Vermögen verdoppelt. Sie lobt der Herr und lädt sie ein, teilzuhaben an der Freudenfeier, wo er sie belohnen wird. Der Dritte aber hat seinen Anteil nur vergraben und gibt ihn ohne Vermehrung zurück mit der Begründung, dass er Angst hatte vor seinem Herrn, der hart und unberechenbar sei. Doch der Herr weist ihn zurecht: Zumindest hätte er das Geld zur Bank geben können, damit es Zinsen bringt. So aber hat er sein Gut ungenutzt gelassen, ja, seinen Wert letztlich sogar vermindert. Dieser faule Knecht wird, so sagt es Jesus, keinen Teil haben an der Freudenfeier des Herrn.[86] Die Lehre ist klar: Keiner kann sich aus der Verantwortung

---

85 Lk 14,15-24
86 Mt 25,14-30

für das, was ihm anvertraut ist, fortstehlen. Der Tag kommt, an dem jeder Mensch auf die Fragen Gottes antworten muss.

Jesus erzählte viele Gleichnisse. Jedes von ihnen beleuchtet einen besonderen Aspekt der Beziehung Gottes zum Menschen oder zeigt, wie wir ihm antworten können. Es würde die Seiten dieses Buches füllen, wenn wir alle Beispielgeschichten, die Jesus erzählt hat, auch nur kurz darstellen wollten. Außerdem ist die Form, in der sie die Evangelisten überliefert haben, so präzise und zutreffend, so knapp und genial, dass jede Nacherzählung schon in der Gefahr steht, sie zu verwässern oder zu verfälschen. Oder einfach aus den spannenden Erzählungen Jesu einen langweiligen Abklatsch zu destillieren. Deshalb ist es am besten, sie direkt in den Evangelien zu lesen. Aber um den Leser auf den Geschmack zu bringen, sollen noch einige der Gleichnisse kurz erwähnt werden.

Da sind zum Beispiel die Gleichnisse von der Herrschaft Gottes. Matthäus stellte sieben davon zusammen:

Gottes Herrschaft ist wie ...

Mit der Herrschaft Gottes verhält es sich wie mit einem Feld, das vier Bodensorten hat. Je nachdem, auf welchen Boden er fällt, geht der Same auf und bringt Frucht oder nicht.[87]

Gottes Reich ist wie ein Ackerfeld, auf dem zwei Arten von Samen aufgehen, guter und schlechter. Obwohl der Feind das Unkraut gesät hat, soll es nicht ausgerissen werden bis zum Ende der Zeit. Dann wird Gott selbst zwischen Unkraut und Weizen scheiden.[88]

Gottes Herrschaft ist wie ein unscheinbares Senfkorn, das aber zum großen Baum heranwächst.[89]

---

[87] Mt 13,1-23
[88] Mt 13,24-30
[89] Mt 13 31-32

Die Herrschaft Gottes gleicht dem Sauerteig, der eine ganze Teigmenge durchsäuert.[90]

Gottes Herrschaft ist wie ein Schatz, den ein Mann im Acker findet. Er verkauft seinen ganzen Besitz, um diesen Acker und mit ihm den Schatz zu kaufen.[91]

Ebenso ist Gottes Herrschaft wie eine Perle von großem Wert. Ein Kaufmann verkauft alles, was er hat, um diese eine Perle zu bekommen.[92]

Gottes Herrschaft ist wie ein Fischnetz, in dem viele verschiedene Fische gefangen werden. Nach dem Fang aber werden die guten in Gefäße getan, die schlechten Fische werden fortgeworfen.[93]

Viele der Gleichnisse von Jesus sind nicht auf den ersten Blick verständlich. Genau das war der Zweck dieser Beispielerzählungen. Die Zuhörer sollten zum Nachdenken angeregt werden. Auf der einen Seite nahm Jesus ganz einfache Vorgänge und Handlungen des Alltagslebens. Geschichten, wie sie jeden Tag Hunderte Male vorkommen. Und doch haben sie einen tieferen Sinn. Jesus wollte deutlich machen, dass das Geheimnis der Herrschaft Gottes verborgen ist. „Denn in Wirklichkeit ist die gute Herrschaft Gottes in euch, ja, sie ist mitten unter euch wirksam!“[94] Und dennoch können es nur die sehen, die Augen haben zum Sehen, und nur die hören, die Ohren haben zum Hören. Gott ist nahe und doch verborgen. Wer Gott finden will, muss ihn suchen. Er muss alles verkaufen, was er hat, und die eine wirklich wertvolle Perle erwerben. Um in Gottes Reich einzugehen, muss man nicht gebildet sein oder einer besonderen Schicht angehören. Was notwendig ist, sind Echtheit und Ernsthaftigkeit. Was zählt, ist nicht die Meinung von Menschen, sondern die Annahme bei Gott.

---

90 Mt 13,33
91 Mt 13,44
92 Mt 13,45
93 Mt 13,47-50
94 Lk 17,21

Heilungen

Ein großer Teil der Attraktivität Jesu ging auf das Konto seiner Heilungen. Das ist auch gut verständlich. Wer wäre nicht von Jesus begeistert, wenn er miterlebt, wie ein Verwandter oder enger Freund nach Jahren der Krankheit wieder gesund wird? Die Freude ist kaum zu bändigen, die aufkommt, wenn eine echte Heilung geschieht. Zumal wenn sie so total und plötzlich eintritt, wie es bei Jesus meist der Fall war. Menschen zu heilen war ein wesentlicher Bestandteil des Wirkens Jesu. Es ist gar nicht wegzudenken aus seinem Leben. Die Heilungen wurden zu seinem Markenzeichen. Immer wieder heißt es in zusammenfassenden Berichten, dass Jesus alle heilte, die mit irgendwelchen Krankheiten zu ihm kamen. „Jesus wanderte im ganzen Gebiet Galiläa umher und unterrichtete die Menschen in den dortigen Versammlungshäusern, den Synagogen. Allen verkündigte er die Botschaft, die das ganze Leben verändert: ‚Gottes befreiende Wirklichkeit ist da!' Er heilte jede Krankheit und jedes körperliche Leiden, alles, worunter die Leute litten. Auf diese Weise wurde er überall in der gesamten Provinz Syrien bekannt. Alle, denen es schlecht ging, wurden zu ihm gebracht: Menschen mit den verschiedensten Krankheiten und Problemen, Leidende und von bösen Geistern Gequälte, Menschen, die keine Kontrolle über ihre Seele hatten, und die, deren Körper gelähmt war. Und Jesus heilte sie."[95]

Predigen und heilen, Verkündigung der guten Botschaft und die Sichtbarmachung der guten Botschaft gehörten bei Jesus zusammen. So wurde deutlich, dass die Herrschaft Gottes wirklich angebrochen war. Nicht nur in Worten, sondern in der Wirklichkeit. Weil Gott gut ist, weil er die Quelle des Lebens ist, deshalb wird auch da alles gut, wo Gottes Herrschaft aufgerichtet wird. Leben ist wieder möglich. Leid und Krankheit müssen fliehen vor der ansteckenden Gesundheit, die von Gott ausgeht. Das war ein zentraler Teil seines Auftrags: Jesus ist der Heiland, der Vermittler der Heilungskräfte, die in Gott liegen. Wo Jesus war, geschahen

[95] Mt 4,23-24; Mt 9,35

Heilungen fast automatisch. Es ging Kraft von ihm aus, Kraft zur Heilung. „Gottes Kraft war spürbar da, sodass er die Menschen heilen konnte.“[96]

„Die ganze Menschenmasse wollte ihn unbedingt anfassen, weil von ihm Kraft ausging, die alle gesund machte.“[97] Diese Kraft Gottes war in Jesus so konzentriert, dass Menschen sogar heil werden konnten, ohne dass Jesus bewusst das Wort der Heilung gesprochen hatte. Eine Frau, die seit achtzehn Jahren am Blutfluss litt und der kein Arzt helfen konnte, drängte sich von hinten an Jesus heran, als er durch eine Volksmenge ging. Als sie den Saum seines Gewandes berührte, wurde sie gesund.[98]

Auch seine Jünger sandte er aus, zu predigen und zu heilen. Sie sollten in die verschiedenen Ortschaften Galiläas gehen und verkünden, dass die Herrschaft Gottes nahe herbeigekommen ist. Als Bestätigung ihrer Worte sollten sie die Kranken heilen und Menschen von der Macht böser Geister befreien. Das, was sie Jesus hatten tun sehen, sollten sie nun selbst tun. Zweimal wird von einer solchen Zeit praktischer Einübung in die Doppelaufgabe von Verkündigung und Heilung berichtet. Das erste Mal sandte Jesus die zwölf Jünger aus, beim zweiten Mal den erweiterten Kreis der siebzig Jünger.[99] Nach seinem Tod und seiner Auferstehung sollte dieser Auftrag dann ganz auf die Jünger übergehen.[100]

Was ist der Sinn dieses Aspekts im Wirken Jesu? Warum waren Heilungen so wichtig für Jesus? Einige Antworten darauf finden wir, wenn wir die Heilungen, die Jesus vollbrachte, näher untersuchen.

Heilung ist ein Zeichen für Gottes Liebe. Gott, der Schöpfer, will nicht Krankheit und Tod. Er ist ein Gott des Lebens und der Liebe. Krankheit ist eine Störung des ursprünglichen Planes Gottes. Wo Gottes Herrschaft anbricht, da geschieht sein Wille wieder wie am Anfang. Und sein Wille ist, dass die Menschen geistlich und körperlich heil werden. An den Heilungstaten Jesu können alle erkennen, dass Gott Liebe ist.

---

96 Lk 5,17
97 Lk 6,19
98 Lk 8,40-48
99 Mt 10,1-15; Lk 9,1-6; Lk 10,1-12
100 Mt 28,18-20; Mk 16,15-20

Heilung ist ein Zeichen für Gottes Macht. Oft scheint es in der Welt so zu sein, als herrsche das Negative uneingeschränkt. Krankheiten und der Tod sind Mächte, gegen die Menschen letztlich machtlos sind. Das merken wir auch in unserer Zeit neu, wo trotz höchstentwickelter medizinischer Geräte und Medikamente dennoch immer wieder neue, tödliche Krankheiten entdeckt werden oder entstehen. Krankheiten, gegen die der Mensch trotz allen Fortschritts machtlos ist. Hier hinein zeigen die Heilungen, die Jesus ausführte, dass bei ihm die Kraft liegt, alles zu ändern. Blindgeborene können zum ersten Mal sehen. Aussätzige werden rein. Lahme können wieder gehen. Ja, sogar Tote werden wieder lebendig durch das Machtwort, das Jesus spricht. Er ruft in die Grabhöhle hinein: „Lazarus, komm jetzt heraus!“ Und Lazarus, der schon vier Tage tot war, kommt heraus.[101] Die kleine Tochter des Synagogenvorstehers Jairus ruft er aus dem Tod zurück mit den Worten: „Talitha kumi! Mädchen, ich sage dir, steh auf!“[102]

Schöpferische Worte

Das Wort der Macht, das Jesus spricht, ist dasselbe Schöpfungswort, mit dem Gott am Anfang die Welt ins Dasein rief. „Und Gott sprach, es werde Licht! Und es ward Licht.“[103] Das Schöpferwort schafft durch seine innewohnende Kraft das, was er ausspricht. Die Heilungen sind also der Erweis, dass Jesus wirklich in der Kraft Gottes handelt. Es ist keine Symptombehandlung, sondern eine echte Neuschöpfung, die in den Heilungen Jesu geschieht. Krankheiten, die ein Leben lang Menschen hinderten und prägten, müssen weichen. Jesus macht durch die Heilungen deutlich, dass hier kein anderer am Werk ist als Gott selbst.

---

101 Joh 11,43-44
102 Mk 5,35-43
103 1. Mo 1,3

Wunder: Mythos oder Faktum?

Doch das ist ja das Problem. Für uns ist es kaum noch vorstellbar, dass Gott in unsere Raum-Zeit-Wirklichkeit eingreift. Wir können es uns kaum vorstellen, dass solche Heilungen geschehen. Wunder sind für uns unwahrscheinlich geworden. Wir mögen noch an einen Gott glauben, aber wenn überhaupt, dann an einen passiven, untätigen Gott. Eine Denkgröße in weiter Ferne. Aber ein Gott, der direkt in diese Welt hinein wirkt und etwas noch nicht Dagewesenes tut, ist uns philosophisch ein Gräuel. Das ist nicht nur schwer vorstellbar, es ist auch unbequem, weil das bedeuten würde, dass wir jederzeit solch ein wunderbares Eingreifen Gottes erleben könnten. Das kann nicht sein und das darf nicht sein. Es passt in das neuzeitliche Weltbild nicht hinein, dass solche Heilungen geschehen, wie sie in den Evangelien berichtet werden. Wie schon im Eingangskapitel dargestellt, haben deshalb viele Menschen den Versuch unternommen, Jesus ohne die wunderbaren und nach unserem Verständnis übernatürlichen Heilungen und Machttaten zu behalten. Alles, was nicht in das sogenannte naturwissenschaftliche Weltbild passte, sollte ausgemerzt werden. Doch es geht einfach nicht, Jesus von seinen Machttaten zu trennen und auf eine religiöse und moralisierende Führergestalt zu reduzieren. Der wirkliche Jesus hat gepredigt und geheilt. Er hatte nicht nur den Vorteil einer attraktiven Persönlichkeit und das Charisma eines unübertrefflichen Redners, nein, er hatte auch in sich die Macht über Krankheit und Tod. Die Evangelien berichten darüber hinaus, dass ihm auch die Naturgewalten untertan waren. Er stillte den Sturm auf dem galiläischen Meer. Er ging über das Wasser, als sei es trockenes Land. Er speiste eine über fünftausendköpfige Menschenmenge mit wenigen Broten und Fischen.

Solche Dinge sind nicht nur für unser heutiges Weltbild schwer zu schlucken. Ebenso ging es den Menschen damals. Sie waren beileibe nicht naiver als wir. Sie wussten auch, dass ein Blindgeborener blind und ein Toter tot bleibt. Sie erlebten es auch nicht alle Tage und erwarteten es auch nicht, dass einer mit einem Wort den Sturm stillt oder einen Gelähmten durch einen bloßen Befehl zum Gehen bringt. Sie kannten die sogenannten Naturgesetze genauso wie wir, wenn sie sie vielleicht auch nicht so wissenschaftlich beschreiben konnten. Und jetzt kommt das Spannende: Obwohl die Menschen damals, die Jüngerinnen und Jünger Jesu, genauso wie wir in einer Welt mit einer klar erkennbaren Kette von Ursache und Wirkung lebten, also einer naturwissenschaftlich einigermaßen vorhersagbaren Welt, berichten sie mit großer Eindeutigkeit, dass die Wunder tatsächlich geschehen sind. Dass sie entweder selbst Augenzeugen waren oder die persönlichen Berichte von Augenzeugen gehört hatten. Das, was in ihrem normalen Lebensalltag auch nicht geschah, nämlich Heilungen und Wunder, das geschah, als Jesus da war. Dafür waren sie Zeugen.

Wunder – denkunmöglich?

Ist das alles erfunden von glühenden Jesusverehrern? Eine mythologische Rede, die man von ihrer Schale (Wunder) entkleiden muss, um den Kern (ein nicht wunderbares, aber dennoch wichtiges Geschehen) zu befreien? Vielleicht können folgende Überlegungen helfen.

Es ist ja gar nicht so, dass Wunder wirklich die Kette von Ursache und Wirkung durchbrechen. Das wird auch in den Evangelien nie behauptet. Sondern was bei einem sogenannten Wunder passiert, ist dieses: Statt einer sogenannten normalen, jeden Tag beobachtbaren Ursache tritt auf einmal eine neue Verursachung auf. Die Heilungen Jesu zum Beispiel geschahen ja nicht ohne Anstoß von außen. Sondern es ist nur einfach eine andere Ursache als die gewöhnliche. Nämlich das Wort Jesu, das er in die Situation sprach. So wird bei einer wunderbaren Heilung nicht behauptet, dass die Naturgesetze außer Kraft gesetzt werden. Sondern es geschieht Folgendes: Eine Kraft, die höher und größer ist, als wir sie normalerweise beobachten, wirkt in die Welt hinein und schafft so eine neue, veränderte Wirklichkeit. Es findet – im Bild gesprochen – sozusagen ein Energieschub statt, der vorher unmöglich Scheinendes möglich macht. Es wird eine Information von außen eingegeben, die eine neue Ordnung herstellt. Dass das zumindest theoretisch möglich ist, wissen wir seit der Entdeckung der Quantenphysik.

Ein zweiter Gedanke mag auch weiterhelfen. Es ist müßig, sich am einzelnen Wunder aufzuhalten und sich zu fragen, ob man dieses oder jenes noch für möglich oder für unmöglich hält. Ebenso ist es verfehlt, die Wunder psychologisch erklären zu wollen, z. B. die Speisung der Menge durch den Effekt, dass auf das gute Vorbild hin einer nach dem anderen seine heimlich verborgenen Essensvorräte hervorgekramt hat und mit anderen teilte. Das ist halbherzig und albern. Die Frage ist viel grundsätzlicher, als dass sie am einzelnen Wunder gelöst werden kann oder sollte.

Drei Grundfragen

Die Frage ist die, ob wir uns vorstellen können, dass es wirklich einen aktiven Schöpfergott gibt. Wenn ja, dann ist er der Welt und jedem seiner Geschöpfe gegenüber frei. Er ist ihr übergeordnet. Er umschließt sie. Dann kann er auch jederzeit eingreifen und neu ordnen innerhalb der von ihm geschaffenen Wirklichkeit. Dann ist ein Wunder kein theoretisches Problem mehr. Wenn der Schöpfergott existiert, sind sogenannte Wunder innerhalb seiner Schöpfung eine reale Möglichkeit.

Die zweite Frage ist die, ob Jesus Wunder getan hat. Das hängt mit anderen Fragen zusammen: Wie glaubwürdig sind die Verfasser der Evangelien und die frühen Christen allgemein? Noch entscheidender ist die Frage: Ist Jesus wirklich der, der von Gott gekommen ist? Hat Gott, wie das Neue Testament sagt, in und durch Jesus geredet? Denn dann ist zumindest möglich, dass dieselbe Kraft, die bei der Schöpfung da war, auch wieder in Jesus konzentriert zur Wirkung kommt.

Und die dritte Frage: Ist Jesus Christus wirklich von den Toten auferstanden? Denn das ist das größte Wunder. Wenn das stimmt, dann sind die anderen Wunder kein Problem mehr. Wenn Gott existiert und das kann, wenn er das getan hat, dann hat er wirklich in Jesus geredet und gehandelt. Und dann wäre es eher erstaunlich, wenn dabei nicht gleichzeitig viele Ereignisse mitgeschähen, die nach allgemeinen Maßstäben als Wunder bezeichnet werden.

Es ist sehr bemerkenswert, dass in der frühen jüdischen Streitliteratur gegen die Christen nie bezweifelt wurde, dass Jesus Wunder getan hat. Dass Jesus Menschen heilte, war nicht zu bestreiten. Die Frage ist allerdings, wie es zu erklären ist. Aus welcher Kraftquelle heilte Jesus? Die Gegner Jesu hielten ihm vor, dass er nicht aus der Kraft Gottes, sondern durch die Macht des Teufels heraus die Menschen heilen würde: „Dieser Mensch vertreibt die Dämonen so: Er benutzt dazu den ‚Beelzebub', den obersten Heerführer der Dämonenscharen!"[104] Das war ein Vorwurf, den sich dann spätere jüdische Gegner der Christen auch zu eigen machten. Jesus antwortete darauf mit dem Hinweis, dass der Teufel nicht gegen sich selbst kämpfen wird. Die Tatsache, dass Jesus die negativen Mächte vertreibt, dass Freiheit und Heil in das Leben der Menschen kommt, zeigt, dass seine Kraft von Gott kommt. Denn der kann nicht gegen sich selbst kämpfen.[105]

Ebenso bemerkenswert ist, dass noch im 2. Jahrhundert christliche Schriftsteller wie Justin der Märtyrer auf die Heilungen hinweisen konnten, die im Namen Jesu unter ihnen geschahen. Die Heilungskraft, die bei Jesus explosionsartig freigesetzt wurde, wirkte in seiner Gemeinde nach. Das war für die ersten Generationen von Christen eine oft beobachtete Tatsache. Für sie waren deshalb auch die Wunder, die Jesus selbst bewirkte, kein Mythos, sondern Fakten, Tatsachen. Ähnliches kommt übrigens in der christlichen Gemeinde bis heute immer wieder vor. Wo Menschen die Gegenwart Jesu wirklich erleben, da werden auch Kräfte der Heilung frei.

---

[104] Mt 12,24

[105] Mt 12,24-27

Befreiung von Dämonen

Auch das gehörte zur Anziehungskraft Jesu. Er hatte die Macht, Menschen aus der Macht der dämonischen Geister zu befreien. Menschen, die gebunden waren durch negative Mächte, deren Leben behindert, eingeengt, gefesselt war, setzte er frei. Sie konnten wieder sie selbst sein, nicht mehr fremdbestimmt von Zwanghaftigkeiten von außerhalb. Jesus verstand sein ganzes Leben als einen Kampf gegen die Macht der Finsternis. Die negativen Geistesmächte, die unsauberen Geister waren für ihn real. Direkt nach seiner Taufe im Jordan führte ihn der Geist Gottes in die Wüste, wo er vom Fürsten der Negativmächte, vom Teufel selbst, angegriffen wurde.[106] Die drei Versuchungen, mit denen dieser Angriff geschah, sind die drei Grundversuchungen des Menschen.

Jesus überwand diese Anfechtung, indem er sich ganz an Gott und dessen Willen orientierte. Er trat nicht aus der Beziehung zu seinem Vater heraus. So hatte er einen ersten entscheidenden Sieg gegen den Teufel gewonnen, der dann in vielen einzelnen Befreiungen zur Auswirkung kam. Gerade diese Befreiungen von dämonischen Mächten sah Jesus als ein Zeichen der nahen Gottesherrschaft. Weil Gottes Herrschaft anbricht, ist es mit der Herrschaft des Teufels zu Ende. Das verstanden die Menschen damals. Das verstanden auch die Gegner Jesu. So sah es auch Jesus selbst. Deshalb verniedlichte er die böse Macht auch nicht. Er erklärte sie nicht weg durch seichte Psychologisierung. Er trat den Kampf gegen die unreinen Geister an. Es war immer ein Kampf für den Menschen gegen das Negative, das ihn zu beherrschen suchte. Welche Anhäufungen an unreinen Geistern sich eines Menschen bemächtigen können, wird bei dem Mann aus Gadara am Ostufer des galiläischen Meeres klar. Als Jesus ihn von Dämonen befreien will, bitten diese, in eine Schweineherde fahren zu dürfen. Jesus erlaubt es. Die negativen Mächte, die dann den geplagten Mann verlassen müssen, sind stark genug, eine Herde von

---

[106] Mt 4,1-11

zweitausend Schweinen zur Raserei zu bringen, sodass sie sich selbst von der Klippe ins Wasser stürzen.[107]

Die Macht und der Wille Jesu, Gebundene und Geschundene von den sie bedrängenden Dämonen zu befreien, machte einen großen Teil seiner Anziehungskraft aus. Die Zeitgenossen Jesu wussten, wohin sie mit diesen Problemen gehen konnten, die für sie selbst unüberwindbar geworden waren. Jesus hat die Macht über das Negative. Das war Grund genug für das Volk, in großen Scharen zu ihm zu laufen.

Jesus mehr als ein Mensch

In allem wird deutlich, wie großartig Jesus war. Sein Einfluss ging weit über die Landesgrenzen hinaus. Seine Treffsicherheit und Weisheit wurden gerühmt. Seine Heilungskraft zog die Kranken und Geplagten an. Seine Wahrhaftigkeit ergriff die, die nach der Wahrheit suchten. Männer, Frauen und Kinder fühlten sich in seiner Gegenwart wohl. Jesus zeigte ihnen ihren Wert als Kinder Gottes. Er stellte die Menschen in eine neue Gemeinschaft. Er überwand die Grenzen des Streits, der Bitterkeit und des Hasses, die Menschen trennen. Wo er war, breitete sich eine Atmosphäre des Friedens aus. Bedrängte und Besessene wurden von allen bösen Belastungen frei. Die Kraft Gottes war da, wo er war. Und alle verstanden: Bei Jesus kann man sehen, wie Gott den Menschen ursprünglich gemeint hat. Jesus zeigte, was Menschsein heißt. Aber er war mehr als das, der wahre Mensch. Er war der, der in einer unvergleichlichen Beziehung zum Vater im Himmel lebte und deshalb zu Recht Gottes Sohn genannt wurde.

---

[107] Mk 5,1-20

4. Jesus: Radikalität und Risiko

Dazu bin ich gekommen: ein Feuer auf die Erde zu werfen. Und wie sehr sehne ich mich danach, dass es schon auflodert![108]

Eines Tages kam Jesus in den Tempelbereich in Jerusalem. Das war ein gewaltiges Gelände, bestehend aus dem äußeren Vorhof, auch Vorhof der Heiden genannt, und dem inneren Vorhof, in dem dann der eigentliche Tempel stand. Zum äußeren Vorhof hatten auch Nichtjuden Zutritt. Es sollte ihnen ermöglicht werden, zumindest von fern bei den Gottesdiensten dabei zu sein und Gott in der Nähe des heiligen Ortes anzubeten. Denn hier hatte Gott seine Nähe verheißen. Seine Gegenwart war in besonderer Weise im Tempel zugesagt und deshalb sollte hier Platz sein für jeden Besucher auch aus den nichtjüdischen Nationen, der den einen wahren Gott suchte. Durch den Propheten Jesaja hatte Gott das sagen lassen: „Mein Haus soll ein Haus des Gebets für alle Völker sein!“[109]

Davon war zur Zeit Jesu allerdings nicht mehr viel zu spüren. Stattdessen war der Vorhof der Heiden umfunktioniert worden zu einem einzigen riesigen Markt. Hunderte von Tieren wurden feilgeboten. In alter Zeit hatte jeder, der zum Tempel kam, um dort zu opfern, noch sein eigenes Tier aus dem Stall mitgebracht. Doch das war aufgrund der langen Wegstrecken, die viele zurücklegen mussten, sehr mühsam. Und so hatte es sich über die Zeiten eingebürgert, dass man sein Opfertier vor Ort kaufen konnte. Rinder, Schafe, Ziegen und Tauben sorgten für Lärm und Getümmel. Überall standen die Tische der Geldwechsler. Bei ihnen konnte man die besondere Münze kaufen, mit der die Tempelsteuer entrichtet werden musste. Kurz gesagt: Der Vorhof glich mit seinem geschäftigen Treiben mehr einem Markt als einem Ort der Anbetung. Aber alle hatten sich daran gewöhnt. Denn schließlich war es ja notwendig und schon lange so.

---

100 Lk 12,49
109 Jes 56,7

Eine prophetische Zeichenhandlung

Jesus jedoch dachte da anders. Er flocht sich eine Peitsche aus Seilen und begann, die Händler mitsamt ihren Tieren zu vertreiben. Die Tische der Münzwechsler stieß er kurzerhand um und befahl den Taubenhändlern, ihre Käfige zu nehmen und sich fortzuscheren. Was war es eigentlich, das Jesus so erzürnte? Er sagte es selbst: „Steht nicht in Gottes Buch: ‚Mein Haus soll ein Haus des Gebets für alle Völker sein'? Aber ihr habt daraus eine Räuberhöhle gemacht!“[110]

So kennen wir Jesus kaum! Doch er war radikaler, als wir oft meinen. Er war nicht bereit, um des lieben Friedens willen faule Kompromisse zu schließen. Er war keinen Parteien und keinen menschlichen Traditionen verpflichtet, sondern nur dem Willen seines Vaters im Himmel. So müssen wir diese Aktion verstehen: Die Tempelreinigung war eine prophetische Zeichenhandlung. Jesus macht, wie die Propheten vor ihm, mit der Tat und nicht nur mit Worten deutlich, was Gottes Wille ist. Sein Protest richtet sich gegen die Profanisierung Gottes und des Gottesdienstes. Die Verquickung von Religion und Geschäftemacherei ist Gott ein Gräuel. Wie kann man im Namen Gottes Gewinne erzielen? Außerdem war aufgrund des jahrmarktähnlichen Treibens kein Platz mehr da für die Menschen aus den Heidenvölkern, die doch hier einen Ort des Gebets finden sollten. Weil Gott Menschen aus allen Völkern zu sich rufen will, muss auch Raum für sie sein! In seiner Zeichenhandlung zeigt Jesus, dass das Volk Gottes längst Gott selbst verdrängt hat aus dem Ort, wo er Menschen begegnen will. Anstatt es möglich zu machen, dass viele zu Gott finden, verhindern die vermeintlichen Diener Gottes dies. Und da kann Gott nur noch mit dem Gericht antworten. So wie Jesus in seiner Zeichenhandlung die religiösen Geschäftemacher vertreibt, so wird wenige Jahrzehnte später das ganze Volk mitsamt der Führungsschicht aus der Stadt vertrieben werden. Und der Tempel wird zerstört werden, so sagte es Jesus voraus. Das alles macht er in der Reinigung des Tempelplatzes deutlich.

---

[110] Mk 11,17

Ein notwendiger Zusammenstoß

Kein Wunder, dass Jesus Aufsehen erregte. Überall, wo er hinkam, stieß er mit den religiösen Führern zusammen. Und zwar sowohl mit der etablierten, liberalen Partei der Sadduzäer, die sich die politische Macht mit den Römern aufgeteilt hatten, als auch mit den Pharisäern, die eigentlich als eine religiöse Erneuerungsbewegung angefangen hatten und eine strenge, konsequente Frömmigkeit lebten. Ebenso war er den Herodianern ein Dorn im Auge, der politischen Partei der Günstlinge der Gruppe um König Herodes, für die jede neue Bewegung naturgemäß eine Bedrohung darstellen musste.[111] Kein Wunder also, dass der Bericht weitergeht: „Das erfuhren die obersten Priester und die Gesetzeslehrer. Sie suchten nach einer Möglichkeit, Jesus umzubringen. Aber sie schreckten gleichzeitig davor zurück, denn die gesamte Volksmenge war ganz ergriffen von seiner Lehre."[112]

Es musste einen Zusammenstoß geben zwischen Jesus und den Führern des Volkes. Am Morgen der Tempelreinigung machte er sich auf den Weg von Betanien, dem kleinen Dorf vor den Toren Jerusalems, wo er bei Freunden übernachtete, in die Stadt. Dabei hatte er einen Feigenbaum, der am Wegrand stand, verflucht, weil er keine Frucht unter den Blättern fand. Als er mit seinen Jüngern wieder auf demselben Weg ging, sahen sie, dass der Feigenbaum verdorrt war. Nun ist dies eine der Handlungen Jesu, die uns am seltsamsten erscheint. Aber so unverständlich sie für uns auf den ersten Blick ist, so eindeutig war sie für die Zeitgenossen Jesu. Der Feigenbaum war von alters her ein Bild für das Volk Gottes, für Israel. Das Volk, dem Gott so viel anvertraut hatte. Aber anstatt, dass der Baum die Frucht hervorbrachte, die Gott, sein Gärtner, von ihm erwartete, waren nur Blätter da. Anders gesagt: Äußerlich war alles in Ordnung. Wenn man aber näher hinschaute und unter den Blättern die Frucht suchte, so fand man nichts. Die Frommen in der Zeit Jesu waren vor sich selbst gerecht.

---

[111] Vgl. Mk 3,6; Mk 12,13

[112] Mk 11,18

Vor Gott aber waren sie nicht gerecht und deshalb war das Gericht unausweichlich.[113]

Das machte Jesus in seinen radikalen Zeichenhandlungen unmissverständlich deutlich. Aber er hatte dabei kein hartes Herz. Er freute sich nicht heimlich über das Gericht, das er voraussah. Lukas berichtet, dass Jesus kurz vor der Tempelreinigung beim Anblick Jerusalems über die Stadt weinte. Denn sie erkannte nicht, was Gottes Wille für sie war und wo der Weg zum wirklichen Frieden zu finden war.[114] Immer wieder hatte er versucht, sie zu warnen, zu rufen und zur Umkehr zu bewegen. Vergeblich. Doch als die Stadt sich endgültig gegen ihn gewandt hatte, wusste Jesus, dass das Gericht unausweichlich geworden war.

Der Ruf zur Umkehr

Jesus war radikal in seinen Aussagen. Wie sein Vorläufer, Johannes der Täufer, rief er die Menschen zu einer Umkehr auf. Das war das Kernstück seiner Verkündigung: „Ändert euer Leben von Grund auf! Gottes alles überragende Wirklichkeit steht unmittelbar vor der Tür!“[115] Das griechische Wort für Umkehr, *metanoia*, bedeutet Sinneswandel, Lebensveränderung, Herzenserneuerung. Nichts darf beim Alten bleiben. Alles muss neu werden, neu bewertet werden angesichts der Tatsache, dass Gott jetzt seine Herrschaft aufbaut.

Johannes der Täufer hatte seinen Auftrag so verstanden: Er war dazu berufen, den Weg für das Eingreifen Gottes frei zu machen. Er war gekommen, um das Volk in der Wüste zur Umkehr zu rufen, wie der Prophet Jesaja vorausgesagt hatte: „In der Wüste bereitet dem HERRN den Weg, macht in der Steppe eine ebene Bahn unserm Gott! Alle Täler sollen

---

[113] Mk 11,12-22
[114] Lk 19,41-44
[115] Mt 4,17

erhöht werden, und alle Berge und Hügel sollen erniedrigt werden …“[116] Johannes' Verkündigung hatte eine wahre Massenbewegung ausgelöst. Aus ganz Judäa, aus Jerusalem, aus den Gebieten am Jordan und selbst aus dem fernen Galiläa waren die Menschen herbeigeströmt, um ihn zu hören und sich von ihm taufen zu lassen. Die Taufe im Jordan, in dessen Fluten die Menschen von Johannes ganz untergetaucht wurden, war das symbolische Bekenntnis, dass Johannes recht hatte. Ja, dass Gott recht hatte in seinem Nein zu ihrem alten Leben. Sie bekannten ihre Sünden und gelobten, ein neues Leben zu führen.

Die Taufe war nicht nur ein Ritual, sondern führte zu einem geänderten Leben. Das jedenfalls verlangte Johannes. Und als Pharisäer und Sadduzäer zu ihm kamen, forderte er sie mit harten Worten zur Rechenschaft: „Ihr Schlangenbrut! Wer hat euch eigentlich zugesagt, dass ihr vor dem Zorngericht entfliehen könnt, das sich anbahnt? Lebt endlich so, dass erkennbar wird, dass ihr wirklich zu Gott umgekehrt seid!“[117] Ihnen, den Mitgliedern der religiösen Elite, sagte Johannes, dass es ihnen vor Gott nichts nützen wird, dass sie Nachkommen Abrahams sind. Dass es nicht auf Traditionen ankommt, sondern auf die Lebensrichtung und die Herzenseinstellung.

Johannes war radikal in seiner Forderung nach Umkehr. Er war radikal in seinem Lebensstil. Und er war radikal in seiner prophetischen Botschaft. Er scheute sich nicht, den Provinzkönig Herodes öffentlich zu kritisieren, weil dieser seinem Bruder die Frau ausgespannt und sie geheiratet hatte.[118] „Das ist Ehebruch und Gott wird ihn dafür richten.“ So Johannes' Originalton. Das hatte ihm Herodes übel genommen. Dafür ließ er ihn einsperren und auf Anstiftung der Herodias, eben jener unrechtmäßigen Frau, bei seiner Geburtstagsfeier enthaupten. Obwohl Johannes vorhersehen konnte, was seine Verkündigung ihn kosten würde, blieb er der Botschaft treu, die Gott ihm aufgetragen hatte. Johannes war radikal.

---

[116] Jes 40,3-5
[117] Lk 3,7-8
[118] Mk 6,14-29

Darin war er der Vorläufer Jesu. Das wusste er: Der, der nach ihm kam, war größer als er. Er war nur gerufen, den Weg zu ebnen. Er war der letzte der Vorläufer. Jesus aber war die Erfüllung aller Verheißungen. Von ihm sagte Johannes: „Ich tauche euch in das Wasser ein, als Ausdruck eurer Umkehr zu Gott. Aber der, der nach mir kommt, ist viel mächtiger als ich. Ich bin es noch nicht einmal wert, ihm seine Schuhe auf- oder zuzubinden. Er selbst wird euch in die Wirklichkeit Gottes hineintauchen, in seinen Geist und in das Feuer. Er wird ganz persönlich dafür sorgen, dass wie bei der Weizenernte das Wertvolle vom Wertlosen getrennt und sein Eigentum von allem Schmutz befreit wird. Die Erntefrucht wird er sicher in die Vorratshäuser bringen, doch das unnütze Stroh wird er im Feuer verbrennen, bis nichts mehr übrig bleibt."[119]

Wenn Johannes, der Vorläufer, schon radikal war, so war es Jesus noch in weitaus größerem Maße. Er stellte alle vor eine Entscheidung. Was er sagte, war gekennzeichnet von einer letzten Radikalität und Kompromisslosigkeit.

Die zwei Wege

Es gibt zwei Wege, auf denen ein Mensch gehen kann, sagte Jesus. Der eine ist ein breiter Weg, auf dem viele gehen. Der andere Weg ist schmal und nur wenige finden ihn. Wer zum wahren Leben gelangen will, muss durch die enge Tür gehen und den schmalen Weg beschreiten. Sein ganzes Leben wird anders verlaufen. Auf dem Weg des Lebens gelten andere Gesetze als sonst in der Welt. Es sind die Gesetze des Himmelreichs. Die Gesetze, die dort Gültigkeit haben, wo Gott ganz der Herr sein kann.

Deshalb ist jeder Mensch ganz persönlich gefragt. Er steht vor einem grundlegenden Entweder-Oder. Die Entscheidung liegt beim Einzelnen, welchen der beiden Wege er wählt. Den einfachen, den Weg der Vielen,

---

[119] Mt 3,11-12

der aber zum Verderben führt, oder den schweren, den Weg der Wenigen, der zur Lebensgemeinschaft mit Gott führt. Auf dem schmalen Weg zu gehen bedeutete nichts anderes, als Jesus nachzufolgen. Jesus rief seine Jünger nicht zu einer neuen Lehrmeinung oder religiösen Tradition, sondern zu sich selbst. „Folge mir nach!", der persönliche Anruf, mit dem Jesus das Meister-Jünger-Verhältnis begründete, hieß auch: Geh mit mir auf dem schmalen Weg! Mach mit beim alternativen Leben! Ich lade dich ein, ein ganz anderes Leben zu führen als bisher. Ein radikales Leben. Ein Leben unter der Herrschaft Gottes.

Die Herrschaft Gottes

Der Ruf zur Umkehr, der Ruf, auf den schmalen Weg zu kommen, war nichts Willkürliches. Vielmehr war er die einzig logische Folge der Verkündigung von Jesus. Jesus war gekommen, um die Herrschaft Gottes wieder aufzurichten. Gott sollte wieder Herr sein im Leben der Menschen. So lautet die Begründung für den Ruf zur Umkehr: „Der von Gott bestimmte Zeitpunkt ist jetzt gekommen. Die Gottesherrschaft ist ganz nahe herbeigekommen. Deshalb ändert euer Leben und setzt euer Vertrauen auf die gute Nachricht von Gott!"[120] Das bedeutet: Eine neue Zeit ist angebrochen. Eine Zeit, in der Gott wieder den totalen Anspruch auf unser Leben erhebt. Das ist auch Inhalt des Gebets, das Jesus seine Jünger lehrte: „Deine Herrschaft komme! Dein Wille geschehe auch hier auf der Erde, wie dort im Himmel."[121] Gottes Herrschaft soll zum Zuge kommen.

Das schafft natürlich sofort einen Konflikt. Gottes Herrschaft zu proklamieren, bedeutet Kampf. Denn die Botschaft von der Herrschaft Gottes ist eine Kampfansage an alle anderen Herrschaftsformen in der Welt. Jede

---

[120] Mk 1,15
[121] Mt 6,9-16

Herrschaft von Menschen über Menschen hat keinen Platz mehr, wo nur Gott Herr ist. Auch die Mächte, die Menschen beherrschen – geistige, wirtschaftliche oder politische Mächte, Mächte der Tradition oder der Religion –, müssen aufhören, wo Gott allein Herr ist. Genau das war die Botschaft, die Jesus verkündigte. Er sprach ständig vom Reich Gottes. Damit meinte er nicht einen statischen Bereich, eine Art Territorium Gottes in dieser Welt, sondern eine dynamische Wirklichkeit. Reich Gottes ist da, wo Gottes Wille geschieht. Das ist ein Prozess. Immer neue Gebiete des Lebens sollen der Herrschaft Gottes untergeordnet werden. Kein Bereich ist ausgeschlossen: die Beziehungen der Menschen untereinander ebenso wenig wie der Umgang mit Geld, die Frage der Sexualität wie auch die Frage nach der Feindesliebe.

Die Herrschaft Gottes ist nichts Negatives, nichts, was niederdrückt, sondern sie ermöglicht Leben. Wo Gott Herr ist, können Menschen aufatmen. Und nicht nur die Menschen, sondern auch die Tiere und die ganze Schöpfung. Denn es ist die Herrschaft dessen, der das Leben selbst erfunden hat.

Die Kennzeichen der Gottesherrschaft

Was wir unter Herrschaft Gottes verstehen, ob wir negative oder positive Gedanken und Gefühle dabei haben, hängt ganz eng mit unserem Bild von Gott zusammen. Wer Gott als eine Art kosmischen Polizisten oder überweltlichen Schullehrer sieht, wird möglicherweise die Botschaft Jesu von der kommenden Herrschaft Gottes ganz falsch verstehen.

Für die Menschen damals war klar, dass Herrschaft Gottes nur etwas ganz Großartiges sein konnte. Sie hatten die Herrschaft von Menschen erlebt: die politische und militärische Herrschaft der römischen Truppen, die intellektuelle und kulturelle Herrschaft der Griechen, die religiöse und moralische Herrschaft der Gesetzesausleger, besonders der Pharisäer, die brutale Herrschaft der mit den Römern kollaborierenden Zolleintreiber und Beamten, die zynische und geldgierige Herrschaft der Jerusalemer Tempelkaste. Das alles kannten sie. Aber Gottes Herrschaft zu erleben, das musste wunderbar sein! Zumindest für die einfachen Leute des Landvolks, für die Mühseligen und Beladenen, die Jesus besonders ansprach und zu sich rief.[122] Wenn sie die Worte „Gottes Herrschaft" hörten, klangen in ihren Ohren alttestamentliche Psalmen nach, die die Freude über Gottes Herrschaft ausdrücken: „Er richtet die Völker, so wie es recht ist. Freuen sollen sich die Himmel und jubeln soll die Erde! Tosen soll das Meer und alles, was darin ist ... vor Adonai, denn er kommt ... um Gericht zu halten auf der Erde: Er wird den Erdkreis richten in Gerechtigkeit und die Völker in seiner Wahrheit."[123] Gottes Herrschaft, das konnte nur heißen: Gerechtigkeit für alle. Befreiung von allen falschen Zwängen. Frieden im Land. Versöhnung zwischen den Menschen.

Und das verkündigte Jesus. Mehr noch: Das lebte Jesus. Wo er auftauchte, da geschah genau das: Heilung, Befreiung, Versöhnung, Frieden. Gottes Herrschaft war nicht nur Zentrum der Verkündigung Jesu, sondern ereignete sich, wo Jesus war.

Kein Wunder, dass Jesus das so sagen konnte: Das Reich Gottes ist mitten unter euch! Da, wo er war, war Gottes Herrschaft schon angebrochen. Denn Jesus ist der vom Vater eingesetzte König. Er verkörpert die Herrschaft Gottes in seiner Person.

Die Umwertung aller Werte

Darauf sollten sich die Leute einstellen. Dass jetzt Gottes Herrschaft anfängt, bedeutete aber auch, dass das ganze Leben neu bewertet wird. Denn jetzt fällt ein ganz anderes Licht auf alle Teilbereiche des Lebens. Nichts kann mehr bleiben wie es ist. Eine grundlegende Umwertung hat

---

[122] Mt 11,28-30
[123] Ps 96,10-13

angefangen. Es ist eine Revolution, eine Erneuerung aller Werte. Die Maßstäbe, die im Herrschaftsbereich Gottes gelten, stehen oft in direktem Gegensatz zu den Maßstäben, die in dieser Welt herrschen. Ein kurzer Blick durch die Bergpredigt macht das klar. Die Bergpredigt[124] ist eine Sammlung von Merksprüchen, die Jesus jeweils als Zusammenfassung seiner Lehrunterweisung den Jüngern „übergab", sie also auswendig lernen ließ. Jesus hat seine Jünger im täglichen Leben, im gemeinsam erlebten Alltag gelehrt, darüber hinaus aber immer wieder in besonders intensiven Schulungszeiten. Der Tag, an dem Jesus auf den Berg stieg und seine Jünger unterrichtete, war solch eine besondere Schulung. Wenn man die Bergpredigt am Stück liest, so dauert das weniger als zwanzig Minuten. Jesus aber hat seine Jünger mindestens einen Tag unterrichtet. Wie schon gesagt, sind die in der Bergpredigt niedergeschriebenen Worte eben einfach die Merksätze, die die zentralen Gedanken seiner Unterweisung festhalten.

Das neue Gesetz des Königs Jesus

Schon die äußeren Umstände zeigen, dass sich an diesem Tag etwas Besonderes ereignet. So wie Mose damals auf einem Berg das Gesetz Gottes empfing, so versammelt der Messias, der wahre König Israels, nun sein Volk um sich und verkündigt ihnen sein Königsgesetz. Es ist das Gesetz für das neue Gottesvolk. Viele einzelne Sätze werden so eingeleitet: „Ihr kennt die Gebote, die Gott schon vor langer Zeit den Menschen gegeben hat. ... Doch ich sage euch ganz deutlich ..." Und dann sagt ihnen Jesus, für alle Zeiten verbindlich, was im Herrschaftsbereich Gottes gilt. Was dem Willen Gottes entspricht und was nicht. Jesus fängt an mit der radikalen Umwertung aller Lebenserfahrungen und Werte:

---

[124] Mt 5-7

Glücklich zu preisen sind die geistlich Armen, die Leidenden, die Sanftmütigen, die sich nicht brutal durchsetzen. Sie sind die wahren Erben des Himmelreichs. Glücklich sind die, die nach Gerechtigkeit hungern und dürsten, die Barmherzigen, die an keinem Leidenden teilnahmslos vorübergehen können. Glücklich sind, die ein reines Herz haben, denn in ihnen kann sich Gottes Glanz unverfälscht widerspiegeln. Jesus preist die glücklich, die zwischen verfeindeten Parteien Frieden stiften, denn sie sind Gottes Kinder. Glücklich sind auch die vielen, die verfolgt werden, weil sie Gottes Wahrheit und Gerechtigkeit höher achten als ihren eigenen Vorteil. Und auch die, die aufgrund ihres Glaubens an Jesus verachtet und verfolgt werden, nennt er glücklich. Denn obwohl sie vielleicht wie Jesus selbst bis in den Tod gejagt werden, ist das dennoch nicht das Ende für sie. Gott wird sie belohnen, so wie die Propheten vor ihnen und wie Jesus selbst.[125]

Die Umwertung der Werte ist allumfassend. Weil der Faktor Gott mit Jesus wirklich und konkret in die Welt hineinkommt, kann nichts mehr beim Alten bleiben. Alles wird neu, wird anders, wird auf den Kopf gestellt, wo die Herrschaft Gottes beginnt.

Lukas hat in seinem Evangelium noch die Kehrseite der Glücklich-Preisungen, nämlich die Wehe-Rufe Jesu, bewahrt. Dort macht Jesus, und wir haben nicht den geringsten Grund, an der Echtheit dieser Jesus-Worte zu zweifeln, ganz radikale Aussagen. Seine Worte werfen alles um, was in Israel damals und in unserer Gesellschaft heute als vernünftig gelten kann:

„Doch schlecht wird es euch ergehen, ihr Reichen! Denn ihr habt schon jetzt ein angenehmes Leben! Schlecht wird es euch ergehen, die ihr jetzt im Überfluss lebt! Denn ihr werdet Hunger erleiden. Schlecht wird es euch gehen, die ihr jetzt sorglos lacht! Denn ihr werdet trauern und weinen. Lasst euch warnen, wenn euch alle Menschen applaudieren! Denn genau dasselbe haben die Vorfahren dieser Leute bei den Lügenpropheten getan."[126]

---

[125] Mt 5,1-12

[126] Lk 6,24-26

Auch hier also ein radikales Entweder-oder. Jesus preist die einen glückselig, über die anderen ruft er ein hartes Wehe. Zu welcher der beide Gruppen einer gehört, liegt in seiner eigenen Entscheidung. Denn Gott zwingt niemanden, auf seine Herrschaft einzugehen und sein Leben an Gottes Werten zu orientieren. Beide Wege sind offen. Beide sind gangbar. Aber nur einer führt zum Leben. So klar und eindeutig sagt es Jesus. Da gibt es keinen Mittelweg. Eine radikale, kompromisslose Entscheidung ist gefragt.

Radikale Nachfolge des radikalen Jesus

In der Bergrede entfaltet Jesus dann weiter, was Leben unter der Herrschaft Gottes bedeutet. Einige dieser programmatischen Aussagen sollen hier erwähnt werden. Es ist ja die Jüngerunterweisung, die Anleitung für die, die radikal dem radikalen Jesus folgen wollen. In all dem ist Jesus selbst das Vorbild. Wie sieht radikale Jüngerschaft, Nachfolge des radikalen Jesus, aus?

Ein Jünger von Jesus muss sich unterscheiden von seiner Umwelt. Nicht sie darf ihn unschädlich machen, sondern er soll sie beeinflussen wie das Salz, ohne das die Suppe ungenießbar ist.[127]

Ein Jünger von Jesus muss eindeutig werden. Wie ein Licht weithin scheint, so soll durch ihn sichtbar werden, dass hier ein Mensch unter Gottes Herrschaft lebt.[128]

Ein Jünger von Jesus ist dem Gesetz verpflichtet, das Gott seinem Volk gegeben hat. Und doch soll er die Gerechtigkeit, die da gefordert wird, unendlich übersteigen.[129]

---

[127] Mt 5,13
[128] Mt 5,14-16
[129] Mt 5,17-20

Ein Jünger von Jesus darf nicht töten, auch nicht Hass und Zorn in den verborgenen Kammern seines Herzens zulassen. Stattdessen soll er die Versöhnung suchen, solange noch Zeit dafür ist.[130]

Ein Jünger von Jesus muss die Ehe heilig halten. Gegenüber aller Lauheit und Kompromisshaftigkeit in diesem Gebiet soll er zeigen, wie Gott Ehe gemeint hat: als lebenslangen Bund von Mann und Frau in Treue, der die Treue und unveränderliche Liebe Gottes zu uns widerspiegelt. Allen Aufweichungen dieser guten Regelung Gottes im eigenen Herzen soll er sich radikal verweigern.[131]

Ein Jünger von Jesus muss eindeutig und zuverlässig sein in seinen Worten. Er soll so klar und ehrlich leben und reden, dass Eidesformeln und feierliches Schwören unnötig werden. Denn dadurch würde der Name Gottes entehrt.[132]

Ein Jünger von Jesus darf nicht Böses mit Bösem vergelten. Gewaltlos soll er ungerechter Gewalt entgegentreten, ja sogar noch durch Gutes-Tun das Unrecht eines anderen überwinden. Von einem, der ihn bittet, soll er sich nicht kalt abwenden.[133]

Ein Jünger von Jesus muss lernen, auch seine Feinde zu lieben. Er soll für sie beten und sie segnen. So spiegelt er das Wesen seines Vaters im Himmel wider, der unterschiedslos allen Menschen Gutes tut.[134]

Ein Jünger von Jesus darf aus seiner Frömmigkeit keine Schauveranstaltung machen. Wenn er Bedürftigen Geld schenkt, dann soll es möglichst keiner mitbekommen, damit sich nicht Heuchelei oder Angeberei bei ihm einschleicht.[135]

Ein Jünger von Jesus betet nicht, um Eindruck zu machen. Statt viele Worte aneinanderzureihen, soll er lernen, sich vertrauensvoll und einfach an seinen Vater im Himmel zu wenden. Denn der kennt schon alle seine

---

[130] Mt 5,21-26
[131] Mt 5,27-32
[132] Mt 5,33-37
[133] Mt 5,38-42
[134] Mt 5,43-48
[135] Mt 6,1-4

Bedürfnisse und will gern helfen. Beim Beten ist das Vorbild Jesu wichtig, der im Jünger-Gebet, dem sogenannten Vaterunser, alles Wesentliche ausdrückt und zusammenfasst. Das Gebet soll getragen sein von einer grundlegenden Bereitschaft zur Vergebung und Versöhnung mit allen.[136]

Ein Jünger von Jesus fastet nicht mit der Absicht, die Bewunderung der Menschen zu erlangen. Er soll sein Fasten verbergen, damit es ein wirkliches Fasten für Gott sein kann.[137]

Ein Jünger von Jesus braucht nicht ängstlich Schätze in dieser Welt anzusammeln. Denn das kann letztlich Götzendienst sein. Er soll vielmehr sein ganzes Leben auf die Werte ausrichten, die wirklich Bestand haben.[138]

Ein Jünger von Jesus hat einen klaren Blick, der aus einem gereinigten Herzen kommt. Er soll keine Finsternis in sich dulden.[139]

Ein Jünger von Jesus hat der Herrschaft des Mammons abgesagt. Er soll Gott allein dienen und keine Kompromisse mit der unheilvollen Macht des Besitzes schließen.[140]

Ein Jünger von Jesus vertraut Gott auch im Bereich der alltäglichen Bedürfnisse wie Nahrung, Wohnung und Kleidung. Weil er Gott als himmlischen Vater kennt, braucht er sich nicht dem Geist der Sorge hinzugeben. Er soll zuerst die Ausbreitung der Herrschaft Gottes und seiner Gerechtigkeit erstreben und wird dann erleben, dass Gott ihm alles Notwendige und noch viel mehr schenkt.[141]

Ein Jünger von Jesus richtet seinen Mitmenschen nicht. Denn er weiß, dass bei ihm selbst noch viel Unrechtes zu finden ist. Er soll sich vielmehr mit seinem Bruder auf eine Stufe stellen und ehrlich mit dem anderen umgehen.[142]

---

136 Mt 6,5-15
137 Mt 6,16-18
138 Mt 6,19-21
139 Mt 6,22-23
140 Mt 6,24
141 Mt 6,25-34
142 Mt 7,1-5

Ein Jünger von Jesus bewahrt das, was sein Meister ihm anvertraut hat. Er soll es nicht verachten oder billig verschleudern, denn es ist kostbar.[143]

Ein Jünger von Jesus vertraut Gott, dem Vater im Himmel, völlig. Er soll nicht müde werden zu bitten, zu suchen und anzuklopfen, weil er weiß, dass Gott seinen Leuten gern Gutes gibt.[144]

Ein Jünger von Jesus ist gerecht gegenüber anderen. Er soll sich jedem gegenüber so verhalten, wie er es selbst für sich erwartet.[145]

Ein Jünger von Jesus tritt durch die enge Tür in das Leben ein. Er soll sich in seinem ganzen Leben auf dem schmalen Weg der Nachfolge Jesu bewegen.[146]

Ein Jünger von Jesus hat einen klaren Blick für das, was wirklich von Gott kommt. Er kann unterscheiden zwischen dem Echten und dem Nachgeahmten. An ihren Früchten soll er die wahren und die falschen Propheten erkennen und sich nicht von großartigen Erfolgen und hochklingenden Worten täuschen lassen. Er weiß, dass Jesus selbst das letzte Urteil über jeden Menschen sprechen wird.[147]

Ein Jünger von Jesus baut sein Haus auf den Felsen der Worte Jesu. Was er von ihm hört, soll er in die Tat umsetzen. So wird er allen Stürmen standhalten können.[148]

Soweit ein Kurzabriss der Jünger-Unterweisung auf dem Berg. Die Wirkung von Jesu Worten ist damals wie heute dieselbe, wenn man sie wirklich versteht: „Als Jesus alles gesagt hatte, was er seinen Nachfolgern einschärfen wollte, gab es eine heftige Reaktion. Die Menschenmassen, die ihm zugehört hatten, waren erschüttert über seine Aussagen, über das, was er als verbindliche Lehre für seine Schüler festlegte. Denn Jesus sprach mit großer Autorität, ganz anders, als sie es von ihren Theologen gewöhnt waren."[149]

---

[143] Mt 7,6
[144] Mt 7,7-11
[145] Mt 7,12
[146] Mt 7,13
[147] Mt 7,15-23
[148] Mt 7,24-27
[149] Mt 7,28-29

Entscheidungsfragen, die ins Zentrum zielen

Die Worte Jesu wirken wie eine Bombe. Sie schlagen voll ein. Sie führen zum Zentrum der Dinge. Nicht die Äußerlichkeiten sind entscheidend, sondern das Herz. Das, was der Mensch wirklich ist und wirklich will. Vor Jesu Worten muss jede Hülle fallen. Da ist es nicht mehr möglich, eine fromme Maske aufzusetzen. Es wird offenbar, was der Mensch in der letzten Konsequenz will. Das geht uns genauso an wie die ersten Zuhörer damals.

Jesus stellte seine Jünger vor harte Alternativen. Und in gleicher Weise fragt er auch uns. Wie die ersten Jünger müssen wir Antworten auf diese Fragen finden.

Welchen Weg wollen wir gehen: Gottes Weg oder unseren eigenen?

Woran hängen wir unser Herz: an Gott oder an den Besitz, den Mammon?

Was ist uns wichtiger: die Anerkennung von Menschen oder von Gott?

Sind wir bereit, ernsthaft die Versöhnung mit anderen Menschen zu suchen, oder wollen wir uns in unserem Hass und unserer Ablehnung vergraben?

Glauben wir wirklich, dass Gott die Macht und das Interesse hat, uns zu versorgen, oder meinen wir, unsere Interessen selbst wahren zu müssen, wenn notwendig auch mit Gewalt und Betrug?

Wie ernst und wichtig nehmen wir die Worte Jesu: Sind sie Beiwerk, Verschönerung unseres Lebens oder das Fundament, auf das wir alles aufbauen?

Und so könnte man fortfahren, die Aussagen von Jesus auf unsere Lebenssituation anzuwenden. Das aber ist ein lebenslanger Prozess, ein Prozess, in dem immer neue Bereiche des Lebens unter die Herrschaft Gottes gestellt werden sollen.

Dass kein Bereich vom Herrschaftsanspruch Jesu ausgenommen ist, ist sicher klar geworden. Und es ist auch deutlich, dass es Jesus um die Lebenspraxis geht. Nicht um religiöse Gefühle oder theoretische Theologie. Nur wer die Rede Jesu hört und tut, kann sein Jünger sein.

Das ist seine radikale Lehre. Und was Jesus lehrte, war nur die Widerspiegelung seines Lebens. Bei ihm klafften Worte und Taten nicht auseinander.

Ein gespaltenes Volk

Und noch in einer anderen Hinsicht war Jesus radikal: in seiner Hinwendung zu jedem Menschen. Das jüdische Volk war in seiner Zeit in viele Gruppen aufgeteilt. Gruppen, die oft gegeneinander standen oder zumindest beziehungslos nebeneinanderher lebten. Da gab es verschiedene religiöse Gruppierungen, allen voran die Pharisäer. Ursprünglich waren sie eine Erneuerungsbewegung gewesen, die sich von allem trennen wollte, was dem Gesetz zuwiderlief. In einer Zeit, in der Israel von der Übermacht der griechisch-hellenistischen Kultur überrollt zu werden drohte, riefen sie das Volk zu Gott und zum Gesetz der Väter. Während die führenden Schichten in Jerusalem zunehmend hellenisiert wurden, stellten sich die Pharisäer gegen die Zeitströmung und versuchten, das mosaische Gesetz wieder allgemeingültig zu machen.

Eine zweite, noch strengere Gruppe waren die Essener, die sich ganz vom Tempelgottesdienst in Jerusalem zurückzogen. Sie erkannten die herrschende hohepriesterliche Dynastie nicht an, weil sie diese Würde unrechtmäßigerweise an sich gerissen hatte. So formierten die Essener ihre eigene Gemeinde und bereiteten sich intensiv auf die Endzeit vor, die sie in Kürze erwarteten. Dann würden sie als Söhne des Lichts gegen die Söhne der Finsternis kämpfen und der Sache Gottes zum Sieg über alle Abgefallenen und über die fremden Bedrücker im Land verhelfen.

Die Sadduzäer, die dritte Partei, waren die eigentlichen Gegner der Pharisäer und Essener. Sie stellten die Führungsschicht des Volkes. Die meisten Priester sowie die hohepriesterliche Familie gehörten zu ihnen. Sie glaubten nicht an die Auferstehung der Toten, hielten nur die fünf

Bücher Mose für verbindlich und hatten einen Weg gefunden, mit den Römern schiedlich-friedlich umzugehen. Es gelang ihnen, innerhalb der wechselnden Machtverhältnisse immer irgendwie mit im Spiel zu bleiben. Sie waren die natürlichen Feinde Jesu, nicht so sehr aus theologischen Gründen, sondern weil jede Veränderung für sie nur einen Verlust an Einfluss und Macht bedeuten konnte. Wenn es notwendig war, konnten sie sich auch mit den Pharisäern verbünden. Sie waren die kühlen Pragmatiker in Israel, die sich nicht scheuten, das Gesetz, wo nötig, auch mal ein wenig zu verbiegen.

Eine weitere Gruppierung stellten die Zeloten dar. Sie waren, wie ihr Name zu übersetzen ist, die Eiferer. Also radikale, revolutionäre Leute, die sich teilweise in kleinen Banden zusammenfanden. Ihr Ziel war es, Israel von der römischen Besatzung zu befreien. Dafür scheuten sie kein Mittel. Besonders berüchtigt waren die sogenannten *sicarii,* die Messerleute, die nachts mit kurzen Dolchen, die sie im Ärmel trugen, römische Wachtruppen und jüdische Kollaborateure überfielen und niederstachen. Sie tauchten irgendwo aus dem Nichts auf und verschwanden ebenso schnell wieder. Unter der Bevölkerung hatten sie viele Sympathisanten. Drei Jahrzehnte später gelang es ihnen, die Mehrheit der Bevölkerung zum offenen Aufstand gegen Rom zu bewegen, ein Aufstand, der die römischen Heere ins Land brachte und der mit der Zerstörung Jerusalems blutig niedergeschlagen wurde.

Weniger beliebt als die Zeloten waren diejenigen, die sich mit den Römern arrangiert hatten und im Ausbeutungssystem mitmachten. Zu ihnen gehörten auch die Zollbeamten, die an den Wegen den Straßenzoll erhoben und häufig zugleich in ihre eigene Tasche wirtschafteten. Sie waren Nutznießer des römischen Herrschaftssystems.

Und dann waren da noch die einfachen Leute, die Bauern, Tagelöhner und kleinen Händler. Sie wurden mit dem verächtlichen Titel *am ha-arez,* Landvolk, bezeichnet. Alle anderen schauten auf sie herab, besonders die Mächtigen und die Frommen. Sie waren die Ungebildeten, die, die sich nach Ansicht der Bessergestellten kaum von den Tieren unterschieden. Obwohl die große Mehrheit der Bevölkerung zu ihnen gehörte, hatten sie am wenigsten Einfluss. Sie waren die eigentlich Unterdrückten, die wirklichen Leidtragenden. Sie waren auch die, aus denen sich der große Teil der Anhänger Jesu zusammensetzte. Als Jesus sie sah, erblickte er ein verschmachtetes Volk, Menschen, die wie Schafe ohne Hirten waren. Ihnen wandte er sich in besonderer Weise zu. Sie waren die Mühseligen und Beladenen, die unter den wirtschaftlichen und religiösen Lasten schier zusammenbrachen. Für sie war die Botschaft Jesu wirklich gute Nachricht.

Unter ihnen können wir noch eine weitere Gruppe ausmachen, von deren Existenz wir nur spärliche, aber darum umso deutlichere Nachricht haben. Es sind die sogenannten „Stillen im Lande“: Menschen, die auf die Erlösung Israels warteten und dafür beteten. Sie waren in allen Gruppen zu finden. Im Neuen Testament begegnen sie uns vor allem in der Gestalt der beiden alten Gottesmenschen, Simeon und Hanna, die beide im Tempel ihr Leben dem Gebet gewidmet haben. Sie sind es, die schon in dem Jesuskind den Messias, den Erlöser Israels erkennen.[150]

Eine alternative Gemeinschaft

Aus allen diesen Gruppen stiftete Jesus eine neue Gemeinschaft von Menschen. Das ist das Erstaunliche: Bei ihm findet echte Versöhnung statt. Menschen, die sich sonst nie an einen Tisch gesetzt hätten, sammeln sich einträchtig bei Jesus. Im Kreis seiner Jünger finden sich Vertreter aller dieser Gruppen: Simon der Zelot steht da neben dem Zollbeamten Levi. Reiche Mitglieder des Hohen Rates wie Josef von Arimathäa neben ganz einfachen Leuten vom Land. Jesus bindet sie zusammen. Bei ihm werden die Unterschiede bedeutungslos. Sie stehen alle auf einer Stufe. Sie erkennen in der Begegnung mit Jesus ihren unendlichen Abstand zu Gott. Sie erkennen, wie unwesentlich die Unterschiede untereinander angesichts ihrer Gemeinsamkeiten sind: dass sie vor Gott eigentlich nicht

[150] Lk 2,25-38

bestehen können, dass sie aber durch die Verbindung mit Jesus Kinder Gottes sein dürfen.

Es ist also eine Gemeinschaft der Sünder, nicht der Gerechten, die Jesus stiftet. Nur wer erkennt, dass er Sünder ist, findet in ihr Heimat: „Es sind nicht die Gesunden, die einen Arzt brauchen, sondern die, denen es schlecht geht. Genauso ist es: Ich bin nicht gekommen, um die Gerechten zu Gott zu rufen, sondern die, die gegen seinen Willen handeln."[151] Damit durchbrach Jesus die Mauern, die zwischen den einzelnen Menschengruppen aufgerichtet worden waren. Das war etwas Unerhörtes! Für die Frommen musste das bedeuten, dass Jesus nichts mehr heilig war. Dass er die Unterschiede zwischen gerecht und ungerecht, zwischen heilig und unheilig verwischen wollte. Der ständige Verstoß gegen die Reinheitsgebote, wie seine Jünger es machten, zeigte das auch. Darüber regten sich besonders die Pharisäer auf: Sie beschwerten sich bei Jesus darüber, dass die Jünger aßen, ohne sich vorher die Hände in rituell angemessener Weise zu waschen. Jesus konfrontiert sie mit der harten Wahrheit: „Nicht die Dinge machen einen Menschen unrein, die von außen in ihn hineinkommen! Sondern das, was eine Person verunreinigt, sind die Worte, die aus ihrem Mund herauskommen."[152] Nicht die rituelle Reinheit ist verlangt, sondern die Herzensreinheit.

So war es für Jesus auch selbstverständlich, dass er die Unberührbaren der Gesellschaft annahm und in seine Gemeinschaft aufnahm: die Aussätzigen, die Prostituierten, die ausgegrenzten Zollbeamten. Darin unterschied sich Jesus übrigens grundlegend von den Essenern, die noch radikaler als die Pharisäer jede Verunreinigung durch den Umgang mit Sündern mieden. Ihre ständigen, täglich wiederholten Reinigungsbäder zeigen, wie ernsthaft, ja fast zwanghaft sie äußerliche und rituelle Reinheit verfolgten. Deshalb gingen sie den Weg der totalen Absonderung von allen Sündern und rituell Unreinen.

---

[151] Mk 2,17
[152] Mk 7,1-23

Jesus war da ganz anders. Er berührte die, die keiner berühren wollte. Nicht nur die körperlich Unreinen, die Aussätzigen, ließ er an sich heran. Nein, er ließ es auch zu, dass eine stadtbekannte Prostituierte in ein offizielles Gastmahl eindrang, zu dem ein vornehmer Pharisäer ihn eingeladen hatte, vor ihm niederfiel und hemmungslos weinte. Dann fing sie an, seine Füße, die von ihren Tränen nass geworden waren, mit ihren Haaren zu trocknen.[153] Er ging in das Haus des Ausbeuters Zachäus. Als Zolleintreiber aus der Chefetage war er auf Kosten der Armen reich geworfen. Das hatte ihm zwar viel Geld und Kontakte mit anderen Reichen eingebracht, aber auch den Hass und die Verachtung der meisten seiner Volksgenossen. Gerade in seinem Haus kehrte Jesus ein, als er nach Jericho kam. Dass Jesus gerade ihn so ehrte, brachte ihm den Zorn von vielen ein.[154]

Sabbat: Last oder Hilfe?

Ebenso ärgerten sich die Pharisäer darüber, dass Jesus ständig das Sabbatgebot unterlief. Jedenfalls tat er das in ihren Augen. Sie hatten das Sabbatgebot mit vielen anderen Zusatzgeboten und Verboten umgeben, um eine ganz genaue Einhaltung sicherzustellen. Bis in die kleinsten Details war festgelegt worden, was am Sabbat erlaubt war und was nicht. Diese Zusatzbestimmungen wurden als „Zaun um das Gesetz" bezeichnet. Jede auch noch so kleine Arbeit musste unterbleiben. Sogar die Anzahl der Schritte, die man am Sabbat gehen durfte, war vorgegeben. So sollte Gott durch die Einhaltung des Gebotes geehrt werden.

Jesus aber schien gerade an dieser Stelle ihre Gefühle verletzen zu wollen. Als er mit seinen Jüngern durch die Felder ging, fingen sie an, Ähren auszuraufen und zu essen. Das war in Israel das Recht jedes Reisenden. Doch am Sabbat galt dies als Arbeit. Als die Pharisäer ihn dafür zur Rede

[153] Lk 7,36-50
[154] Lk 19,1-10

stellten, beanspruchte Jesus mit Hinweis auf David das Recht, am Sabbat das zu tun, was notwendig war.[155] So heilte er auch bewusst am Sabbat, sogar während eines Synagogengottesdienstes einen Mann mit einer verkümmerten Hand.[156] Einen anderen Mann, der seit 38 Jahren gelähmt war und am Teich Bethesda in Jerusalem lag und wie viele andere auf Heilung wartete (Bethesda, zu Deutsch „Haus der Barmherzigkeit", war eine Art öffentliches Krankenhaus), heilte er nicht nur am Sabbat, sondern befahl ihm obendrein noch, seine Bettstatt zu nehmen und nach Hause zu gehen. Das war jedoch in den Augen seiner Gegner Arbeit, die nicht erlaubt war.[157]

Wer war Jesus, dass er sich anmaßte, diese Bestimmungen einfach außer Kraft zu setzen? Denn das war doch Gottes unabänderliches Gebot: Der Sabbat musste geheiligt werden als Erinnerung an die vollbrachte Schöpfung Gottes. Unter dieses Gebot musste sich jeder beugen. Jesus aber tat so, als stünde er über dem Sabbatgebot und nicht unter ihm. Der Einzige, der den Sabbat außer Kraft setzen kann, ist Gott selbst, der ihn eingesetzt hat. „Deshalb versuchten die Vertreter der Judäer noch mehr, Jesus umzubringen. Denn er hatte nicht nur den Sabbat außer Kraft gesetzt, sondern auch noch Gott als seinen Vater bezeichnet. Damit hatte er sich selbst Gott gleichgestellt."[158]

Denn genau das ist der Punkt: Jesus zeigte gerade durch die Heilungen, dass er letztlich die Macht und Autorität des Schöpfers besaß. Und dass Gott sich noch nicht zur Ruhe gesetzt hat, sondern weiter wirkt, um Menschen zu heilen und ihr Leben zu erneuern, und dass er, Jesus, der Vermittler dieser Heilung ist. Und das ist so wichtig, dass es am Sabbat wie an jedem anderen Tag geschehen kann. Das war für seine Zeitgenossen starker Tobak. Was Jesus ihnen sagte und vorlebte, war so vollkommen anders, als das, wie sie sich Gott vorstellten. Denn den Gott, den Jesus ihnen vor Augen führte, konnte man nicht durch menschengemachte Re-

---

[155] Mt 12,1-8
[156] Mt 12,9-14
[157] Joh 5,1-18
[158] Joh 5,18

geln festschreiben. Ja, Jesus bestätigte, zum Beispiel in der Bergpredigt, die fortwährende Geltung der Gebote Gottes. Doch dabei ging es ihm um das Eigentliche, um das, was auch die Thora ermöglichen wollte, nämlich die Heilung von gequälten und geschundenen Menschen. Es ging ihm um eine radikale Neuschöpfung. Um Heilwerden im ganzheitlichen Sinn, um Versöhnung und neues Leben. Und damit zeigte Jesus, wo der eigentliche Kern der Thora lag, der jedoch damals durch viele zusätzliche Traditionen überlagert worden war: Leben zu ermöglichen. Jesus veränderte das Gesetz Gottes nicht, sondern führte zurück an die Quelle. Und das war im eigentlichen Sinne radikal: Er legte die Wurzeln wieder frei.

Wer unter euch ohne Sünde ist

Jesus war auch radikal anders in seinem Umgang mit Sündern. Auf der einen Seite hat er Sünde nie einfach bagatellisiert oder für unbedeutend gehalten. Auf der anderen Seite aber hatte er ein unendliches Erbarmen mit jedem Menschen, auch mit denen, die offensichtlicher als andere in Sünde gefallen waren. Besonders eindrücklich ist die bekannte Geschichte, wo Schriftgelehrte und Pharisäer eine Frau zu Jesus brachten, die gerade beim Ehebruch ertappt worden war. Weil Jesus gerade im Tempel vor einer großen Volksmenge lehrte, war die Frage, die sie ihm stellten, sehr brisant: „Nach dem Gesetz soll man Ehebrecher steinigen. Was sagst du, Jesus?“

Mit dieser Fangfrage wollten sie Jesus zwingen, entweder selbst den ersten Stein zu werfen oder sich durch die Weigerung, dies zu tun, selbst als Gesetzesbrecher zu entlarven. Doch Jesus tat keins von beiden. Stattdessen beugte er sich nieder und schrieb etwas in den Sand. Oft wurde über diese Handlung gerätselt. Was wollte Jesus damit sagen? Wollte er für sich Zeit gewinnen oder für die Frau? Wohl kaum. Es gibt noch weitere offene Fragen bei dieser Begebenheit. So ist es zum Beispiel schon verwunderlich, dass der Mann nicht mitgeschleppt worden war. Das bleibt eine offene Frage: Wo war der Mann? Eine andere Frage könnte lauten: Wie hatten die religiösen Führer überhaupt den Ehebruch herausgefunden? War das Ganze vielleicht ein abgekartetes Spiel?

Jesus schrieb in den Sand. Wollte er die Frau schonen, die dort in der Mitte auf den Boden geworfen liegt, eingekesselt von ihren Anklägern, schutzlos dem Gaffen der Masse ausgeliefert? Oder war dieses Schreiben in den Sand eine Zeichenhandlung, die anklingt an ein Wort im Alten Testament, in dem gesagt wird, dass die Sünden des Volkes mit eisernem Griffel geschrieben sind?[159] Auf jeden Fall lässt sich Jesus nicht einfangen. Er richtet sich auf und sagt den Satz, der sofort die Heuchelei aller Ankläger offenbart: „Der von euch, der noch nie etwas Falsches getan hat, etwas, das gegen Gottes Gesetz ist, der soll als Erster einen Stein auf sie werfen!“[160] Und sein Wort hat eine solche Kraft, dass einer nach dem anderen wortlos fortgeht.

Denn das war die radikale Wahrheit. Die Wahrheit, die an die Wurzel geht: Keiner ist ohne Sünde. Und deshalb steht es keinem Menschen zu, über andere zu richten. Nur Gott kann ein gerechtes Urteil sprechen, weil nur er gerecht ist. So entlarvt Jesus alle Heuchelei und moralische Selbstgefälligkeit. Keiner ist ohne Sünde. Keiner kann den Stab über einem anderen brechen. Alle brauchen die Vergebung und Erneuerung ihres Lebens. Wie diese Frau, zu der Jesus sagt: „Hat keiner das Urteil an dir vollstreckt? ... So verurteile ich dich auch nicht. Geh nach Hause und lebe von nun an nicht mehr gegen Gottes Willen!“[161]

Jesus gibt die radikale Analyse der menschlichen Existenz. Und er gibt damit zugleich auch die Möglichkeit zu einer radikalen Veränderung. Nie geht es Jesus um moralischen Firnis oder um den Erhalt des religiösen Status quo. Sondern immer um die radikale Wahrheit.

---

159 Jer 17,1
160 Joh 8,7
161 Joh 8,1-11

Radikal werden wie Jesus

Das zeigt sich auf jeder Seite in den Evangelien, den Berichten über das Leben von Jesus. In jedem Gespräch, in jeder Begegnung geht es um diese grundlegende Frage: Was ist Wahrheit? Jesus ist radikal in seinen Worten. In seinen Handlungen. In seiner Zuwendung zu Menschen. Das Feuer, das er angezündet hat, brennt heute noch. Es ist ein verzehrendes Feuer, das alles Unechte, Unehrliche, Halbherzige und Verlogene verbrennt. Und das dann Menschen in Brand setzt, sodass sie selbst radikal werden. Radikal ehrlich und echt. Offen und entschieden für die Wahrheit. Wer den radikalen Jesus an sich heranlässt, wird selbst radikal. Das ist ein Prozess, der ein Leben lang weitergeht. In dieser Radikalität liegt die Chance zu echtem, unverfälschtem Leben.

5. Jesus: Anstoss und Herausforderung

Wir wollen nicht, dass dieser Mann als König über uns herrscht![162]

Wo immer Jesus erwähnt wird, scheiden sich die Geister. Er sorgt für Unruhe. Jesus gegenüber kann man kaum neutral bleiben. Seine Worte, seine Person fordern unmittelbar zu einer Stellungnahme heraus. Das war schon damals so.

Aufregung in Nazareth

Es war in Nazareth, der kleinen Stadt in Galiläa. Ein Sabbat wie jeder andere. Große Teile der Bevölkerung hatten sich in der Synagoge versammelt. Unter ihnen war auch Jesus, der nach längerer Zeit wieder einmal in seine Heimatstadt gekommen war. Die Leute schauten gespannt auf ihn, den Sohn ihrer Stadt, der inzwischen bekannt geworden war. Er hatte einige Zeit im Süden, in Judäa verbracht und war auch Johannes dem Täufer begegnet. Dort am Jordan hatte er sich von Johannes taufen lassen, wie die vielen, die aus Jerusalem, aus ganz Judäa, ja selbst aus Galiläa gekommen waren. Nun war er wieder in Nazareth und saß mit ihnen in der Synagoge.

Es herrschte gespannte Erwartung, als er während des Gottesdienstes aufstand. Jeder jüdische Mann hatte das Recht, den für den Tag festgelegten Schriftabschnitt vorzulesen und dann zu erklären. Davon wollte Jesus Gebrauch machen. Er ging nach vorn und nahm die Schriftrolle. Der Abschnitt, den er vorlas, findet sich im Buch des Propheten Jesaja: „Der starke Gottesgeist liegt auf mir. Er hat mich gesalbt und dadurch

---

[162] Lk 19,14

beauftragt, den Armen die befreiende Botschaft zu bringen und denen, die Schuld auf sich geladen haben, die Vergebung, den Blinden die Wiedergewinnung ihrer Sehkraft, und die Niedergestoßenen in die Freiheit zu entlassen. So soll ich das Jahr der großzügigen Zuwendung Gottes ausrufen."[163]

Hoffnung und Erwartung

Jesus hat diesen Abschnitt wohl nicht selbst ausgesucht. Wahrscheinlich gab es damals in Palästina eine fortlaufende Leseordnung für den Synagogengottesdienst, wie sie aus späteren Jahrhunderten sicher belegt ist. Die Weissagung aus dem Buch des Propheten Jesaja ist eine der vielen Stellen im Alten Testament, die das Kommen eines Helfers und Retters voraussagen. Ein großer Teil der Bevölkerung Israels lebte damals in der Erwartung, dass Gott bald diesen Helfer senden würde. Es gab viele Spekulationen und Überlegungen, wie er sein würde und wie die Hilfe aussehen würde, die Gott seinem Volk senden wollte.

Die verschiedenen religiösen Gruppierungen hatten ganz unterschiedlich geprägte Erwartungen. Jede Gruppe knüpfte mit ihren Erwartungen an bestimmte Stellen im Alten Testament an. Ihnen allen war aber gemeinsam, dass sie das Eingreifen Gottes, seine Hilfe für ihr Volk erhofften. Und dass sie darauf bedacht waren, die Voraussetzungen zu erfüllen, damit dies geschehen konnte.

Jesus stellte sich bewusst in die Linie der Verheißungen im Alten Testament. Das machte er bei seinem Besuch in der Synagoge in Nazareth ganz deutlich. Nach der Lesung setzte er sich dem damaligen Brauch gemäß nieder, um einige Worte der Erklärung zu sagen. Auch das war sein Recht als jüdischer Mann. Alle schauten gespannt auf ihn. Was würde er sagen? Und dann sprach Jesus in unmissverständlicher Weise die Worte,

[163] Lk 4,18-19

die sein Verständnis vom Eingreifen Gottes und von sich selbst deutlich machten: „Heute erfüllen sich diese Voraussagen im Buch Gottes, hier, in eurem Beisein!“[164]

Ein unerhörter Anspruch

Was beanspruchte Jesus hier für sich? Die Reaktion der Zuhörer in Nazareth lässt keinen Zweifel darüber, dass sie verstanden, was er sagen wollte. Zuerst waren sie noch begeistert von seinen Aussagen. Als er weitersprach, verwandelte sich ihre Begeisterung aber schnell in Empörung und Ablehnung. Ist das nicht der Jesus, der bei uns aufgewachsen ist? Wir kennen ihn und seine Verwandtschaft doch! Seine Familie, seine Mutter, seine Brüder und Schwestern leben unter uns! Wie kann er behaupten, etwas Besonderes zu sein? Wie kann er den Anspruch erheben, dass Gottes endzeitliche Hilfe durch ihn kommt? Dass er der vom Propheten verheißene Retter ist? Das ist zu viel! Und so zerrten sie ihn aus der Synagoge, schleppten ihn an den steilen Abhang am Rand von Nazareth und wollten ihn dort hinunterstoßen. Aber Jesus ging mitten durch sie hinweg, ohne dass sie ihn festhalten konnten.

Was hatte die Leute von Nazareth so sehr aufgeregt? Die Antworten auf diese Frage sind verschieden. Eine häufig geäußerte Ansicht ist die, dass schon der bloße Anspruch von Jesus, dass mit ihm die Zeit des Heils anfängt, die Einwohner seiner Heimatstadt auf die Barrikaden gebracht habe. Sie konnten sich nicht vorstellen, dass der Jesus, der mit ihnen aufgewachsen war, dessen Familie sie kannten und der jahrelang unter ihnen als Zimmermann gelebt hatte, der sein konnte, durch den Gott jetzt seinem Volk hilft. Das ist eine mögliche Erklärung der Ablehnung Jesu.

Möglicherweise ist die Begebenheit in Nazareth aber auch noch anders zu verstehen. Der eigentliche Grund für die Empörung der Bürger

---

[164] Lk 4, 16-21

Nazareths lag vielleicht darin, dass Jesus ihren besonderen Vorstellungen vom Eingreifen Gottes nicht entsprechen wollte. Sie erwarteten einen politischen Befreier, der ihnen helfen würde, das Joch der römischen Fremdherrschaft abzuschütteln. Aber Jesus weigerte sich, auf Wunsch Wunder in ihrer Mitte zu tun und sich für einen Aufstand gegen die Römer einspannen zu lassen. Er sprach von einer Befreiung, die tiefer geht als die politische Ebene. Und das passte den unruhigen Galiläern nicht. So die andere Ansicht.

Neuere Forschungen haben ergeben, dass die Einwohner der Stadt Nazareth, und mit ihnen auch die Familie, aus der Jesus stammte, direkte Nachfahren des Königs David waren, die nach der babylonischen Gefangenschaft zurück ins Land der Väter gezogen waren. Das erklärt auch den Namen der kleinen Siedlung oben auf dem Berg: Nazareth, zu Deutsch etwa „Sprossdorf".[165] Die Einwohner wussten schon um die besonderen Verheißungen, die auf den Nachfahren von David lagen: Aus ihrer Mitte würde eines Tages der „Davidsohn" kommen, der Messias. Das erwarteten sie. Aber dass es gerade Jesus sein sollte, bei dessen Geburt es nicht ganz mit rechten Dingen zugegangen war, das war ihnen zu viel.

Was auch genau die Motive der Mitbürger Jesu waren, ihn abzulehnen, so viel ist klar: Die Auseinandersetzung, die in Nazareth begann und am Kreuz in Jerusalem endete, drehte sich um diese eine Frage: Ist Jesus der erwartete Messias? Wie soll man sich den Messias vorstellen?

Der Gesalbte

Das Wort Messias ist die griechische Form des hebräischen *maschiach.* Das heißt: der Gesalbte. Genau das ist auch die Bedeutung des griechischen Wortes Christos. Der Jesajatext, den Jesus in Nazareth vorlas und

---

[165] Vgl. dazu Bargil Pixner: Wege des Messias und Stätten der Urkirche. Hg. Rainer Riesner. Gießen 1991.

auf sich selbst deutete, spricht von diesem Gesalbten: „Der starke Gottesgeist liegt auf mir. Er hat mich gesalbt ..."[166]

Es ist oft diskutiert worden, ob Jesus sich selbst als Messias angesehen hat. In der Theologie wird von dem sogenannten Messiasgeheimnis gesprochen. Gemeint ist, dass in den Evangelien, besonders bei Markus, nur allmählich deutlich wird, dass Jesus der Messias ist. Es stimmt, dass Jesus sich selbst meist nicht direkt mit diesem Titel bezeichnet hat. Wenn Jesus von sich selbst sprach, gebrauchte er stattdessen vorwiegend den Ausdruck „Menschensohn". Und doch hat er eindeutig messianische Aussagen über sich selbst gemacht. Als Petrus ihn als Messias bezeichnete, sagte Jesus sogar, dass diese Aussage die Grundlage für seine Gemeinde bilden wird.[167]

Eine ganz zentrale Aussage Jesu zur Frage nach dem Messias finden wir auch hier in seiner Antrittsrede in Nazareth. Eindeutiger geht es kaum. Jesus sieht sich selbst als den von Gott Gesalbten, den Jesaja vorausgesagt hat. Der Mann, der Gottes Werkzeug ist, durch den Blinde wieder sehend werden, Gefangene freikommen und allen ein Jahr der Hilfe Gottes gegeben wird. So ist es als sicher festzuhalten, dass er sich als der Gesalbte, der Messias, sah. Doch was bedeutet das eigentlich?

Salbung im Alten Testament

Der Ausdruck „Gesalbter" hat seinen Ursprung im Alten Testament. Es wird dort vor allem von drei Gruppen berichtet, dass sie gesalbt wurden: Könige, Priester und Propheten. Als Saul vom Propheten Samuel zum ersten König Israels bestimmt wurde, geschah dies dadurch, dass Samuel ihn mit Öl übergoss.

---

[166] Lk 4, 18

[167] Mt 16,17-18; Mk 8,29

Durch diese Salbung wurde deutlich gemacht, dass Gott diesen Mann als König auserwählt und bestätigt hat. Die Salbung ist die Einsetzung als König. Damit ist ein unwiderrufliches Recht auf das Königtum ausgedrückt.

Nun ist Folgendes zum Verständnis wichtig: Öl ist im Alten Testament das Symbol für den Heiligen Geist. So wie der König mit Öl übergossen wurde, so wurde er auch mit dem Heiligen Geist begabt. Genau das sagte Samuel: „Und der Geist des HERRN wird über dich kommen ... da wirst du umgewandelt und ein anderer Mensch werden."[168]

Bei Sauls Einsetzung zum König sehen wir exemplarisch, welche Bedeutung die Salbung im Alten Testament hatte. Der Gesalbte ist der von Gott zu einer besonderen Aufgabe Berufene. Er erhält eine besondere Befähigung von Gott, diese Aufgabe auszuführen, und ist Gott gegenüber dafür verantwortlich. Kein Mensch kann ihm diese Aufgabe und Würde streitig machen. Die Salbung verleiht der Person eine nicht mehr hinterfragbare Autorität.

Außer den Königen wurden auch die Priester und manche Propheten für ihre Aufgaben gesalbt, also die Menschen, denen Gott ganz besondere Aufgaben anvertrauen wollte. Aber immer wieder stellte sich heraus, dass auch Könige, Propheten und Priester von Gottes Weg abgewichen waren. Auch die Salbung garantierte nicht, dass sie in ihrem Auftrag blieben. Viele Beispiele in der Geschichte des Volkes Israel beweisen das, angefangen bei Saul, dem ersten König von Israel, der Gottes Reden gegenüber ungehorsam war und schließlich von Gott verworfen wurde, bis hin zu den Hohepriestern zur Zeit Jesu. Von ihnen hatte das einfache Volk den Eindruck, dass sie trotz ihrer feierlichen Salbung und Einsetzung in ihre Aufgabe nicht mit dem Heiligen Geist, sondern mit Geldgier und Machtgelüsten erfüllt waren.

---

[168] 1. Sam 10,6

Die Hoffnung auf den Messias

Aufgrund dieser Erfahrungen entstand in Israel immer stärker die Erwartung, dass Gott einst einen Menschen senden wird, der in besonderer Weise mit dem Heiligen Geist gesalbt ist. Diese Erwartung knüpfte an Voraussagen im Alten Testament an, dass Gott einmal einen Messias für das Volk Israel senden wird, der ganz Gottes Willen tut, der nicht vom Weg Gottes abweicht, sondern ganz den Auftrag Gottes ausführt. Dieser Gesalbte, dieser Messias trug in der Erwartung des Volkes unterschiedliche Züge. Die einen erwarteten mehr einen priesterlichen Messias, die meisten jedoch einen Messias-König, der Israel endlich von der Gewaltherrschaft der Römer befreien würde. In diese Situation hinein gibt sich Jesus als Messias zu erkennen.

Allerdings verstand Jesus seine Rolle als Messias anders, als es die Erwartung vieler Menschen damals war. Die Befreiung, die er brachte, war nicht politisch. Er rief nicht zum Aufstand gegen die fremde Besatzungsmacht auf, wie es Jahrzehnte später Bar Kochba tat. Er kämpfte nicht zuerst für die Veränderung der Verhältnisse. Vielmehr verlangte und ermöglichte er eine Erneuerung der Herzen. Das geht viel tiefer. Aber das ist auch unbequem, weil dabei eine Änderung vom Einzelnen selbst verlangt wird. Und das ist schwieriger als eine einfache politische Umwälzung.

Hier liegt wohl auch ein Grund, warum Jesus sich selbst nur selten als Messias bezeichnete. Die Gefahr, dass seine Zeitgenossen ihn als politischen Befreier sahen und damit missverstanden, war zu groß. Immer wieder gab es Situationen, in denen die Massen ihn zum König machen wollten. Dabei konnte er sich ihnen nur mit Mühe und Not entziehen.[169] Schon bei seiner Versuchung in der Wüste sollte Jesus sich dazu verleiten lassen, der Brotkönig für ein hungriges Volk zu werden.[170] Und noch bei seinem Einzug in Jerusalem feierten ihn die Volksmassen als messi-

[169] Joh 6,15
[170] Mt 4,1-11

anischen König, der im Namen seines Vaters David kommt.[171] Doch der König, der da demütig auf einem Esel in die Heilige Stadt einzog, war ganz anders, als der Volksgeschmack ihn haben wollte. Ja, Jesus sah sich als Messias. Doch nicht so, wie die Leute dies verstanden. Deshalb gebrauchte Jesus meist einen anderen Titel, der auch aus dem Alten Testament stammt.

Der Menschensohn

Jesus hat von sich durchgängig als dem „Menschensohn" oder „Sohn des Menschen" gesprochen.[172] Das ist die eine Selbstbezeichnung, die am häufigsten gebraucht wird. Nun ist diese Bezeichnung häufig missverstanden worden, als wollte Jesus hiermit sein Menschsein besonders betonen. Als sei der Ausdruck das Gegenteil von „Gottessohn". So als wolle er sagen, dass er eigentlich nur ein Mensch sei wie jeder andere und nichts Besonderes, eben ein Mensch wie du und ich.

Das ist aber ein grundlegendes Missverständnis. Der Titel „Menschensohn" stammt aus dem alttestamentlichen Buch Daniel. In diesem Buch geht es um den Kampf zwischen Gottes Reich und den Reichen dieser Welt. Es ist eine großartige Darstellung der Auseinandersetzung zwischen der Herrschaft Gottes und den Herrschaftssystemen der Menschen. Weltreiche kommen und gehen. Sie sind nicht ewig. Aber Gott baut ein Reich, das ewig bleibt. Und dazu gebraucht er diese geheimnisvolle Gestalt, den „Menschensohn": „Ich sah in diesem Gesicht in der Nacht, und siehe, es kam einer mit den Wolken des Himmels wie eines Menschen Sohn und gelangte zu dem, der uralt war (d. h. Gott), und wurde vor ihn gebracht. Ihm wurde gegeben Macht, Ehre und Reich, dass ihm alle Völker und

[171] Mt 21,1-11
[172] Mt 8,20; Mt 12,8; Mk 9,9; Lk 9,26; Joh 1,51; Joh 3,14; Joh 13,31 und viele andere.

Leute aus so vielen verschiedenen Sprachen dienen sollten. Seine Macht ist ewig und vergeht nicht, und sein Reich hat kein Ende.“[173]

Der Menschensohn ist also der von Gott eingesetzte Herr über alle Völker und Reiche. Ihm wird von Gott alle Herrschaft und Macht übergeben. Diese Herrschaft hat kein Ende. Der Menschensohn ist der Weltrichter. Der Menschensohntitel ist also höher als der Messiastitel. Indem Jesus sich selbst als den Menschensohn bezeichnet hat, beansprucht er nichts weniger, als der von Gott eingesetzte Weltenrichter zu sein, die Schlüsselfigur der Weltgeschichte. Ein ungeheurer Anspruch!

Die Tatsache, dass Jesus vom Menschensohn meist in der dritten Person spricht, hat manche Forscher zu der Annahme veranlasst, er meine jemand anderen als sich selbst. Das ist jedoch nicht haltbar. Ein genauer Blick in die Evangelien zeigt das. Zwei Beispiele mögen genügen: Nach Petrus’ Bekenntnis, dass er und die anderen Jünger Jesus als den Messias ansehen, spricht Jesus sogleich davon, dass der Menschensohn viel leiden und ans Kreuz gehen muss. Das wehrt Petrus sofort ab. Er will nicht, dass Jesus in das Leiden geht. Jesus weist ihn zurecht und fügt hinzu, dass nicht nur er selbst leiden muss, sondern dass auch jeder, der ihm nachfolgt, bereit sein muss, ins Leiden zu gehen.[174] Sowohl die Jünger als auch Jesus wussten, dass mit dem Menschensohn, der leiden muss, Jesus selbst gemeint ist. Nur so macht diese Begebenheit wie alle anderen, in denen Jesus vom Menschensohn spricht, überhaupt Sinn.

Ein weiteres Beispiel: Beim Prozess um Jesus nahm die Verhandlung vor dem jüdischen Sanhedrin einen dramatischen Verlauf. Obwohl eine Menge falscher Zeugen herangekarrt worden waren, konnten sie aufgrund ihrer Aussagen Jesus nicht verurteilen. Denn die Falschaussagen stimmten auch untereinander nicht überein. Und das wäre nötig gewesen, denn eine Aussage musste immer aus zweier Zeugen Mund erhärtet werden.[175] Da greift der Hohepriester zu einem letzten Mittel, um Jesus zu

---

[173] Dan 7,13-14
[174] Mk 8,27-38
[175] 5. Mo 19,15

fangen. Unter Berufung auf Gott fordert er Jesus auf, Farbe zu bekennen: „Ich beschwöre dich feierlich bei dem lebendigen Gott, dass du uns sagst, ob du der Messias bist, der Sohn Gottes!“[176] Die Antwort Jesu ist eindeutig: „Du selbst hast es gesagt!“ Das ist die aramäische Form einer sehr starken Bejahung. Sie bedeutet nicht etwa: Du hast das gesagt, aber ich meine etwas anderes! Sondern es ist eine eindeutige Bestätigung. Jesus bejaht, der Messias zu sein. Doch gleich macht er deutlich, wie er dies verstanden wissen will: „Von diesem Augenblick an wird es so sein: Ihr werdet den Menschensohn sehen! Er hat Platz genommen an der rechten Seite des Allmächtigen und wird auf den Wolken des Himmels wieder auf die Erde kommen.“ Das ist sein Anspruch. Jesus ist nicht nur der Messias, sondern der Menschensohn, der endzeitliche Richter, vor dem sich auch seine jetzigen Richter werden verantworten müssen. Das verstand der Hohepriester. Und ihm und den anderen blieb nur diese Alternative: Entweder fielen sie sofort vor Jesus nieder und beteten ihn an. Oder die andere: „Da zerriss der oberste Priester empört sein Obergewand und rief: ‚Er hat gegen Gott gelästert! Was brauchen wir jetzt noch weitere Zeugen? Ihr habt jetzt selbst seine Lästerung gehört! Was sagt ihr dazu?‘ Sie antworteten: ‚Er hat den Tod verdient!‘“[177]

Mit dem Menschensohn meinte Jesus immer sich selbst. In der Antike war die Redeweise in der dritten Person, wenn der Redende sich selber meinte, sehr verbreitet. Der Anspruch, der Menschensohn zu sein, ist also zentral für die Selbstaussagen Jesu. Daran kommen wir nicht vorbei.

Der Sohn Davids

Dies ist ein weiterer alttestamentlicher Titel für den Messias. David war der König gewesen, unter dem Israel einen unvergleichlichen Aufstieg erlebt

[176] Mt 26,63f
[177] Mt 26,65f

hatte. Er hatte die Stämme zu einem Reich zusammengefasst und auch noch die angrenzenden Völker seiner Macht unterworfen. Er war es, der Jerusalem erobert und zum Regierungssitz ausgebaut hatte. Unter ihm nahmen Wissenschaft und Künste einen ungeheuren Aufschwung. Er war aber nicht nur Feldherr, Staatsmann und Organisator.[178]

Nein, er war vor allem der „Mann nach dem Herzen Gottes"[179], der sein Vertrauen und seine Liebe zu Gott in den unsterblichen Psalmen besang, die noch heute gelesen und vertont werden. Gott hatte David verheißen, dass sein Thron ewig bestehen würde und dass sein Nachkomme noch Größeres als er tun und erleben würde.[180]

Obwohl Salomo, sein Nachfolger auf dem Thron Israels, den Tempel baute und die Tradition seines Vaters weiterführte, war doch klar, dass er nicht der Davidsohn sein konnte, auf den sich die Verheißungen Gottes bezogen. Denn am Ende seines Lebens wandte er sich mehr und mehr von Gott ab und ging eigene Wege. Und so zerbrach dann auch das Reich nach seinem Tod. Doch die Hoffnung und Erwartung blieb: Gott würde einen Sohn Davids senden, der das Werk seines Stammvaters fortführen und vollenden würde.

Jesus sah sich als diesen Davidsohn. Als er in Jerusalem einzog, ließ er es zu, dass die Pilger ihm mit dem Ruf huldigten, der schon seit alters das Kommen des Davidsohns herbeiwünschte: „Hosianna! Das ist der erwartete Nachfahre von König David! Gepriesen soll er sein, denn er kommt im Auftrag Gottes des Herrn!"[181] Das hätte an sich schon gereicht, um den Zorn der religiösen Führer auf sich zu ziehen. Der Davidsohn-Titel war nämlich fast identisch mit dem Messias-Titel. Doch in seinem Streitgespräch mit religiösen Führern seiner Zeit machte Jesus deutlich, dass er den Titel Davidsohn noch umfassender verstand. Mit dem Hinweis auf Psalm 110, den alle damals als Vorhersage des Messias verstanden,

---

178 Vgl. 2. Sam 1-14
179 Vgl. 1. Sam 13,14
180 2. Sam 7,11-16 vgl. 1. Chr 17,11-14
181 Mt 21,9

zeigte er, dass der Davidsohn größer als sein Vorvater David sein muss. Denn dieser nennt ihn Herr.[182]

Seine Gesprächspartner gerieten dadurch in ein richtiges Dilemma. Denn zum einen zeigte ihnen Jesus, dass ihr Verständnis des Alten Testaments beschränkt war. Und dass sie deshalb ihren Anspruch, die einzig richtigen Ausleger der Bibel und damit Lehrer und Führer des Volkes zu sein, zu Unrecht erhoben hatten. Und zum anderen machte er deutlich, dass er kein Geringerer war als der Davidsohn, der Messias, der mehr ist als David, weil sein Thron ewig feststeht.

Der Sohn Gottes

Auch dies ist ein alttestamentlicher Titel, den Jesus auf sich bezog. Er hängt eng mit dem messianischen Titel zusammen. In Psalm 2, einem weiteren Messias-Psalm, heißt es vom Gesalbten des Herrn: „Mein Sohn bist du! Heute habe ich dich hervorgebracht."[183] Als Jesus von Johannes am Jordan getauft wurde, kam der Geist Gottes in Gestalt einer Taube auf ihn. So berichten es alle vier Evangelien. Damit wurde deutlich, dass er wirklich der Messias, der von Gott gesalbte König, ist. Aber mehr noch: Die Stimme, die dann vom Himmel erscholl, war wie eine Wiederaufnahme von Psalm 2: „Dieser Mensch ist mein Sohn. Ihm gilt meine ganze Liebe. An ihm habe ich meine reine Freude!"[184]

Der Messias war also nicht nur Davids Sohn, sondern auch Gottes Sohn. Jesus sprach dann auch immer wieder von Gott als seinem Vater. Schon als Zwölfjähriger bei seinem ersten bewussten Besuch im Tempel in Jerusalem, hatte er das deutlich gemacht: „Wisst ihr nicht, dass ich mich dort aufhalten muss, wo mein Vater wirkt?"[185] Im Alten Testament wurde

[182] Ps 110 vgl. Mt 22,41-46
[183] Ps 2,7
[184] Mt 3,17
[185] Lk 2,49

manchmal das ganze Volk Israel als „Sohn Gottes" angesprochen. Jesus aber verstand dies viel konkreter, viel persönlicher. Die Worte, mit denen er Gott anredete, waren revolutionär. Jesus hielt sich nicht an den Brauch der ehrfürchtigen Meidung des Gottesnamens, der die Juden dazu führte, von Gott nur noch in Umschreibungen zu sprechen. Vielmehr redete er Gott mit dem Kosewort eines jüdischen Kindes für seinen Vater an: Abba![186]

Dass diese Gebetsanrede wirklich auf Jesus zurückgeht, hat der Neutestamentler Joachim Jeremias nachgewiesen.[187] Das allein zeigt schon das erstaunliche Bewusstsein, das Jesus hatte. Gott war sein lieber Vater, sein Abba, sein Papa. Und er, Jesus, war gekommen, den Willen seines himmlischen Vaters zu tun, auch wenn ihn das ins Leiden führen würde. Im Gleichnis von den bösen Weinbergpächtern macht er dies ebenso deutlich: Als der Besitzer des Weinbergs, der in ein fernes Land gezogen war, von seinen Pächtern die Abgabe forderte, schlugen diese die Boten und sandten sie mit leeren Händen fort. Das geschah mehrere Male. „Da sagte der Besitzer des Weingartens: ‚Was soll ich machen? Ich werde meinen Sohn losschicken, den, den ich so lieb habe. Vielleicht werden sie vor ihm Respekt haben.' Als die Landarbeiter ihn sahen, überlegten sie miteinander: ‚Das ist derjenige, der das alles erben wird! Lasst uns ihn töten, damit wir den Besitz übernehmen können!'"[188]

Die Zuhörer verstanden unmittelbar, was Jesus mit diesem Gleichnis sagen wollte: Gott, sein Vater, ist der rechtmäßige Besitzer seines Weinbergs, Israel. Die Boten, die er gesandt hat, sind die Propheten, die immer wieder vom Volk abgelehnt wurden. Zuletzt sendet Gott seinen eigenen Sohn. Den aber versuchen die Mächtigen zu töten. Dass Jesus sich selbst damit meinte, war allen klar. Und so ist es auch verständlich, dass die Hohepriester und Schriftgelehrten, also die führenden Leute in Israel, „nach

186 Mk 14,36. In der Folge so auch die ersten Christen, vgl. Gal 4,6 und Röm 8,15.

187 Joachim Jeremias: Abba. In: Abba. Studien zur neutestamentlichen Theologie und Zeitgeschichte. Göttingen 1966. S. 15–67.

188 Lk 20,9-19

einer Möglichkeit [suchten], Jesus in ihre Gewalt zu bekommen, denn sie hatten verstanden, dass er sie mit dieser Geschichte gemeint hatte“[189].

Jesus sah sich also als Sohn Gottes. Dies ist nicht etwa erst, wie manchmal behauptet wird, eine Erfindung eines Konzils in einem späteren Jahrhundert. Sondern Jesus sah sich zentral in dieser Beziehung zum Vater im Himmel. Und in diese Beziehung lud er seine Jünger mit ein. Er lehrte sie, ganz persönlich zum Vater im Himmel zu beten und ihm auch in den Details ihres Lebens zu vertrauen. Das Vaterunser als Gebet der Jünger von Jesus ist nur möglich aufgrund des besonderen Gottesverhältnisses ihres Meisters. Weil er, der Sohn Gottes, sie zu seinen Brüdern macht, können auch sie Kinder Gottes sein.

Sein Einzigartigkeitsanspruch

Aus all dem wird deutlich, dass der historische Jesus einen unüberbietbaren Einzigartigkeitsanspruch erhob. Das wollten die Schöpfer des liberalen Jesusbildes nicht wahrhaben. Auch viele andere versuchen, bestimmte Jesusbilder auszublenden. Und doch kommen wir nicht daran vorbei. Der Versuch, Jesus zu verharmlosen, gelingt nicht. Das haben die Zeitgenossen Jesu sehr wohl verstanden. Wo er auftauchte, gab es Aufruhr. Allein dadurch, dass er da war, war eine Entscheidungssituation eingetreten. Die einen beteten ihn als Herrn an und banden ihr Leben fest an ihn, die anderen versuchten, ihn mit allen Mitteln auszuschalten. Einen Zwischenweg gab es nicht.

Der englische Literaturprofessor C. S. Lewis hat diese Alternative einmal sehr deutlich ausgedrückt. Und obwohl sie schon oft zitiert wurde, soll sie auch hier wiedergegeben werden, da Lewis die Entscheidungsfrage in nahezu klassischer Weise dargestellt hat:

---

[189] Lk 20,19

"Vor zweitausend Jahren tauchte unter den Juden plötzlich ein Mensch auf, der so spricht, als wäre er Gott. Er behauptet, Sünden vergeben zu können. Er sagt, er sei von Ewigkeit an gewesen. Er sagt, er werde am Ende der Zeiten kommen, um die Welt zu richten. Überlegen wir uns, was das heißt! Unter Pantheisten, etwa bei den Indern, könnte jeder sagen, er sei ein Teil Gottes oder eins mit Gott; dabei wäre gar nichts Besonderes. Dieser Mann aber konnte nicht einen solchen Gott meinen, denn er war ein Jude. In seiner Sprache bedeutet Gott jenes Wesen außerhalb der Welt, das die Welt erschaffen hatte und von allem anderen unendlich verschieden war. Wenn man das bedacht hat, wird klar: Das, was dieser Mann gesagt hat, war schlechthin das Unerhörteste, was je über menschliche Lippen gekommen ist ... Damit versuche ich jedermann vor dem wirklich läppischen Einwand zu bewahren, er sei zwar bereit, Jesus als großen Morallehrer anzuerkennen, aber nicht seinen Anspruch, Gott zu sein. Gerade das können wir nicht sagen. Ein Mensch, der solche Dinge wie Jesus sagt, wäre kein großer Morallehrer. Er wäre entweder ein Irrer – oder der Satan in Person. Wir müssen uns deshalb entscheiden: Entweder war dieser Mensch Gottes Sohn, oder er war ein Narr oder Schlimmeres. Man kann ihn als Geisteskranken einsperren, man kann ihn verachten oder als Dämon töten. Oder man kann ihm zu Füßen fallen und ihn Herr und Gott nennen. Aber man kann ihn nicht mit gönnerhafter Herablassung als einen großen Lehrer der Menschheit bezeichnen. Das war nie seine Absicht; diese Möglichkeit hat er uns nicht offen gelassen."[190]

Wir müssen also feststellen, dass es einfach nicht stimmt, dass erst die christliche Kirche in späteren Zeiten Jesus zu einem Erlöser hochstilisiert habe. Er selbst hat einen unüberbietbaren Einzigartigkeitsanspruch erhoben. Und zwar nicht nur an isolierten Stellen in den Evangelien, die man möglicherweise noch als spätere Einschübe wegerklären könnte. Nein, dieser Anspruch begegnet uns überall in den Worten und Taten von Jesus. Wenn wir alles, was das zeigt, aus den Evangelien streichen würden, bliebe nichts mehr übrig. Wir kommen nicht daran vorbei. Jesus

---

[190] C. S. Lewis: Pardon, ich bin Christ. 6. Auflage Basel 1982. S. 47–48.

lehrte nicht nur Wahrheiten über Gott und die Welt. Er verkündigte nicht nur eine neue Lebensform. Sondern er redete von sich selbst als der alles entscheidenden Person. Er, der auf der einen Seite „sanftmütig und von Herzen demütig“[191] war, der sich herabbeugte zu Kindern und Kranken, dem kein Mensch zu gering war, als dass er ihn in seine Gemeinschaft mit einbezog, erhob teilweise im gleichen Atemzug einen Einzigartigkeitsanspruch, der zur Antwort herausfordert. So oder so.

Jesus, der Lehrer

Dieser Anspruch ist ganz tief in sein öffentliches Wirken eingewoben. Und zwar nicht nur da, wo er ausdrücklich deutlich wird. Der Neutestamentler Rainer Riesner hat in seiner Untersuchung „Jesus als Lehrer“ gezeigt, dass Jesus eine ganz neue Qualität von Lehrer-Schüler-Verhältnis gestaltet hat.[192] Die Rabbinen der damaligen Zeit sammelten zwar auch Schüler um sich. Allerdings war es so, dass sich die Schüler ihre Lehrer aussuchten und dann eine Zeit lang bei ihnen waren, bis sie alles gelernt hatten, was es bei diesem Lehrer zu lernen gab. Dann zogen sie weiter. Die Beziehung war also in erster Linie eine Beziehung zur Sache, zur Thora, deren Auslegung man lernen wollte, und nicht vorrangig eine Beziehung zu der Person des Lehrers.

Bei Jesus ist das anders. Er selbst wählt sich seine Jünger aus, nicht umgekehrt. Er ist es, der sie zu sich ruft. Und er ruft sie in erster Linie in eine Beziehung zu sich selbst: „Lebt im Einklang mit mir und lernt von mir!“[193] Die Schüler-Lehrer-Beziehung ist lebenslang. Denn die Person Jesu selbst ist das wirklich Wichtige, die Grundlage der Jüngerschaft. Es geht um Jesus, den Lehrer, als Person, und nicht nur um die Worte, die er sagt.

---

[191] Mt 11,19

[192] Rainer Riesner, Jesus als Lehrer. Tübingen 1984.

[193] Mt 11,28-30

Ein zweiter grundlegender Unterschied liegt in der Begründung seiner Unterweisung. Die Rabbinen lehrten ihre Schüler die verschiedenen Auslegungsmethoden und Erklärungsmöglichkeiten für Aussagen des Alten Testaments. Dabei beriefen sie sich immer auf andere Autoritäten. Das ging etwa so: „Rabbi Hillel erklärt diese Stelle so. Rabbi Schammai meint jedoch, sie sei eher so zu verstehen. Wenn man aber noch das hinzunimmt, was Rabbi Eliezer an anderer Stelle in einem ähnlichen Fall sagt, könnte man zu der Ansicht kommen, dass die richtige Auslegung etwa in dieser Richtung zu finden ist." Die Lehrunterweisung der Rabbinen geschah also immer im Zusammenhang einer Überlieferungskette und Auslegungsgeschichte. Ihre Autorität war immer eine von anderen Lehrern abgeleitete und gründete sich auf die Aussagen von anderen vor ihnen sowie auf Analogieschlüsse und verstandesmäßige Folgerungen.

Jesus aber nahm eine ganz andere Autorität für sich in Anspruch. Das wird zum Beispiel in der Bergpredigt deutlich: „Ihr kennt die Gebote, die Gott schon vor langer Zeit den Menschen gegeben hat. ... Doch ich sage euch ganz deutlich ...!"[194] Ohne den Verweis auf irgendeinen Vorläufer oder anderen Ausleger nahm er sich das Recht heraus, das Gesetz, das Gott dem Volk durch Mose gegeben hatte, zu erneuern. Er interpretierte nicht nur diese oder jene Bestimmung etwas anders als seine Vorgänger, sondern er setzte einfach sein „Doch ich sage euch ganz deutlich ...!" als für alle verbindlich in den Raum. So das Gebot Gottes zu erneuern, zu verschärfen und zu überbieten, wie Jesus es tat, stand niemandem zu. Außer natürlich dem, der selbst ursprünglich dieses Gebot gegeben hatte. Also Gott selbst. In diesen kleinen Worten, die in der Bergpredigt immer wieder auftauchen, steckt also schon das ganze Dynamit eines unbedingten Absolutheitsanspruchs von Jesus.

Kein Wunder, dass die Pharisäer und Schriftgelehrten daran Anstoß nahmen. Und kein Wunder, dass sich die Leute sehr verwunderten: „Denn Jesus sprach mit großer Autorität, ganz anders, als sie es von ihren The-

[194] Mt 5,22.28.32.34.39.44.

ologen gewöhnt waren.“[195] Denn sie wussten, anders als manche, die sich heute auf die Bergpredigt berufen, ohne diese wirklich zu verstehen, ganz genau, welchen unerhörten Anspruch Jesus hier für seine Person erhob. Nicht nur als Lehrer, sondern als neuer Gesetzgeber. Nicht nur als Prophet wie Mose, sondern als der, der einfach kraft seines „Doch ich“ einen totalen Anspruch auf den Gehorsam der Menschen erheben kann. Ob er diesen Anspruch zu Recht erhob oder nicht, darüber tobten die Auseinandersetzungen im Volk. Das war das geheime Thema vieler Begegnungen Jesu mit den Pharisäern und Schriftgelehrten und anderen Führungspersonen des jüdischen Volkes.

Heilung und Sündenvergebung

Eine Begebenheit aus dem öffentlichen Wirken Jesu beleuchtet diese geheime Frage schlaglichtartig. Es war in Kapernaum, der Stadt, in die Jesus von Nazareth aus umgezogen war. Eine Menge von Zuhörern hatte sich in dem Haus versammelt, in dem Jesus war. Da brachten einige Männer einen Gelähmten auf einem tragbaren Bett herbei. Als sie wegen der Masse der Leute nicht in das Haus hineinkommen konnten, stiegen sie kurzerhand auf das Flachdach, deckten es an einer Stelle ab und ließen den Gelähmten durch die so entstandene Lücke vor Jesus herab. Was nun geschah, berichtet Markus: „Jesus nahm ihr Vertrauen wahr und sagte daraufhin zu dem gelähmten Mann: ‚Kind, deine Schuld ist von dir genommen!‘ Dort im Haus saßen auch einige Gesetzesgelehrte. In ihrem Innern bewegten sie diese Gedanken: ‚Wie kann der bloß so reden? Das ist doch Gotteslästerung! Wer kann Verfehlungen vergeben außer Gott allein?“[196] Genau das ist der Punkt. Das war jedem Juden klar. Die Sündenvergebung ist allein das Vorrecht Gottes. Auch der Hohe-

---

[195] Mt 7,28-29
[196] Mk 2,1-12

priester, der einmal im Jahr, am Versöhnungstag, in das Allerheiligste im Tempel ging, konnte dem Volk nicht die Sündenvergebung garantieren. Nur Gott konnte Sünde vergeben. Denn jede Sünde richtete sich letztlich auch gegen Gott. Das Recht, die Sünden eines Menschen zu vergeben, das Jesus hier für sich beansprucht, war ungeheuerlich. Es konnte nur Gotteslästerung sein. Es sei denn, Jesus war eben mehr als ein Mensch.

Genau diesen Anspruch erhob Jesus. Und es waren keine leeren Worte. Das bewies er unmittelbar danach, als er den Gelähmten mit einem einzigen Wort heilte: „Steh auf, nimm deine Trage und geh selbstständig in dein Haus zurück!" Nichts hätte seinen Worten eindrücklicher Nachdruck verleihen können als diese Verbindung von Sündenvergebung und Heilung. Ob die Zusage der Sündenvergebung, die Jesus dem Mann gegeben hatte, wirklich galt, das war nicht nachprüfbar. Die Heilung aber war ein unübersehbares Zeichen der Zuwendung Gottes zu diesem geschlagenen Menschen.

Jesus macht in dieser Begegnung nicht nur etwas von seiner Autorität deutlich. Er zeigt auch, dass er ganz das Wesen Gottes widerspiegelt, von dem es im Alten Testament heißt: „Er ist es, der dir all deine Schuld vergibt und all deine Krankheiten heilt. Er ist es, der dein Leben aus dem Tod erlöst ..."[197] So macht Jesus an dieser Stelle wie an vielen anderen deutlich, dass er einzigartig ist. Dass er mehr ist als ein Mensch. Dass er, wie Gott, das Recht hat, Sünden zu vergeben, und die Macht, Krankheiten zu heilen. Kein Wunder, dass die „Leute außer sich gerieten und anfingen, Gott zu preisen. Sie sagten: ‚So etwas haben wir noch nie gesehen!'"[198]

Bemerkenswerterweise findet sich der Bericht über diese Begebenheit in allen drei synoptischen Evangelien, also bei Markus, Matthäus und Lukas. Die Ansicht, die manchmal geäußert wurde, dass nur der Evangelist Johannes die Gottheit Jesu betone, während die drei anderen Evangelisten Jesus einfach als Menschen, als Propheten und Lehrer darstellen, lässt sich nicht halten. Das Neue Testament ist sich einig darin, dass Jesus

[197] Ps 103,3-4
[198] Mk 2,12

mehr ist als ein Prophet, ein Religionsstifter, ein Heilungsprediger oder ein Bibelausleger. An dieser unbequemen Wahrheit kommen wir nicht vorbei.

Anbetung für Jesus?

Das war jedem Israeliten deutlich: Anbetung steht nur Gott zu. Das war Grundlage des Gesetzes, wie Gott es durch Mose gegeben hatte. Jahwe, der Herr, ist der einzige Gott. Nur ihn gilt es zu lieben, zu ehren und anzubeten. Jeden Tag wurde das dem frommen Juden im Glaubensbekenntnis in Erinnerung gerufen: „Höre Israel, der Herr unser Gott ist ein einziger Gott!" Kein anderer Gott, kein Götterbild, auch keine Idee oder Vorstellung von Gott hatte ein Recht darauf, angebetet zu werden. Und erst recht kein Mensch. Auch im Dekalog, also den Zehn Geboten, wird dies grundlegend verpflichtend gemacht.[199]

Die Juden nahmen dies so ernst, dass sie bereit waren, dafür auch zu sterben. Ihre konsequente Weigerung, bei der römisch-griechischen Religionsvermischung mitzumachen, erlangte auch den Respekt der römischen Besatzungsmacht, obwohl die Römer die Hartnäckigkeit der Juden an diesem Punkt nie ganz verstanden. So waren die Juden das einzige Volk im römischen Reich, von dem nicht verlangt wurde, dem Kaiserbild Verehrung zu erweisen. Ja, es war den römischen Truppen in Judäa sogar verboten, die allgemein gebräuchlichen Kaiserstandarten in Jerusalem aufzustellen. Als Pilatus doch einmal versuchte, sie im Tempelgelände anzubringen, entfachte er einen wilden Aufstand damit und musste eine schwere Rüge von Rom einstecken. Dies hätte ihn fast sein Amt gekostet.[200] Denn das gestand man den Juden zu, dass sie ausschließlich ihren Gott anbeten wollten.

---

[199] 2. Mo 20,1-7

[200] Josephus, Bellum Judaicum II, 169–174.

In dieser Situation tritt Jesus auf. Er ist unterwiesen in den Schriften des Alten Testaments. Wie kein anderer ruft er seine Zeitgenossen zurück zum wahren Gehorsam Gott gegenüber. Immer wieder bestätigt er, dass er nicht gekommen ist, das Gesetz aufzulösen. „Bis zum Ende aller Zeit, wenn Himmel und Erde vergehen, wird nicht einmal der kleinste Buchstabe oder Federstrich in Gottes Buch außer Kraft gesetzt.“[201] Vor diesem Hintergrund ist das erstaunlich: Jesus lässt es zu, dass Menschen ihn anbeten. Als Ähnliches einmal Paulus und Barnabas passiert, verbieten sie es sofort: „Ihr Leute, was macht ihr da? Denn wir sind Menschen mit genau denselben Empfindungen wie ihr.“[202] Jesus aber nimmt die Anbetung von Menschen an. Und zwar nicht erst nach seiner Auferstehung, als Thomas vor ihm mit den Worten niederfällt: „Du bist mein Herr und mein Gott!“[203] Als Petrus zum ersten Mal erkennt, welch ein unendlicher Abstand ihn von seinem Meister trennt, fällt er Jesus zu Füßen und ruft aus: „Geh fort von mir, Herr! Ich bin ganz und gar in meinen Sünden gefangen.“[204]

Jesus, der Kyrios

Dieser Aspekt von Jesu Wirken ist unbequem. Er sprengt unsere Vorstellung von dem, was schicklich ist und was nicht. Schockiert er schon den heutigen Geschmack mit seinem Absolutheitsanspruch, so musste damals sein Auftreten als ein ständiger Affront gegen die herrschenden religiösen Verhältnisse verstanden worden sein. Während ihm die einfachen Menschen aus dem Volk zujubelten und ihre Hoffnungen auf ihn setzten, sannen die Vertreter der Führungsschicht darauf, wie sie ihn ausschalten konnten.

---

[201] Mt 5,17-18
[202] Apg 14,15
[203] Joh 20,28
[204] Lk 5,8

Und gute Gründe dafür hatten sie ja. Nicht zuletzt in den Aussagen, die andere über Jesus machten. Er ließ es zu, dass seine Jünger ihn mit dem Titel „Herr“ anredeten. Obwohl das Wort „Herr“ (aramäisch *mar)* in der Umgangssprache einfach für die höfliche Anrede gebraucht wurde, so schwang doch immer auch mit, dass der Titel „Herr“ eigentlich nur einen meinen konnte, nämlich den Herrn aller Herren. Die Juden scheuten sich ja, den Gottesnamen (Jahwe) zu nennen, sodass wir heute nicht einmal genau wissen, wie er ursprünglich in der Aussprache gelautet hat. Wo die vier Konsonanten des Gottesnamens, JHWH auftauchten, lasen sie stattdessen immer *Adonai,* also etwa „mein Herr“. Die aramäische Entsprechung dafür ist *mari.* In der griechischen Übersetzung des Alten Testamentes, der sogenannten Septuaginta, wurde der Gottesname meist mit dem Wort *kyrios* wiedergegeben. Und das ist genau der Titel, der in den urchristlichen Gemeinden für Jesus verwendet wurde.[205]

Das erste Glaubensbekenntnis hatte diese einfache Form: „Kyrios Iesous!“ – „Jesus ist der Herr!“[206] An vielen Stellen in den Evangelien wird Jesus einfach als *kyrios* bezeichnet. Es ist nicht ganz eindeutig, ob dieser Sprachgebrauch auf ihn selbst zurückgeht. Auf jeden Fall aber ließ er es geschehen, dass seine Jünger ihn so nannten. Natürlich klang das in den Ohren vieler Juden wie Gotteslästerung. Denn der Kyrios, das war ja nur Einer. Mit welchem Recht wurde dieser Titel auf Jesus angewandt?

Selbst wenn es unsicher ist, ob die Jünger schon zu Lebzeiten Jesu die Anrede „Herr“ im Sinne von „Gott“ gebraucht haben, so ist doch eindeutig, dass sie sofort nach der Auferstehung Jesus in diesem Sinne „Herr“ nannten. Das sehen wir an vielen Stellen. Als Stephanus, der erste christliche Märtyrer, einige wenige Jahre nach Kreuzigung und Auferstehung Jesu in Jerusalem gesteinigt wurde, betete er so: „Kyrios Iesous, nimm meinen Geist auf!“[207]

---

[205] Vgl. für diese Frage Riesner, a. a. O. S. 250f und Howard Marshall: Die Ursprünge der neutestamentlichen Christologie. Gießen 1985. S. 95–107.

[206] 1. Kor 12,3

[207] Apg 7,59

Dass „Herr" wirklich in der Urgemeinde eine häufige Bezeichnung für Jesus war und nicht nur eine spätere Erfindung der griechisch-sprachigen Gemeinden, zeigen auch die aramäischen Reste im griechischen Neuen Testament. Die Umgangssprache in Palästina zur Zeit Jesu war Aramäisch. Ein häufiger Gebetsruf der ersten Gemeinden war: „Maranatha!"– „Unser Herr, komm!" Dieser aramäische Überrest, der so wichtig war, dass er noch im griechischen Neuen Testament in der ursprünglichen Sprache, also nicht übersetzt wiedergegeben wird, zeigt eindeutig, dass Jesus schon in allerfrühester Zeit, bevor die Gemeinden allgemein zum Griechischen übergingen, als Herr angerufen wurde.[208]

Jesus – Mehr als wir

Und so könnte man Seite um Seite füllen mit dem Nachweis, dass die ersten Christen und Jesus selbst in dieser Sache einig und eindeutig waren: Jesus ist mehr als ein Mensch. Er ist der Messias, auf den Israel wartete. Er ist der Sohn Davids, dessen Reich ewig stehen wird. Er ist der Menschensohn, dem Gott alle Macht und Gewalt übergeben hat. Er ist der Herr, der Kyrios. Er ist der Sohn des lebendigen Gottes. Er ist der, dem Anbetung zusteht. Er allein kann Sünden vergeben und Krankheiten durch ein Wort heilen. Er kann neu festlegen, was vom Gesetz des Mose gültig bleibt und was durch seine Person schon zur Erfüllung gekommen ist.

Es führen viele Brücken vom Alten Testament ins Neue. Es gibt viele Spuren in der jahrhundertealten Geschichte Gottes mit seinem Volk, die zu Jesus führen. Längst nicht alle habe ich genannt. Sie alle zusammenzutragen und eingehend zu untersuchen, würde ein eigenes Buch füllen. Dennoch sollen einige noch kurz erwähnt werden, da das Thema von Verheißung und Erfüllung ganz zentral für das Wirken Jesu war. Er sah sich selbst in dieser Linie. Er wusste, dass in seinem Leben und in seiner

[208] Vgl. auch Anhang.

Person die Voraussagen aller alttestamentlichen Propheten wie in einem Prisma zusammenliefen und gebündelt wurden. Und dass er die Erfüllung all dieser Verheißungen war.

So verstand Jesus sich selbst: Er war der Nachkomme der Eva, der der Schlange den Kopf zertreten würde.[209] Er war der Held, der aus dem Stamm Juda hervorgehen sollte.[210] Er war der von Mose angekündigte zweite Mose, dem alle gehorchen sollten.[211] Er war der verheißene Friedefürst, das Kind, das geboren werden sollte, um Frieden für alle Völker zu bringen,[212] das Licht, das allen scheinen wird, die im finsteren Land sitzen.[213] Er war der verheißene Sohn einer Jungfrau, dessen Name „Immanuel", „Gott mit uns", schon das Programm für sein Leben ist.[214] Er war der Priester nach der Ordnung des Melchisedek.[215] Und so könnte man fortfahren und würde doch nicht alle Verheißungen im Alten Testament und ihre Erfüllung durch Jesus darstellen können.

Der Gottesknecht

Bei allen Aspekten der Person Jesu haben wir einen noch nicht bedacht, der jedoch ganz grundlegend für sein ganzes Leben und Wirken ist. Ohne den wir weder sein Leben noch sein Sterben am Kreuz verstehen können. Das ist das Bild, das Jesus bis in die Tiefe seines Wesens geprägt hat.

Im zweiten Teil des Jesaja-Buches findet sich eine Reihe von dichterisch sehr ausgeprägten Abschnitten, die eine geheimnisvolle Person beschreiben. Es sind die sogenannten Gottesknechtslieder. In ihnen wird eine Gestalt beschrieben, die in besonderer Weise von Gott auserwählt ist, seinen

209 1. Mo 3,15
210 1. Mo 49,10
211 5. Mo 18,15
212 Jes 9,5-6
213 Jes 9,2
214 Jes 7,14 und Mt 1,21-23
215 Ps 110,4 und Heb 7,1-10

Willen zu tun. Die trotz vieler Widerstände und trotz Leiden schließlich dem Willen Gottes zum Sieg verhilft. In den vier oder fünf Abschnitten wird immer deutlicher, was der Charakter und das Wesen dieses Mannes ist, den der Prophet den „Knecht des Herrn" nennt. Er ist von Gott auserwählt und gehalten. Er wird nicht schreien oder rufen. Einen glimmenden Docht wird er nicht auslöschen. Er wird selbst – trotz Anfechtung – nicht verlöschen, sondern Gottes Recht bis in die fernsten Teile der Erde tragen. Blinde wird er sehend machen und Gefangene befreien.[216] Er wird Israel zu Gott zurückrufen und auch die Rettung Gottes für alle Enden der Erde sein. Sein Wirken wird weltweite Auswirkungen haben.[217] Er wird viel Widerstand erleben. Sie werden seinen Rücken zerschlagen und seine Wangen raufen. Er wird geschmäht und bespuckt werden. Dennoch wird er nicht zurückweichen, sondern gerade in allen Anfeindungen die Hilfe Gottes erfahren.[218] Er wird so verachtet und zerschlagen sein, dass sich alle von ihm abwenden werden. Sie werden dabei noch denken, Gott einen Gefallen zu erweisen, wenn sie ihn plagen und martern. In seinem unsagbaren Leiden aber trägt er die Krankheit, die Schuld und Missetat der ganzen Welt. Durch ihn wird die Möglichkeit der Vergebung allen offen stehen. Nach seinem Tod „wird er Nachkommen haben und lange leben, und des HERRN Plan wird durch ihn gelingen. Weil seine Seele sich abgemüht hat, wird er das Licht schauen und die Fülle haben. Durch seine Erkenntnis wird er, mein Knecht, der Gerechte, den Vielen Gerechtigkeit schaffen; denn er trägt ihre Sünden." Gott wird ihm „die Vielen zur Beute geben und er soll die Starken zum Raube haben dafür, dass er sein Leben in den Tod gegeben hat und den Übeltätern gleichgerechnet ist und er die Sünde der Vielen getragen hat und für die Übeltäter gebeten".[219]

Wer ist dieser Knecht des Herrn, über den so Erstaunliches ausgesagt wird? In der jüdischen Auslegungstradition gibt es verschiedene Erklärungen für diese bemerkenswerten Prophezeiungen. Die einen sagen, der Knecht

---

[216] Jes 42,1-7
[217] Jes 49,5-6
[218] Jes 50,4-8
[219] Jes 52,13–53,12

des Herrn sei Jesaja selbst, die anderen meinen, es sei Israel als Ganzes. Wieder andere denken, dass es sich um einen ansonsten unbekannten anonymen Propheten handeln könnte. Doch keiner dieser Erklärungsversuche wird den Aussagen in ihrer Gesamtheit wirklich gerecht, obwohl einzelne Teile sich schon so auslegen lassen. Und möglicherweise gibt es auch hier eine Mehrfacherfüllung, wie wir sie manchmal im Alten Testament annehmen müssen. Sodass sich zum Beispiel eine Aussage sowohl an Jesaja als auch an Israel erfüllt, darüber hinaus aber noch auf den eigentlichen „Knecht des Herrn" weist. Und der muss ein anderer als Jesaja sein. Denn der spricht eindeutig von diesem Knecht des Herrn als jemand anderem. Ebenso muss man zwischen Israel und dem Knecht des Herrn unterscheiden, denn der soll Israel ja zu Gott zurückbringen.

Wer ist dieser Gottesknecht? Es muss einer sein, der ins Leiden hineingeht. Der missverstanden, abgelehnt, ausgestoßen und verachtet stirbt. Und dessen Tod die Kraft in sich trägt, Sünde zu tilgen. Ein Tod, der als Schuldopfer für viele Bedeutung hat. Und der nicht das Letzte ist, sondern ein Doppelpunkt für etwas ganz Neues.

Das alles ist so erstaunlich und aufregend, weil alle Einzelzüge der Gottesknechtlieder so genau auf Jesus passen. Bis in die Details hinein lässt sich bei diesen Texten, die Jahrhunderte vor Jesus niedergeschrieben wurden, das Bild Jesu entdecken. Das ist so deutlich, dass es nicht verwundert, dass in allen Jahrhunderten Juden nur durch das Lesen dieser Abschnitte im Jesaja-Buch zum Glauben an Jesus gefunden haben. Es wundert auch nicht, dass die ersten Christen die Gottesknechtlieder, die sie gut kannten, mit Jesus in Zusammenhang gebracht haben, dessen Leben und Sterben sie teilweise selbst miterlebt hatten.

Der Schlüssel zu Jesus

Noch spannender als dies alles ist aber die Tatsache, dass Jesus selbst sein Leben unter dem Blickwinkel dieser Voraussagen sah. An einer Stelle sagt er dies ausdrücklich: „Denn selbst der ewige Menschensohn ist nicht in die Welt gekommen, um sich bedienen zu lassen, sondern um zu dienen und sich selbst als Lösegeld für die ganze Menschheit zu geben.“[220] Jesus legt hier sein Lebens- und Sterbensprogramm dar. In einer einzigartigen Weise verbindet er die Hoheit des Menschensohns mit der Niedrigkeit des Gottesknechts. Er, der Menschensohn, will sich nicht dienen lassen, wie die Herrscher dieser Welt es zu tun pflegen, sondern selbst als Knecht dienen und sein Leben als Lösegeld, als Schuldopfer für die Menschen geben.

Diese Verbindung der Hoheitslinie aus Daniel 7 und der Niedrigkeitslinie aus Jesaja 53 geht nachgewiesenermaßen auf Jesus selbst zurück. Sie bietet auch den Schlüssel zum Selbstverständnis Jesu. Ja, alle Verheißungen der Macht, der Herrschaft und der Herrlichkeit, die dem Messias und Menschensohn gegeben worden waren, gelten für ihn. Und doch ist der Weg dahin anders, als die Menschen, auch seine besten Freunde, es sich vorstellen. Der Weg führt durch Leiden, ja durch den schmachvollen Tod der Kreuzigung. Das ist der Weg von Jesus. Und allerspätestens hier wird klar, wie unbequem Jesus ist. Auch für seine Anhänger und Fans. Denn Jesus überspringt das Leiden nicht. Er mogelt sich nicht daran vorbei. Sondern indem er bewusst das Leiden und den Tod auf sich nimmt, ermöglicht er die Erneuerung einer Welt, die von Leiden und Tod gekennzeichnet ist. Das ist sein Weg. Der Weg des leidenden Gottesknechtes. Ein Weg, der jedoch nicht im Nichts endet, sondern der weitergeht, auch über den Tod hinaus. Doch mehr davon später.

Geheimzeichen Jesus

Die frühen Christen benutzten ein Zeichen, um den Kern ihres Glaubens auszudrücken. Überall in archäologischen Überresten des römischen Reiches kann man es finden, als Mosaik, gemalt oder einfach in den Stein

[220] Mk 10,45

geritzt. Es ist das Fischsymbol. Ein Zeichen, das gleichzeitig geheime Erkennungsmöglichkeit der Christen untereinander bot wie auch als Anknüpfungspunkt für die Weitergabe des Glaubens diente. Das griechische Wort für Fisch ist ICHTHYS. Die fünf griechischen Buchstaben dieses Wortes (I CH TH Y S) ergeben, wenn sie einzeln als Anfangsbuchstaben genommen werden, folgenden Satz: *Iesous CHristos THeou Yios Soter.* Jesus Christus, Sohn Gottes und Retter. Es lässt sich kaum in einer kürzeren Formel ausdrücken, wer Jesus war und ist. Er ist der historische Jesus aus Nazareth. Er ist der verheißene Messias. Er ist der Sohn Gottes, der uns den Weg zum Vater wieder freigemacht hat. Er ist der Retter, von dem allein die Menschheit und der einzelne Mensch Hilfe und Erlösung erwarten kann.

Hierin besteht die Einzigartigkeit Jesu. Ob das für uns unbequem ist oder angenehm, ist eigentlich nicht das Wichtigste.

Viel wichtiger ist die Frage, ob es wahr ist. Denn das hat dann ungeahnte Konsequenzen für unser Leben.

6. Jesus: Kreuz und Grab

Denn wenn sie diese Weisheit begriffen hätten, dann hätten sie ihn, den Herrn der Herrlichkeit, nicht ans Kreuz geschlagen.[221]

Jesus hatte schon lange davon gesprochen: Der Menschensohn wird in die Hände seiner Feinde überantwortet werden. Sie werden ihn kreuzigen. Immer wieder redete Jesus davon. Das war den Jüngern unangenehm. Trotz ständiger Wiederholungen waren sie schockiert. Jesus, das kannst du doch nicht ernst meinen! Sag uns, dass das nicht stimmt! Doch Jesus blieb dabei. Er wusste es und er sagte es seinen Freunden: Sein Weg würde ihn ans Kreuz führen.

Eine grausame Erfindung

Die Freunde von Jesus wussten, was das bedeutete. Sie hatten schon so manchen am Kreuz hängen gesehen, seit die Römer im Land waren. Vorher gab es diese Hinrichtungsart nicht in Israel.[222]

Die Römer hatten die Kreuzigung nicht selbst erfunden. Sie hatten diese Methode der Hinrichtung von den Karthagern übernommen, die sie in den drei punischen Kriegen niedergerungen hatten. Die Sieger übernahmen von den Besiegten das, was sie an Grausamstem anzubieten hatten: die

[221] 1. Kor 2,8

[222] Eine gewisse Ausnahme bildete der Hasmonäerkönig Alexander Jannaeus (um 126 v. Chr. – 76 v. Chr.), der aus Rache seine politischen Feinde auf grausame Weise hinrichten ließ. Der Verfasser eines Nahumkommentars bemerkte dazu: „Er ließ Männer lebendig aufhängen, etwas, was nie zuvor in Israel geschehen war." Davon schreibt auch Josephus Flavius (Antiquitates XIII 13,5-14,2).

Methode, wie man einen Menschen so brutal und langsam wie möglich zu Tode foltern kann.

Ein Folterinstrument als Hauptsymbol

Gerade Menschen, die nicht im Westen aufgewachsen sind, empfinden, wie eigentümlich das ist: In allen christlichen Kirchen finden sich symbolische Darstellungen des Kreuzes. Nun ist das uns, die wir im Westen leben, ganz selbstverständlich. Wir kennen Kreuze in vielen Formen, gemalt, aus Holz, aus Silber oder Gold, gebastelt, als Wandschmuck oder Halskette, als Ohranhänger und auf Grabsteinen. Wir sehen es auf Trauerbriefen und als Symbol der Hilfe wie beim Roten Kreuz. Das Kreuz kennen wir als Teil einer Nationalflagge wie in der Schweiz und auf den Bergeshöhen. Durch die Gewöhnung daran haben wir das Kreuz verharmlost. Es schockiert uns nicht mehr. Es ist annehmbar, ja teilweise niedlich geworden.

Und doch war das Kreuz ein Symbol nicht für etwas Schönes, Heroisches, sondern für die grausamste Hinrichtungsart, die in der Antike bekannt war.

Seltsame Biografien

Wer die Evangelien liest, wird merken, dass die Berichte vom Sterben Jesu und den Ereignissen, die dahin führten, einen sehr breiten Raum einnehmen. Jemand hat einmal gesagt, dass die Evangelien eigentlich Darstellungen des Todes Jesu mit einer etwas ausführlichen Einleitung sind. Sie sind Passionsberichte mit einem kürzeren oder längeren Vorspann.

Das ist in sich schon eine erstaunliche Sache. Normalerweise versucht man ja, vor allem das Leben der verehrten Person darzustellen. Das Sterben wird sicher auch erwähnt, nimmt aber selten den zentralen Platz der Erzählung ein. Doch bei Jesus ist es anders. Es wird in den neutestamentlichen Berichten nicht der geringste Versuch unternommen, das schmachvolle Geschehen zu vertuschen. Vielmehr finden wir schon bei der Darstellung seines öffentlichen Wirkens ständig Hinweise auf sein Sterben. Jesus selbst redete davon. Immer wieder kündigte er sein Leiden an. So berichtet Lukas an einer Stelle: „Dann nahm Jesus seine zwölf Gefährten beiseite und sagte zu ihnen: ‚Achtet genau auf das, was ich sage! Wir befinden uns jetzt auf dem Weg nach Jerusalem. Dort wird sich all das ereignen, was die Propheten in Gottes Buch über den Menschensohn niedergeschrieben haben! Er wird in die Hände der Nichtjuden ausgeliefert, verspottet, verhöhnt und bespuckt werden. Wenn sie ihn ausgepeitscht haben, werden sie ihn töten. Aber am dritten Tag wird er wieder zum Leben auferstehen.'"[223]

Das Kreuz ist zentral für Jesus. Wenn wir die Faszination, die vom Leben Jesu ausgeht, richtig verstehen wollen, kommen wir nicht an seinem Tod am Kreuz vorbei.

Die Wirklichkeit des Kreuzes

Bevor wir die Bedeutung des Kreuzes zu verstehen versuchen, wollen wir uns der Wirklichkeit eines Todes am Kreuz stellen. Der Ablauf einer Kreuzigung unter den Römern war etwa wie folgt: Nach der Verhandlung wurde das Urteil bekannt gegeben: Er ist des Todes am Kreuz schuldig! Damit begann die Hinrichtung. Zuerst wurde der Gefangene dem Kreuzigungskommando übergeben. Diese Kommandos waren eigens dafür abgestellt. Es war ihr fast alltägliches Geschäft, Menschen zu kreuzigen. Für sie war es eine Routineangelegenheit, Menschen auf diesem Weg bis zum Tod zu bringen.

---

[223] Lukas 18,31-33

Ein schmachvoller Tod

Übrigens durften nur Nichtrömer und Sklaven gekreuzigt werden. Deshalb wurde der Apostel Paulus, der das römische Bürgerrecht besaß, auch in Rom nicht gekreuzigt wie Petrus, sondern enthauptet. Die Kreuzigung war ein zu schmachvoller Tod, als dass ein freier römischer Bürger ihr unterzogen werden durfte. Der römische Politiker Cicero drückte die Abscheu der freien Römer vor dieser Hinrichtungsart in seinen berühmten Worten aus: „Henker, Verhüllung des Hauptes und schon das bloße Wort ‚Kreuz' sollen fernbleiben nicht nur dem Leib der römischen Bürger, sondern auch ihren Gedanken, ihren Augen, ihren Ohren."[224] Die Kreuzesstrafe war also das Furchtbarste und Schmachvollste, was man sich damals vorstellen konnte. Sie blieb im Allgemeinen auf schwere Delikte wie Mord, Tempelraub, Hochverrat und Aufruhr beschränkt.[225]

Die Geißelung

Nach dem Urteilsspruch wurde der zu Kreuzigende zuerst entkleidet und gegeißelt. Die Geißelung war ein fester Bestandteil der Hinrichtung. Mit langen Peitschen, in die Eisen- und Knochenstücke eingeflochten waren, wurde der Verurteilte gegeißelt. Viele starben schon bei dieser Geißelung, da oft ein großer Blutverlust einsetzte.[226] Josephus berichtet davon, wie er einmal einige Landsleute geißeln ließ, bis ihnen die Eingeweide bloß lagen.[227] Die Zahl der Schläge war bei der Geißelung nicht begrenzt. Im Fall von Jesus ging die Geißelung mit einer Verspottung einher. Er wurde mit einem roten Mantel, also einem „Königsmantel", und einer

[224] Cicero, Pro Rabirio 10.
[225] Vgl. Gerhard Lohfink: Der letzte Tag Jesu. Die Ereignisse der Passion. Herder 5. Auflage Freiburg 1985. S. 64.
[226] Philo: In Flaccum 10; 75.
[227] Bellum Judaicum II, 21, 5.

Krone aus Dornengestrüpp als Narrenkönig ausstaffiert. Die Soldaten verhöhnten ihn, fielen vor ihm nieder, als wollten sie ihm huldigen, spuckten ihn an und schlugen auf ihn ein.[228] Im Palast des Hohepriesters hatte die Verspottung noch einen anderen Zug. Die Knechte verbanden Jesus die Augen, schlugen ihn mit Fäusten und forderten ihn auf: „Du Messias, sage uns durch deine prophetische Kraft, wer dich geschlagen hat!“[229]

Der Weg zur Kreuzigung

Auf die Geißelung folgte der Weg zur Hinrichtungsstätte. In Jerusalem war es eine Müllhalde außerhalb, aber in unmittelbarer Nähe der Stadt. Hier, auf einer kleinen Anhöhe, die wegen ihrer seltsamen Gestalt Golgatha, zu Deutsch „Schädelort“ hieß, wurden regelmäßig Verbrecher gekreuzigt. Die Verurteilten mussten ihren Kreuzbalken selbst zum Hinrichtungsort tragen. Wie manche andere, die schon durch die Geißelung geschwächt waren, konnte Jesus seinen Kreuzbalken nicht selbst tragen. Als er unter der Last zusammenbrach, zwangen die Soldaten einen Mann, der zufällig auf dem Weg vom Feld in die Stadt vorbeikam, ihn für Jesus zu tragen.

Als uneingeschränkte Herren im Land konnten die Soldaten der Besatzungsmacht jederzeit Leute dazu zwingen, Lasten für sie zu tragen. Auf diese Sitte bezog sich Jesus in seinem Wort in der Bergpredigt: „Und wenn ein römischer Besatzungssoldat dich dazu zwingt, etwas für ihn eine Meile weit zu tragen, dann geh zwei mit ihm.“[230] Für Simon aus Kyrene in Nordafrika, der das Kreuz für Jesus trug, blieb jedenfalls diese Begegnung nicht ohne Folgen. Wir finden später seine Söhne als Mitglieder der Christengemeinde in Rom und Jerusalem. Es ist schon erstaunlich, dass Simon selbst auf diesem Weg zur Schädelstätte der Faszination Jesu erlag. Was

---

[228] Mt 27,27-31
[229] Mt 26,67-68
[230] Mt 5,41

für ein Mann muss Jesus gewesen sein, dass er selbst in den Stunden seiner größten Schwäche Menschen für immer für sich gewinnen konnte! Simon trug das Kreuz dessen, der auch für ihn an das Kreuz ging.[231]

Hängen zwischen Leben und Tod

Anders als auf vielen Darstellungen aus späterer Zeit trugen die meisten Verurteilten jedoch nicht das ganze Kreuz, sondern nur den Querbalken. Die Längsbalken waren zumeist auf Dauer fest in die Erde gerammt. Der Verurteilte wurde dann am Boden auf den Querbalken festgenagelt und damit am Längsbalken hochgezogen, wo er in einer Mulde einrastete. Dann wurden die Füße angenagelt, die sich auf einem kleinen Brett abstützen konnten. Auf diese Weise wurde sichergestellt, dass der Gekreuzigte am Kreuz noch länger leben und leiden würde.

Denn das war ein Ziel der römischen Folterer: Die Kreuzigung sollte ein Höchstmaß an Grausamkeit erreichen. Der Todeskampf sollte herausgezögert werden. Bei einer Kreuzigung wurden Herz und Lunge auf das Äußerste beansprucht. Neben den wahnsinnigen Schmerzen, die schon aufgrund der Geißelung da waren, und durch die Nägel, die durch empfindliche Schaltstellen von Nerven geschlagen wurden, litt ein Mensch am Kreuz unter ständigem Durst. Hinzu kam die Atemnot. Die Glieder waren angespannt und verkrampft. Der Kopf drohte zu zerplatzen aufgrund der Anstrengung und auch wegen des häufig rasch einsetzenden Wundfiebers. Viele wurden am Kreuz vor Schmerzen wahnsinnig und gerieten außer sich.

Josephus berichtet, dass bei der Belagerung Jerusalems durch die Römer beim jüdischen Aufstand in den Jahren 69 und 70 viele der in Jerusalem Lebenden versuchten, aus der eingeschlossenen Stadt, in der der Hunger wütete, zu entfliehen. Wer bei solch einem Fluchtver-

[231] Vgl. Anhang 5.

such gefangen genommen wurde, wurde von den Römern gekreuzigt. Bald erstreckte sich auf den Hügeln um die ganze Stadt ein Wald von Kreuzen, die die Belagerten ständig vor Augen hatten. Die Römer ließen die Körper zur Abschreckung auf den Kreuzen, sodass sich die Aasgeier über sie hermachten. Die Qualen der Gekreuzigten waren unvorstellbar. Josephus beschreibt, wie sie sich in dem Bemühen, Luft zu schnappen, hoben und senkten.

Die Inschrift

Oben am Kreuz musste immer ein Schild mit der offiziellen Begründung der Todesstrafe angebracht werden. Auf dem Weg zur Hinrichtung wurde dieses Schild vor den Verurteilten hergetragen. Die Begründung für die Verurteilung von Jesus lautete: „Jesus, der Nazarener. Der König der Juden“. Dies war in den drei in Jerusalem wichtigen Sprachen geschrieben, Latein als Amtssprache des Reiches, Griechisch als Umgangssprache des östlichen Mittelmeerraumes und Hebräisch (bzw. Aramäisch) als Sprache der Juden.[232] Alle, an denen dieser Trauerzug vorüberging, und alle, die am Kreuz vorbeikamen, konnten sich darüber informieren, weswegen Jesus angeklagt war.

Diese Aufschrift war ein letzter Triumph des Pilatus. Denn er hatte eigentlich Jesus nicht kreuzigen lassen wollen. Vielleicht schon allein deshalb nicht, weil es der hohepriesterlichen Partei so wichtig war, ihn ans Kreuz zu bringen. Moralische Skrupel aber hatte Pilatus in seiner Amtsführung äußerst selten gezeigt. So hat er einmal, wie Josephus berichtet, eine Protestversammlung des Volkes brutal mit Stöcken niederprügeln lassen, wobei viele umkamen.[233] Philo schrieb insgesamt über die Amtsführung des Pilatus: „Er war nicht gewillt, irgendetwas zu tun, was seinen jüdischen

[232] Joh 19,19-20; Mk 15,26
[233] Bellum Judaicum II, 9, 4.175.

Untertanen gefallen hätte."[234] So ist auch verständlich, warum Pilatus alles versucht hatte, Jesus zu retten. Das war keine reine Menschenliebe, sondern der verzweifelte Versuch zu zeigen, wer eigentlich in Judäa der Herr im Haus war. Doch diesmal hatte er verloren. Er musste dem Druck nachgeben, besonders als die jüdischen Führer ihm damit drohten, ihn beim Kaiser anzuschwärzen: „Wenn du diesen freilässt, dann zeigst du damit, dass du den Titel ‚Freund des Kaisers' nicht verdienst! Denn jeder, der sich selbst zum König erklärt, stellt sich damit gegen den Kaiser!"[235] In einem ähnlichen Fall musste Pilatus eine schwere Rüge von Kaiser Tiberius einstecken, nachdem ihn die jüdischen Gesandten angezeigt hatten.[236] Vor diesem Hintergrund ist es verständlich, dass Pilatus im Fall Jesus schließlich nachgab, als er in die Enge getrieben wurde. Sein Taktieren hatte ihm nichts genützt. So opferte er schließlich Jesus, von dem er wusste, dass er unschuldig war, um seine eigene Haut zu retten. Die Aufschrift, die er an das Kreuz setzen ließ, war eine letzte Rache an seinen jüdischen Widersachern. Er wollte sie bewusst provozieren: Dies ist euer König und ich habe Macht, ihn zu kreuzigen! Das tut Rom mit allen, die sich als Könige erheben wollen! Seht in der Ohnmacht eures Königs eure eigene Ohnmacht!

In der Aufschrift steckte also der Spott gegenüber einer unterdrückten Nation, aber auch die Warnung, das politische Spiel nicht zu weit zu treiben. Die Juden protestierten denn auch prompt: „Schreib doch nicht: ‚Der König der Judäer', sondern: Er hat behauptet: ‚Ich bin der König der Judäer!'"[237] Doch die Aufschrift blieb. Und mit ihr die Frage, wer denn Jesus wirklich war.

---

234 Philo, Legatio ad Gaium 38, 303.

235 Joh 19,12

236 Davon berichtet ebenfalls Philo, Legatio ad Gaium 38.

237 Joh 19,21

Der Hofstaat des Gekreuzigten

Zur Königssymbolik passte auch ganz stilecht, dass Jesus „mit Hofstaat" gekreuzigt wurde. Die beiden Männer, die rechts und links von ihm ans Kreuz geschlagen wurden, waren wohl Mitglieder einer der vielen Banden, die das Land terrorisierten, teils aus politischen Gründen als Rebellion gegen Rom, teils aber auch einfach, um Geld zu bekommen. Bis zum bitteren Ende ließ Pilatus das nun durchführen, dass Jesus als König der Juden hingerichtet wurde. Eine Krone aus Dornen hatten sie ihm schon im Gerichtshof aufgesetzt. Nun aber hing er da, ein König, von seinen Anhängern verlassen.

Lukas beschreibt die grausame Szenerie um das Kreuz Jesu: „Die Volksmenge stand da und schaute zu. Doch die Anführer des Volkes trieben ihren Spott. Sie sagten: ‚Anderen Leuten hat er geholfen, dann soll er sich doch auch selbst helfen, wenn er wirklich der von Gott gesandte Messias ist, der Auserwählte!' Auch die Soldaten verspotteten Jesus. Sie traten an ihn heran, um ihm Essig zu bringen. Dabei sagten sie: ‚Wenn du der König der Juden bist, dann rette dich doch selbst!'"[238] Auch die Verspottung Jesu greift die Aussage auf der Inschrift auf, dass hier der Messias, der König der Juden, gekreuzigt würde. So hing Jesus zwischen den beiden Mitgekreuzigten, die in den allgemeinen Spott ihm gegenüber einstimmten:[239] „Bist du nicht der Messias? Dann rette dich selbst und uns auch!" Einer von den beiden aber merkte offensichtlich, dass Jesus zu Unrecht dort am Kreuz hing und dass er vielleicht wirklich ein König war und bat ihn: „Jesus, denk an mich, wenn du deine Königsherrschaft antrittst!"[240]

---

[238] Lk 23,35-37
[239] Mt 27,44
[240] Lk 23,39-43

Die letzten Besitztümer Jesu

Es war das angestammte Recht der römischen Hinrichtungskommandos, die letzten Besitztümer der von ihnen Gekreuzigten an sich zu nehmen. Das waren meist nur die Kleider, vielleicht ein Gürtel und die Sandalen. So teilten die Soldaten nach der Kreuzigung die Kleider der drei Gekreuzigten unter sich auf. Jesus hatte ein kostbares Untergewand, das nur aus einem Stück gewebt war. Das zu zerschneiden, hätte bedeutet, den Wert erheblich zu mindern. So losten die Soldaten darum, wer es erhalten sollte. Die ersten Christen sahen in diesem kleinen Detail der Kreuzigung die Erfüllung einer Aussage im Psalm 22: „Sie verteilen meine Kleidung unter sich, sie verlosen, womit ich mich kleidete.“[241]

Ein bewusstes Sterben

In Jerusalem gab es eine Gruppe von frommen Frauen, die regelmäßig den Verurteilten betäubende Getränke reichten, um ihnen so die letzten Stunden ein wenig zu erleichtern. Im Talmud heißt es: „Dem, der hinausging, um hingerichtet zu werden, gab man ein Stückchen Weihrauch in einem Becher mit Wein, um ihm das Bewusstsein zu nehmen.“[242] Auch Jesus wurde ein solcher Trunk angeboten. Er lehnte ihn jedoch ab. Jesus wollte nicht umnebelt sterben, sondern bis zum letzten Augenblick bewusst den Kelch des Leidens trinken, den sein Vater ihm gegeben hatte. Manche der Gekreuzigten wurden auch vor Schmerzen wahnsinnig und schrien ohrenbetäubend oder verfielen in einen halbbewussten Dämmerzustand. Jesus aber blieb nach der Aussage der Evangelisten bis zum Tod bei vollem Bewusstsein. So werden uns auch von ihnen manche der Worte überliefert, die Jesus am Kreuz gesagt hat.

---

[241] Ps 22,19; Joh 19,23-24

[242] Talmud b Sanhedrin 43a.

Der letzte Tag Jesu

Die letzten 24 Stunden des Lebens Jesu waren vollgepackt mit Ereignissen.[243] Am Donnerstagnachmittag bereitet sich Jesus auf das gemeinschaftliche Mahl am Abend vor, das er als vorgezogenes Passahmahl mit ihnen feiern will. Nach dem Abendmahl, bei dem Judas sich schon von ihm getrennt hat, wandert Jesus dann gemeinsam mit den Jüngern von Jerusalem durch das Kidrontal auf den Ölberg, wo er in einer Gartenanlage, Gethsemane, die Nacht verbringen will. Während die Jünger sich zum Schlafen niederlegen, fängt Jesus an, spricht im Gebet mit seinem Vater im Himmel. Er betet: „Vater, ist es möglich, dass dieser Kelch an mir vorübergeht ...?“ Dreimal kommt er vergeblich zu seinen schlafenden Jüngern mit der Bitte, doch mit ihm zu wachen und zu beten. Schließlich ringt sich Jesus durch zu dem Gebet: „Nicht mein Wille, sondern dein Wille geschehe!“[244]

Dann wird auf einmal die Stille der Nacht von Schritten, Worten und Waffenlärm durchbrochen. Eine Polizeitruppe unter Führung des Jüngers Judas Iskariot nähert sich. Mit einem Begrüßungskuss identifiziert Judas Jesus. Nach Petrus' kurzem Versuch, sich zu wehren, fliehen alle Jünger. Jesus wird gefangen genommen und durch das Kidrontal wieder in die Stadt geführt. Zuerst wahrscheinlich zum Haus des ehemaligen Hohepriesters Hannas, in dem eine Vorverhandlung stattfindet. Direkt darauf folgt die kurzfristig einberufene Nachtsitzung unter dem Vorsitz des amtierenden Hohepriesters Kaiphas. Trotz der allgemein feindlichen Stimmung gegen Jesus und bestochener falscher Zeugen ist es gar nicht so leicht, ihn eines Verbrechens zu überführen und zu verurteilen.

So greift Kaiphas schließlich zu dem Mittel, das eine Entscheidung herbeiführen muss. Er fragt Jesus direkt, ob er der Messias sei. Als Jesus darauf antwortet: „Ja, ich bin es!“, ist für die versammelten Führer des

---

[243] Für den folgenden Abschnitt siehe neben Gerhard Lohfink a. a. O. die Evangelienberichte Mt 26-27; Mk 14-15; Lk 22-23; Joh18-19.

[244] Mt 26,36ff

Volkes klar, dass es nur zwei Reaktionen auf solch einen Anspruch gibt. Entweder die Anerkenntnis, dass Jesus wirklich der Messias ist, oder die Verurteilung zum Tod. Der Hohepriester zerreißt seine Kleider. Mit ihm tun das alle Versammelten. Damit ist das Urteil gefällt.

Nun ist allerdings die Schwierigkeit zu überwinden, dass die Todesgerichtsbarkeit damals von den Juden fortgenommen war. Ein Todesurteil musste – außer in ganz wenigen, eng umgrenzten Ausnahmesituationen – vom römischen Statthalter ausgesprochen werden. Deshalb, und vielleicht auch, um der Hinrichtung Jesu einen offiziellen Charakter zu geben und sich so gegen einen möglichen Aufruhr seiner Anhänger zu schützen, ziehen die Mitglieder des Hohen Rates in aller Frühe zu Pilatus, der eigens für das Fest von seinem Hauptsitz in Cäsarea am Mittelmeer nach Jerusalem heraufkommen ist. Pilatus stellt in einer ersten Verhandlung die Unschuld Jesu fest. Er kann in ihm nicht den Volksaufwiegler und Aufstandsführer gegen Rom erblicken, als den ihn die jüdischen Volksführer vorgestellt haben. Aber er merkt, dass es nicht so leicht ist, die mit allen Tricks arbeitenden Ankläger loszuwerden. Als er hört, dass Jesus ursprünglich aus Galiläa stammt, sieht er neu eine Chance, denn das Gebiet steht eigentlich unter der Aufsicht von Herodes Antipas. Pilatus will sich bei ihm Rückenstärkung für die Freilassung Jesu holen. Auch Herodes kann nichts Todeswürdiges an Jesus finden. Enttäuscht und wütend darüber, dass Jesus ihn keines Wortes würdigt, verhöhnt er ihn und sendet ihn, angetan mit einem Spottgewand, zurück zu Pilatus. Der hat jetzt freie Hand, Jesus freizulassen.

Jetzt aber versucht Pilatus einen Schachzug, mit dem er sich am Ende seine Pläne selbst durchkreuzt. Es ist üblich, zum Passahfest einem Gefangenen Amnestie zu gewähren. Dieses Mal sollte es Barabbas sein, ein Mitbeteiligter bei einem Aufruhr. Pilatus will dessen Freilassung verhindern und setzt jetzt Jesus, den er für unschuldig befunden hat, ein als Alternative zu Barabbas. So will er zwei Fliegen mit einer Klappe schlagen. Er hat sich aber gründlich getäuscht. Das Volk, das sich allmählich auf dem Richtplatz vor Pilatus' Palast eingefunden hat, wird von den Führern angestachelt, die Freilassung von Barabbas zu verlangen. Immer lauter wird der Ruf, bis Pilatus resigniert nachgeben muss. Auf seine Frage, was er denn mit Jesus tun solle, ruft die Menge: „Kreuzige! Kreuzige!" Auch der Versuch, das Volksverlangen teilweise zu befriedigen, indem er Jesus geißeln lässt und dann zerschunden und zerschlagen vor die Menge führt, bleibt ohne Frucht. Resigniert lässt sich Pilatus die Wasserschüssel bringen, um seine Hände als symbolischen Ausdruck seiner Unschuld am Tod eines Nichtschuldigen zu waschen. Es ist gegen neun Uhr morgens, als Jesus auf den Hügel Golgatha geführt und dort ans Kreuz geschlagen wird, weniger als zwei Stunden seit seiner Gefangennahme.

In dem ganzen Prozess ist das Schweigen Jesu auffällig. Auf viele Fragen antwortet er gar nicht. Aber er macht deutlich, dass eigentlich nicht er derjenige ist, dessen Gerichtsverhandlung hier geführt wird, sondern dass seine Gegner sich selbst richten.

Außergewöhnliche Ereignisse

Etwa sechs Stunden lang hing Jesus am Kreuz, von neun Uhr vormittags bis drei Uhr nachmittags. Um die Mittagsstunde verfinsterte sich das Land, sodass Furcht und Schrecken die Menschen erfasste. „Es war inzwischen schon Mittag geworden, ungefähr zwölf Uhr. Da überzog eine Finsternis das ganze Land bis etwa um drei Uhr am Nachmittag. Die Sonne verfinsterte sich und der große Vorhang im Tempel zerriss in der Mitte."[245]

In den Evangelien wird eine Reihe von außergewöhnlichen Ereignissen erwähnt, die bei der Kreuzigung Jesu geschehen. Da ist zunächst einmal die Dunkelheit über dem Land. Einen erstaunlichen außerbiblischen Hinweis auf die Tatsächlichkeit dieser Dunkelheit haben wir schon gelesen.[246]

---

[245] Lk 23,44-45; Mt 27,51-54

[246] Vgl. Kap. 2: Thallus.

In dieser Verfinsterung der Atmosphäre, die drei Stunden dauerte, sahen die frühen Christen einen Hinweis auf das Gericht Gottes. So wie bei der Befreiung des Volkes Israel aus Ägypten eins der Gerichtszeichen darin bestand, dass eine Dunkelheit sich für drei Tage über das Land legte, so wird hier, wo eine noch größere Befreiung geschieht, das Gericht über die Sünde der Welt in der Dunkelheit an Jesus vollzogen. In der Todesstunde Jesu erschüttert ein Erdbeben die Stadt und der Vorhang im Tempel zerreißt von oben nach unten. Auch darüber finden sich bemerkenswerte Berichte außerhalb des Neuen Testamentes.[247]

Die Worte Jesu am Kreuz

Jesus hat am Kreuz gesprochen. Es sind nur wenige Wortfetzen und Sätze, die uns überliefert sind. Nimmt man alle Evangelien zusammen, so sind es sieben Sätze.

Matthäus und Markus berichten den Schrei: „Mein Gott, mein Gott, warum hast du mich verlassen?“[248] Danach schrie er noch einmal und starb.

Darüber hinaus bringt Lukas in seinem Text drei Sätze von Jesus am Kreuz. Am Anfang der Kreuzigung betete Jesus: „Vater vergib ihnen, denn sie wissen nicht, was sie da tun!“[249] Dem Mann, der rechts von ihm gekreuzigt wurde, verspricht Jesus: „Ich versichere dir: Noch heute wirst du zusammen mit mir im Paradies sein!“[250] Und den letzten Schrei, von dem auch die beiden anderen berichten, zitiert Lukas: „Vater, ich übergebe meinen Geist in deine Hände!“[251]

Johannes berichtet noch das Zwiegespräch von Jesus und Maria, seiner Mutter. Er weist sie auf den Jünger Johannes, der von jetzt an für sie

---

[247] Siehe Anhang 5.
[248] Mt 27,46; Mk 15,34
[249] Lk 23,34
[250] Lk 23,43
[251] Lk 23,46

sorgen soll: „Frau, schau, das ist jetzt dein Sohn!" Und Johannes zeigt er seine Aufgabe, Maria von nun an bei sich aufzunehmen: „Schau, das ist jetzt deine Mutter!"[252] Kurz vor seinem Tod sagt Jesus: „Ich habe Durst!"[253] Nachdem er einen Stock mit einem Schwamm voll Essigwasser an die Lippen gedrückt bekommt, ruft er noch einmal laut: „Alles ist erfüllt!"[254] Mit diesem Ruf stirbt er.

Es sind viele Versuche gemacht worden, die genaue Reihenfolge der Worte Jesu am Kreuz zu rekonstruieren. Manche haben auch gesagt, dass die Worte, die Johannes in seinem Evangelium berichtet, von ihm nur erfunden seien, um das Geschehen am Kreuz zu unterstreichen. Eins wird jedenfalls deutlich: Jesus bleibt auch im Sterben in einem Dialog mit Gott. Er lässt den Vater nicht los. So wie er im Leben alles mit ihm geteilt und besprochen hat, so tut er es auch im Sterben. Jesus verliert also am Kreuz nicht das Vertrauen zu seinem Vater im Himmel. Es ist oft gesagt worden, dass der Schrei: „Mein Gott, warum hast du mich verlassen?", den die Evangelisten übrigens auch noch auf Aramäisch zitieren: „eli, eli, lama asabtani?", ein Zeichen dafür sei, dass Jesus am Ende ganz allein stirbt. Sein Vertrauen auf Gott sei endgültig erschüttert gewesen und er sterbe mit einer unbeantworteten Frage. Mit der Frage, warum der Vater, an den er geglaubt hat, ihn nicht noch in letzter Minute herausgehauen hat.

Verzweiflung oder Vertrauen?

Sicherlich ist es so, dass Jesus am Kreuz die tiefste Einsamkeit durchlebt hat, die ein Mensch nur erfahren kann. Seine engsten Freunde hatten ihn verlassen. Von all den Menschen, denen er geholfen und die er geheilt hatte, kam ihm keiner zu Hilfe. Er hing zwischen Leben und Tod unter

---

252 Joh 19,26-27
253 Joh 19,28
254 Joh 19,30

unsagbaren Schmerzen. In der Dunkelheit ging das Gericht Gottes über ihn. Und doch ist der Ruf Jesu nicht nur Ausdruck der Verlassenheit, sondern immer noch des Vertrauens auf den Vater im Himmel. Denn zu ihm spricht er.

Er betet den 22. Psalm, der mit genau diesen Worten anfängt: „Mein Gott, mein Gott, warum hast du mich verlassen?“ Gerade dieses Psalm-Gebet ist Ausdruck seines Gottesverhältnisses bis zum Tod. Sein Leben endete nicht in der Verzweiflung, sondern trotz der unendlichen Not in abgrundtiefem Gottvertrauen.[255] Jesus hat am Kreuz Sätze aus Psalm 22 gebetet; möglicherweise war er nicht mehr dazu in der Lage, den ganzen Psalm zusammenhängend zu beten. Vielleicht war auch das meiste nicht hörbar. Auf jeden Fall ist das ein klares Zeichen dafür, dass Jesus nicht an Gott irregeworden ist.[256] In Psalm 22, der von David stammt, also etwa tausend Jahre vor Jesus verfasst wurde, und bevor es in Israel Kreuzigungen gab, wird die Situation eines Menschen am Kreuz in unnachahmlicher Weise beschrieben. Und schon ganz früh wurde bei den ersten Christen der Zusammenhang zwischen diesem prophetischen Psalm und dem Leiden Jesu gesehen. Nicht nur Matthäus und Markus weisen darauf hin. Auch Johannes zeigt einige deutliche Anklänge: das Teilen der Kleider und das Losen um das Gewand.[257] Auch der Ruf: „Ich habe Durst!“, hat seine Entsprechung in diesem Psalm. Deshalb besteht auch kein wirklicher Widerspruch zwischen den Evangelien. Sie alle deuten – wie Jesus selbst – das Geschehen am Kreuz durch diesen Psalm. Jeder von ihnen betont dabei einen etwas anderen Aspekt.

[255] So Lohfink a. a. O. S. 76.

[256] Lohfink weist zu Recht darauf hin, dass diese Worte von Jesus selbst stammen müssen, da sonst der Einwand „Er ruft den Elia!“ nicht verständlich sind. Das kann die Urgemeinde nicht erfunden haben, sondern muss historisch sein. Weil Jesus also selbst den Psalm 22 am Kreuz betete, ist klar, dass er die Voraussagen dieses Psalms auf sich selbst bezog. Vgl. Lohfink a. a. O. S. 74 ff.

[257] Ps 22,19 vgl. Joh 19,24 und Lk 23,34

Das Gebet Jesu am Kreuz

Einige Auszüge aus Psalm 22 sollen das Gesagte verdeutlichen und den Hintergrund der Kreuzigung Jesu erhellen:

„Mein Gott, mein Gott, warum hast du mich alleingelassen? Es gibt keine Rettung für mich, so sehr ich auch schreie. ... Doch ich bin ein Wurm und kein Mensch, der Spott der Leute und verachtet von der Gesellschaft. Alle, die mich sehen, verhöhnen mich, sie verziehen ihre Lippen und schütteln den Kopf: ‚Wirf es doch auf Adonai! Ja, der soll ihn retten! Er soll ihn da herausholen, denn er hat ja Gefallen an ihm!' ... Sei nicht fern von mir, denn die Not greift nach mir und es gibt keinen, der hilft. ... Wie Wasser bin ich ausgeschüttet und alle meine Knochen haben sich voneinander gelöst. So wurde mein Herz wie Wachs, es zerschmilzt mir im Innern. Vertrocknet wie eine Tonscherbe ist meine Kraft und meine Zunge klebt an meinem Gaumen, ja, in den Staub des Todes legst du mich. Ja, Hunde haben mich umkreist, eine Horde von Gewalttätern hat mich umzingelt, wie Löwen zerfetzen sie mir Hände und Füße. Alle meine Knochen kann ich zählen. Doch sie, sie starren und gaffen mich an. Sie verteilen meine Kleidung unter sich, sie verlosen, womit ich mich kleidete. Doch du, Adonai, bleib nicht fern! ... Ich will meinen Geschwistern deinen Namen weitersagen, inmitten der Gemeinschaft will ich dich preisen. ... Denn er hat die Not des Armen nicht übersehen und sein Angesicht nicht vor ihm verborgen. Ja, als er zu ihm um Hilfe schrie, hat er ihn erhört."

Das hat Jesus gebetet. Durch dieses Gebet zeigt er, wie eingebettet in die Beziehung zum Vater er auch jetzt noch war, wo alles verloren schien. In der größten Schwäche suchte er die Stärke des Vaters. In der größten Finsternis leuchtete für ihn noch das Licht der Verheißungen Gottes in seinem Wort.

Der Tod

Was dann folgte, ist einfach erzählt. Mit äußerster Nüchternheit berichten die Evangelisten das Sterben Jesu. Es war um die neunte Stunde, also drei Uhr nachmittags. Während auf dem Tempelgelände, das nur einige hundert Meter von Golgatha entfernt lag, die ersten Passahlämmer geschlachtet wurden, starb am Kreuz der, den Johannes der Täufer das „Lamm Gottes" genannt hatte. Noch in seinem Sterben strahlte eine Faszination von Jesus aus. Der römische Offizier, der die Hinrichtung überwachen musste, kam zu dem Schluss: „Wirklich und wahrhaftig, dies war ein durch und durch gerechter Mensch!"[258]

Die Kreuzabnahme

Nun musste schnell gehandelt werden. Am Freitagabend bei Sonnenuntergang brach der Sabbat an, der zudem noch der Beginn des Passahfestes war. Um das Land nicht zu verunreinigen, mussten alle Leichen beerdigt werden. Das galt auch für die, die am Kreuz hingen. So gingen die jüdischen Führer zu Pilatus mit der Bitte, Jesus und den beiden Mitgekreuzigten die Beine durchbrechen zu lassen, damit sie schneller starben und beerdigt werden konnten. Pilatus gab die Erlaubnis. „Da kamen die Soldaten und zerbrachen die Beine des ersten und dann des zweiten von denen, die zusammen mit Jesus ans Kreuz geschlagen worden waren. Sie kamen dann auch zu Jesus. Aber als sie merkten, dass er schon tot war, zerbrachen sie seine Beine nicht."[259] Durch das Zertrümmern der Beinknochen wurde es den Gekreuzigten unmöglich gemacht, sich in ihrem Ringen nach Atem noch länger aufzurichten. Das Körpergewicht hing nur noch in den Armen und der Tod trat sehr schnell ein.

---

[258] Lk 23,47
[259] Joh 19,31-32

Man hat in Jerusalem die Überreste eines Gekreuzigten gefunden, bei dem sich nicht nur ein durch beide Füße getriebener Nagel fand, sondern auch beide Schienbeine durch Schläge zerbrochen waren.[260] So wird archäologisch bestätigt, was Johannes beschreibt. Bei Jesus war es nicht mehr nötig, die Beine zu brechen. Er war schon gestorben. Um ganz sicher zu sein – die römischen Kreuzigungskommandos hafteten mit ihrem eigenen Leben dafür, dass die Gekreuzigten wirklich tot waren –, stach ein Soldat mit einem Speer Jesus in die Seite. Hätte er noch gelebt, hätte frisches Blut herausquellen müssen. Stattdessen hatte sich aber schon serumartiges „Wasser" von den roten Blutklumpen getrennt, ein eindeutiger Beweis dafür, dass Jesus bereits tot war. Nach der durchwachten Nacht, der Geißelung mit ihrem Blutverlust und der Tortur der Kreuzigung nichts Ungewöhnliches.[261]

Die Grablegung

Nun wurde ein heimlicher Freund von Jesus aktiv. Josef von Arimathäa, selbst Mitglied des Hohen Rates, ging zu Pilatus mit der Bitte, ihm den Leichnam Jesu für eine würdige Beisetzung freizugeben. Da ein Gekreuzigter Eigentum des römischen Staates war, war das der richtige Weg. Nachdem Pilatus sich vom tatsächlich eingetretenen Tod Jesu überzeugt hatte, gab er den Leichnam frei. Zusammen mit Nikodemus, ebenfalls ein Ratsmitglied und heimlicher Jünger, brachte Joseph Jesus in seine eigene, erst frisch eingerichtete Familiengruft. Einige der Frauen, die Jesus gefolgt waren, waren dabei. Jesus wurde provisorisch in ein Leintuch eingewickelt und mit wohlriechenden Ölen einbalsamiert. Die richtige Behandlung der Leiche musste bis auf den Tag nach dem Sabbat ver-

---

[260] Vgl. Lohfink a. a. O. S. 77 f.
[261] Joh 19,31-35

schoben werden. Jetzt blieb nichts mehr zu tun, als das Ende des Sabbats abzuwarten.[262]

Der Schlüssel zum Kreuz

Die Fakten des Todes Jesu am Kreuz liegen jetzt klar vor uns. Aber was ist die Bedeutung dieses Sterbens? Inwiefern ist dieser Kreuzestod etwas Besonderes? Denn Zehntausende starben ja in der römischen Zeit am Kreuz. Weshalb soll das Sterben Jesu bedeutsamer sein als irgendein anderer Tod am Kreuz? Dies ist eine wichtige Frage. Der Hinweis auf die Schmerzen, die Jesus erduldet hat, kann diese Frage allein noch nicht beantworten. Sicher, sie waren furchtbar, aber das allein unterscheidet seine Kreuzigung noch nicht von vielen anderen.

Die Antwort liegt nicht in dem Wie des Kreuzestodes, sondern in dem Wer. Hier ist der Schlüssel zum Verständnis dessen, was am Kreuz geschah. Wer war dieser Gekreuzigte? Wir haben die Antwort schon vor Augen: Es war Jesus, der diesen Tod nicht verdient hatte. Jesus, der die Wahrheit gesagt und gelebt hatte, hing jetzt am Kreuz. Ausgestoßen von dem Volk, dem er gedient hatte. Er, der geheilt und geholfen hatte, starb dort einsam, ohne dass einer ihm helfen konnte. Er war der verheißene Messias Israels, auf den Generationen gewartet hatten. Aber es geht

---

[262] Lohfink beschreibt das Grab: „Von dem Grab Jesu können wir uns aufgrund vieler archäologischer Parallelen in und bei Jerusalem und aufgrund der Nachrichten der vier Evangelien ein sehr anschauliches Bild machen: Es lag nahe bei dem Golgotafelsen (Joh 19,41); es war in eines der Felsbänder gehauen, die den aufgelassenen Steinbruch westlich von Golgota durchzogen; es lag in einem Garten (Joh 19,42); es handelte sich um eine Grabkammer mit Bestattungsbänken auf den Seiten; es besaß eine relativ niedrige Türöffnung, durch die man nur gebückt eintreten konnte und die mit einem Rollstein verschlossen wurde (Mk 15,46); es war ein bisher unbenutztes Grab, in das noch niemand gelegt worden war (Mt 27,60; Lk 23,53; Joh 19,41). Wir können also davon ausgehen: Der Leichnam Jesu verbleibt nicht am Kreuz, er wird auch nicht in einem Gemeinschaftsgrab für Verbrecher eingescharrt, sondern er wird in einem Familiengrab beigesetzt, dessen Lage in Jerusalem bekannt ist." a. a. O. S. 81–82.

noch tiefer: Der da am Kreuz starb, war der Sohn Gottes selbst. Er war das Licht, das in die Welt gekommen ist. Er war der, durch den die Welt geschaffen wurde. Er war der „Herr der Herrlichkeit“[263]. Deshalb ist die Kreuzigung Jesu so brisant.

Die Frage: Wer ist der Gekreuzigte?, ist also unumgänglich. Ist er der von Gott Verfluchte, der Möchtegern-Messias, der nun im Scheitern die Quittung für seine Anmaßung erhält? Oder ist er der von Gott Gesandte, und sein Sterben am Kreuz war der letzte Gehorsamsschritt gegenüber dem Vater? So sahen es die ersten Christen, die den Gekreuzigten als Herrn anbeteten.

Auch wir müssen uns für eine der beiden Antworten entscheiden. Fest steht: Jesus wurde am Kreuz hingerichtet. Wenn je ein Ereignis der Antike historisch gesichert ist, dann ist es dieses. Es kann also keiner an der Tatsache des Leidens und Sterbens Jesu am Kreuz vorbei. Aber die Frage, was das bedeutet, muss jeder für sich selbst beantworten. Das Neue Testament gibt uns einige hilfreiche Hinweise. Manche sind schon erwähnt worden. Ich will sie kurz zusammenfassen:

Erfüllung alter Voraussagen

Im Kreuzestod Jesu erfüllen sich jahrhundertealte Voraussagen. Ich habe schon darauf hingewiesen, dass sehr viele Einzelheiten aus Psalm 22 mit der Kreuzigung Jesu übereinstimmen. Die ersten Christen entdeckten in den Schriften des Alten Testaments viele solcher Hinweise auf das Sterben des Messias. Einer der deutlichsten findet sich in dem großartigen Abschnitt im Jesaja-Buch, der das Leiden des Gottesknechtes beschreibt.[264]

Aber auch andere Voraussagen der Propheten lassen an Deutlichkeit nicht zu wünschen übrig. So sagt der Prophet Sacharja über die letzte

263 1. Kor 2,8

264 Jes 52,13–53,12

Zeit, dass Gott über Israel seinen Geist ausgießen wird. „Und sie werden mich ansehen, den sie durchbohrt haben, und sie werden um ihn klagen, wie man klagt um das einzige Kind ..."[265] Diese Prophetie ist bemerkenswert. Denn der hier redet, ist Gott selbst. Und er sagt, dass eines Tages die Nachkommen Davids und die Bürger Jerusalems ihn ansehen und erkennen werden, dass er es ist, den sie durchbohrt haben. Erstaunlich! Diese Voraussage ist inzwischen schon zum Teil eingetroffen: Sie haben ihn durchbohrt – am Kreuz. Der andere Teil ist noch offen: Sie haben ihn noch nicht erkannt, den sie gekreuzigt haben. Jedenfalls nicht das Volk Israel als Ganzes. Die ganze Erfüllung dieser Voraussage steht noch aus.

Es finden sich im Alten Testament viele deutliche Hinweise auf den Kreuzestod Jesu. Das Kreuz ist die Erfüllung alter Voraussagen.

Offenbarung der menschlichen Natur

Am Kreuz zeigt sich auch, was im Menschen ist. Beim Prozess gegen Jesus sitzt nicht nur er auf der Anklagebank. Beim Geschehen um Jesu Kreuzigung offenbart sich die Menschheit in ihrem ganzen Elend. Hier zeigt sich der Mensch in seiner Feigheit und Unehrlichkeit, in seiner Gemeinheit und Erbärmlichkeit. Am Kreuz versagen alle, vielleicht mit Ausnahme der Frauen und eines oder zweier Jünger. Die Kreuzigung von Jesus entwickelt sich für alle Beteiligten zur Offenbarung ihres wahren Wesens. Das ganze Geschehen wird für sie zum Gericht. Der wahre Charakter der Mitspieler dieser Tragödie wird offenbart: Die Verlogenheit der religiösen Führer, die Skrupellosigkeit und Feigheit von Pilatus, die Wankelmütigkeit und Angst der Freunde Jesu und die Schaulust und Schadenfreude des Volkes.

[265] Sach 12,10

Bei der Kreuzigung Jesu zeigt sich – wie bei jedem Unrecht von Menschen gegen Menschen –, dass die schöne These vom grundsätzlich guten Menschen nicht wahr ist. Dass die Menschen nicht automatisch die Wahrheit wollen und tun, wenn sie sie erkennen. Jesus hat einen Justizmord erlitten. Viele Regeln der damaligen Gerichtsbarkeit wurden missachtet und übertreten, nur um Jesus schnell loszuwerden. Und über das hinaus richtet sich eine geballte Ladung an Gemeinheit und Hass auf ihn.

In all dem entfaltet sich, was Johannes am Anfang seines Evangeliums als Überschrift über das Leben Jesu setzt: „Er kam dorthin, wo ihm alles gehörte. Doch die, die ihm gehörten, bereiteten ihm keinen Empfang."[266] Die, die vorgaben, nichts als Gottes Willen verwirklichen zu wollen, waren die Ersten, die Jesus ausschalten wollten. Am Kreuz zeigt sich, wie das menschliche Herz wirklich ist: „Wir wollen nicht, dass dieser Mann als König über uns herrscht!"[267] Wo Gott uns zu nahe kommt, sind wir bereit, alles zu tun, um ihn uns vom Leibe zu halten.

Ein Kampfplatz zwischen den Mächten

Am Kreuz tobte ein Kampf auf Leben und Tod. Die Mächte der Finsternis drangen auf Jesus ein. Die gleiche Versuchung wie am Anfang seines Wirkens stellte sich vor Jesus auf. Damals hatte der Widersacher Gottes versucht, Jesus vom Weg des einfachen Vertrauens und Gehorsams gegenüber seinem Vater abzubringen. Die grundlegenden Versuchungen waren diese drei:

Die erste: Steine aus Brot zu schaffen, also sich selbst zu helfen und nicht auf den Augenblick zu warten, an dem Gott ihm helfen würde. So wäre Jesus der Brotkönig geworden.

---

[266] Joh 1,11
[267] Lk 19,1

Die zweite Versuchung: sich von der Tempelzinne zu stürzen und so Gott zu zwingen, ein Bewahrungswunder vor den Augen der staunenden Menge zu vollbringen. So wäre Jesus zum religiösen Helden und Führer geworden.

Und die dritte Versuchung: niederzufallen vor dem Bösen, dem Fürsten dieser Welt, und von seiner Hand die Weltherrschaft zu empfangen. So wäre Jesus, ohne den Weg ins Leiden zu gehen, zum Bringer des Friedensreichs für die Welt geworden.[268]

Diese Versuchungen sind für Jesus bis zum letzten Augenblick gegenwärtig. Er hätte sich selbst helfen und vom Kreuz steigen können. Er hätte Legionen von Engeln rufen können, ihm zu dienen. Und er hätte die Macht in Israel und der ganzen Welt übernehmen können. Doch er tat es nicht. Denn er hatte sich dazu durchgekämpft, dass nicht sein Wille, sondern der Wille des Vaters geschehe. In diesen Willen hatte er eingewilligt, obwohl es bedeutete, den Kelch des Leidens bis auf den Grund auszutrinken.

Indem Jesus auf Macht und auf Unabhängigkeit vom Vater verzichtete, zerstörte er die Macht des Teufels, dessen Wesen gerade darin besteht, von Gott unabhängig sein zu wollen. Jesus blieb am Kreuz ganz auf der Seite Gottes. Zu keinem Zeitpunkt ließ er sich auf die Gegenseite ziehen. Der Hass seiner Feinde musste sich bei ihm auslaufen. Er betete für die, die ihn ans Kreuz schlugen. Selbst in der extremsten Belastung, mitten in allen Angriffen blieb Jesus so, wie er immer gewesen war: voller Liebe – selbst für seine Feinde. Im Kampf gegen die Mächte der Finsternis siegte er, indem er nicht auf ihre Methoden einschwenkte. Gegen den Hass setzte er Liebe. Gegen die Lüge Wahrheit. Gegen Rebellion Vertrauen und Gehorsam gegenüber dem Vater.

[268] Mt 4,1-11

Ein Ort des Sieges

Deshalb ist das Kreuz Jesu der Ort des Sieges. Hier triumphiert Jesus über den Teufel. Hier erringt er einen kosmischen Sieg über alle Mächte der Finsternis. So sagte es die frühe Kirche: Christus regiert vom Kreuz. So sah es auch Paulus: Am Kreuz nimmt Jesus die widergöttlichen kosmischen Mächte und Gewalten gefangen. Er führt sie wie ein römischer Imperator in einem gewaltigen Triumphzug durch das Weltall und macht ihre ganze Kraftlosigkeit deutlich.[269] Von nun an ist ihm alles untertan. Am Kreuz triumphiert die Ohnmacht Gottes über die Mächte und Gewalten der Finsternis. Am Kreuz siegt die Liebe Gottes über den Hass der Welt. Am Kreuz überwindet der Friedefürst den friedlosen Geist der Lüge und des Mordens. Hier siegt das Leben über den Tod.

Befreiung von Schuld

Am Kreuz wird auch die Schuldfrage gelöst. Dass Schuld existiert, war den Menschen der Antike klar. Sie wussten, dass der Mensch schuldig wird am Nächsten und auch an Gott. Sie waren sich der Unentrinnbarkeit ihres Handelns bewusst: Was ein Mensch getan hat, kann er nie mehr zurückholen oder ändern. Das böse Gerücht, das ausgestreut wurde, kann niemand mehr einsammeln. Nichts Vergangenes kann ungeschehen gemacht werden.

Schuld ist eine Realität. Das wussten auch die Menschen in Israel. Sie hatten das Gesetz Gottes empfangen. Ihr Gewissen war geschärft für Gottes heiligen Willen. Sie kannten die Gebote und wussten, dass Gott ein heiliger Gott ist, ein verzehrendes Feuer, vor dem sie nicht bestehen können. Gottes Urteil war gerecht. Mit jedem Opfertier, das als Sündopfer

---

[269] Kol 2,14-15; vgl. Roland Werner: Jesus bedeutet Freiheit. Die Botschaft des Kolosserbriefs für junge Leute. Aussaat 1989. S. 72–74.

geschlachtet wurde, bestätigten sie: Eigentlich haben wir das Recht auf Leben verwirkt. Unsere Schuld verdient die Strafe eines heiligen Gottes. Und Gott kann nicht über Unrecht hinweggehen, als sei es nicht geschehen. Weil er gerecht und heilig ist, muss er richten.

Doch jetzt kommt Jesus, der Sohn Gottes. Er ist selbst der Richter. Der Menschensohn, dem der Vater alles übertragen hat. Und er nimmt selbst die Schuld auf sich. Am Kreuz stirbt er unseren Tod. Es ist, als träte der Richter nach der Urteilsverkündung an die Stelle, wo der Angeklagte steht. Er nimmt das Urteil auf sich selbst. „Gott war im Messias und hat die gesamte Welt mit sich selbst versöhnt und hat ihnen ihre Übertretungen nicht angerechnet."[270] Das ist das Zentrum des Kreuzesgeschehens: Der hier am Kreuz hängt, ist der Herr der Welt. Gott löst die Schuldfrage, indem er sich die Schuld selbst auflädt. Das ist gemeint mit der Stellvertretung Jesu am Kreuz. Es ist kein Dritter, kein Fremder, der hier stellvertretend für die Menschen stirbt. Es ist Gott selbst in Christus. Die Auswirkungen dieses Todes sind unermesslich: „Die Strafe liegt auf ihm, auf dass wir Frieden hätten, und durch seine Wunden sind wir geheilt."[271]

Ein Ort der Identifikation

So ist das Kreuz auch der Ort der völligen Identifikation. Am Kreuz steigt Gott in unsere Situation ein. Er identifiziert sich ganz mit uns. Der jenseitige Gott kommt in die Welt und wird ein Mensch wie wir. Er kennt das Leben des Menschen aus eigener Erfahrung. Er hat es am eigenen Leib erlebt. Und er weiß, was Sterben heißt. Er bleibt nicht fern. Der Satz eines islamischen Schriftstellers: „In der Erfahrung des Todes ist der Mensch

[270] 2. Kor 5,19
[271] Jes 53,5

selbst Gott überlegen!“, stimmt eben nicht. Jesus am Kreuz ist Gottes Offenbarung.

Hier erfüllt sich der prophetische Name für Jesus: Immanuel – Gott mit uns. Gott ist ganz nahe gekommen. Bis in den Tod kommt er uns nahe. Nun gibt es nichts mehr, keinen Bereich des Lebens, in dem Gott uns nicht nahe sein kann. So deutet auch der Hebräerbrief das Geschehen am Kreuz: Hier geschieht die völlige Identifikation. „Aus diesem Grund musste er auch in jeder Hinsicht seinen Schwestern und Brüdern gleich werden. Dadurch hat sich seine barmherzige Anteilnahme noch weiter entwickelt. Er erwies sich als vertrauenswürdiger oberster Priester, der sich auf Gott ausgerichtet hat und die Schuld des Volkes auslöschte. In den Lebenslagen, in denen er selbst Versuchungen erlitten hat, kann er auch denen helfen, die Versuchungen erleben.“[272]

So ist das Kreuz zu Recht Zentrum der christlichen Verkündigung. Ob es in die jeweilige Zeitstimmung passt oder nicht. Die Bedeutung des Kreuzes hängt nicht daran, wie populär es ist. Sondern an der Frage, ob Gott sich hier offenbart oder nicht. So sah es auch Paulus: „Doch wir geben überall öffentlich die Nachricht vom Messias weiter, von ihm, der am Kreuz hingerichtet wurde. Für die Juden ist das ein unerhörter Skandal und für die nichtjüdischen Völker einfach Unsinn. Doch für die von Gott Berufenen, seien sie nun Juden oder Angehörige anderer Völker, verkündigen wir den Messias als gewaltige Kraft Gottes und als unüberbietbare Weisheit Gottes. Denn es ist so: Die scheinbare Dummheit Gottes ist viel weiser als die Menschen, und die scheinbare Schwachheit Gottes ist viel stärker als die Menschen.“[273] So ist das Kreuz von Jesus gleichzeitig Ort der größten Schwachheit und der größten Kraft. Und von der Kraft, die im Kreuz freigesetzt wurde, handelt das nächste Kapitel.

---

[272] Heb 2,17-18; siehe auch Heb 4,15-16
[273] 1. Kor 1,23-25

7. Jesus: Auferstehung und Neuanfang

Denn er wurde aufgrund seiner Schwachheit gekreuzigt, aber er lebt aus der Kraft Gottes.[274]

War mit dem Kreuz alles aus? Ist das Grab das Letzte, was wir von Jesus wissen? Ist die Sache Jesu eben doch gescheitert? War letztlich alles umsonst?

Die Tatsächlichkeit der Auferstehung

Die ersten Christen lebten mit dieser Gewissheit: Jesus ist auferstanden. Er lebt. Als Paulus im Jahr 50/51 n. Chr. in Athen auf dem Areopag predigte, redete er ständig von Jesus und seiner Auferstehung.[275] Wie in der Apostelgeschichte berichtet, wurde er offensichtlich ziemlich missverstanden. Seine Zuhörer dachten, er verkündigte ihnen ein neues Götterehepaar, so wie es viele im griechisch-römischen Götterhimmel gab. Jesus und Anastasis – das griechische Wort für Auferstehung –, das hörte sich ähnlich an wie Zeus und Hera oder Apollo und Aphrodite. Aber Paulus sprach nicht von einer neuen Göttin namens Auferstehung, die vielleicht irgendeine Frühlingsgottheit darstellen sollte, sondern von einem geschichtlichen Ereignis: der tatsächlich geschehenen Auferstehung des Jesus von Nazareth.

Das war für die Athener unerhört. Zumal das, was dieser Paulus berichtete, nicht in legendärer, mythischer Vorzeit geschehen sein sollte, sondern erst vor ungefähr zwanzig Jahren! Das klang für sie vollkommen verrückt. An die Unsterblichkeit der Seele zu glauben, war für keinen

---

[274] 2. Kor 13,4
[275] Apg 17,16-34

Griechen ein Problem. Die Seele war nach antiker Auffassung ja sowieso im Gefängnis des Körpers eingeschlossen und sehnte sich danach, von diesen Fesseln befreit zu werden. Aber die Auferweckung eines toten Menschen, den Körper eingeschlossen, das war für sie vollkommen unvorstellbar! Eine Art geistige Auferstehung, vielleicht, darüber könnte man diskutieren, aber keine wirkliche, auch leibliche Auferweckung eines toten jüdischen Lehrers, der zudem noch am Kreuz geendet war!

Aber genau das verkündete Paulus. Deshalb war er, der Verfolger der neu entstandenen christlichen Gemeinde, überhaupt selbst Christ geworden: Er hatte eine Begegnung mit dem auferstandenen Jesus gehabt. Diese Begegnung hatte ihn förmlich aus der Bahn geworfen und sein ganzes Leben in eine neue Richtung gebracht. Er hatte seine Karriere als Professor in Theologie und göttlichem Recht in Jerusalem an den Nagel gehängt und war der Partei der verfolgten Christen beigetreten. So sehr er früher versucht hatte, die christliche Bewegung niederzuknüppeln, so sehr war er nun von dieser Überzeugung erfasst: Jesus ist auferstanden! Er lebt! Und seitdem hat die Weltgeschichte ein anderes Gesicht bekommen.

Die große Überraschung

Aus den Evangelien wird deutlich, dass die Jünger Jesu mit allem rechneten, nur nicht mit einer Auferstehung.[276] Die Frauen, die am frühen Morgen des ersten Wochentags zum Grab liefen, wollten dem toten Jesus noch die letzte Ehre erweisen. Sie waren schwer beladen mit Salben und wohl-

[276] Im Weiteren beziehe ich mich auf folgende Kapitel: Mt 28; Mk 16; Lk 24; Joh 20-21. Eine hervorragende Zusammenschau der Evangelienberichte über die Ereignisse um die Auferstehung Jesus liefert John Wenham, Neutestamentler in Oxford, in seinem Buch: Das Rätsel Ostern. Was zwischen Karfreitag und Ostersonntag wirklich geschah. Wiesbaden 1985. Engl. Originaltitel: The Easter Enigma. Exeter 1984.

riechenden Kräutern, um den Leichnam damit einzubalsamieren. Er sollte ihnen auf diese Weise doch noch einige Jahrzehnte erhalten bleiben!

Während die Frauen also mit der Einrichtung eines Jesus-Mausoleums beschäftigt waren, versuchten die Männer sich auf ein Leben ohne ihren Meister einzustellen. Hoffnungslos und verzweifelt saßen sie hinter verschlossenen Türen zusammen. Sie wussten nicht, wie es weitergehen sollte. Manche von ihnen machten sich schon auf den Weg zurück in ihre Heimatorte. Sie hatten alles auf eine Karte gesetzt und nun hatte sie sich scheinbar als Niete erwiesen. Die Hoffnungen, die die Jünger mit Jesus verbunden hatten, dem Messias, dem Befreier, waren vollkommen vernichtet. Sie erwarteten nichts mehr. Jetzt war ihr Anliegen nur noch, sich zu verstecken, damit die, die Jesus ans Kreuz gebracht hatten, sie nicht auch noch gefangen nehmen und hinrichten konnten.

Es gab also bei den Jüngern, wie manchmal behauptet wurde, nach der Katastrophe des Kreuzes keine psychologische Vorbereitung auf die Auferstehung. Es ist nicht so, dass die Freunde von Jesus so stark an die Auferstehung glaubten, dass sie sie sich irgendwann einbildeten. Diese Annahme eines psychologischen Selbstbetrugs hat überhaupt keine Grundlage in den Fakten. Und eine psychologisch erarbeitete Auferstehungsüberzeugung hätte gewiss nicht dem Druck standgehalten, den die Jünger genau dafür erlebten.

Nein, nach allem, was wir wissen, waren die Freunde Jesu selbst vollkommen überrascht und überwältigt, als sie erfuhren: Jesus lebt! Er ist auferstanden! Das hatten sie als allerletztes erwartet.

Legende oder Tatsache?

Können wir heute die Auferstehung als historisch ansehen? Viele wollen den christlichen Glauben bewahren, ohne die Auferstehung als tatsächlich geschehen anzusehen. Sie sagen zum Beispiel, dass es gar nicht so wichtig sei, ob Jesus tatsächlich auferstanden ist, sondern dass Kreuz und Auferstehung als Grundprinzip zusammengehören. Oder dass der Osterglaube darin bestanden habe, dass die Jünger begriffen haben, dass der Gekreuzigte zugleich der Auferstandene ist. Natürlich, so heißt es dann, sei Jesus nicht im eigentlichen, wörtlichen, historischen Sinne auferstanden. Das Wichtige sei, dass die Sache Jesu weiterginge. Und vor allem sei es gar nicht bedeutend, ob er wirklich auferstanden ist, da der Glaube nicht der Krücken der Historie bedürfe. Wesentlich sei nur, dass Jesus in der Verkündigung der Gemeinde gegenwärtig sei und dass ihn die Glaubenden dann als gegenwärtigen Helfer und Herr auch über den Tod erfahren.

Ehrlich gesagt fällt es mir schwer, solche widersinnigen Aussagen zu verstehen. Und ich denke, vielen Zeitgenossen geht es genauso. Manche dieser auf den ersten Blick gut klingenden Formulierungen ergeben bei Licht besehen überhaupt keinen Sinn. Wie soll man sich das vorstellen, dass ein toter Jesus Herr über den Tod ist? Oder inwieweit ist Jesus dann noch etwas Besonderes und anderes als zum Beispiel Goethe oder Karl Marx, die auch in ihren Werken und der Verehrung und Erinnerung der Nachwelt „weiterleben"? Wenn Jesus nur in der Verkündigung und Vorstellung der christlichen Kirche lebt, dann ist das völlig belanglos. Dann ist der christliche Glaube ohne Fundament und bestenfalls eine vorübergehende kulturelle Erscheinung. Dann sind alle Kirchen nichts mehr als nur Erinnerungsstätten an einen toten Jesus. Und der kann mir heute in meinen Problemen nicht helfen.

Hier ist eine wirkliche Alternative. Die ersten Christen haben dies auch deutlich gesehen. Sie waren nicht bereit, ihr Leben auf eine Legende oder schöne Geschichte von einer Auferstehung zu gründen, die nie stattgefunden hat. Paulus hat diese Alternative klar ausgedrückt. In seinem ersten Brief an die Gemeinde in Korinth, den er im Jahr 54/55 n. Chr. schrieb, zeigt er, wie zentral für ihn und die ersten Christen die Tatsächlichkeit der Auferstehung Jesu war, und dass es nichts hilft, sich an dieser Stelle etwas in die Tasche zu lügen:

„Wenn nun der Messias nicht auferweckt wurde, dann ist unsere Botschaft in der Tat bedeutungslos und auch euer Glaube hat keinen wirklichen Inhalt. Und dann wären wir ja Leute, die falsche Aussagen über Gott machen! Denn wir würden dann behaupten, dass Gott den Messias wieder zum Leben erweckt habe, was er in Wirklichkeit gar nicht getan hätte! ... Und wenn der Messias nicht zum Leben auferweckt worden ist, dann ist euer gesamter Glaube ohne Bedeutung und ihr seid immer noch in eurer Lebensschuld gefangen! Dann sind folgerichtig auch die, die im Vertrauen auf den Messias gestorben sind, noch außerhalb der lebensschaffenden Beziehung zu Gott. Wirklich, wenn wir nur in diesem Leben unsere Hoffnung auf den Messias gesetzt haben, dann sind wir unter allen Menschen die, die am meisten zu bemitleiden sind! Doch jetzt ist es so: Der Messias ist auferstanden, als Erster von allen, die gestorben sind."[277]

Für Paulus gibt es hier keinen Zweifel: An der Tatsächlichkeit der Auferstehung Jesu hängt alles. Wenn das nicht wahr ist, so ist der ganze Glaube nichtig, leer, bedeutungslos. Dann sind die Christen verrückt und getäuscht. Denn sie setzen ihr Vertrauen für die Zeit ihres Lebens und auch danach auf einen Jesus, der als Toter nichts mehr ausrichten kann. Dazu wäre Paulus jedenfalls nicht bereit gewesen. Er ist vom Christenverfolger zum Weltmissionar geworden, weil er dem auferstandenen Jesus begegnet ist. Das gab seinem Leben eine neue Richtung. Die Anhänger eines von ihm tot geglaubten, gekreuzigten Messiasanwärters hatte er gejagt und gefangen genommen. Als er aber dem lebendigen Jesus begegnete, wurde sein Leben ganz neu.

Das Fundament des Glaubens

Und das war seine Botschaft: dass Jesus auferstanden ist. Er war von dieser Tatsache so sehr erfasst, dass er ständig davon sprach. Auf seiner zweiten Missionsreise kam er nach Athen. Die gebildeten Griechen, die Ihn auf dem Areopag hörten, hatten ihn am Anfang missverstanden. Wie

[277] 1. Kor 15,14-20

wir schon gesehen haben, meinten sie zuerst, er verkündige ihnen ein neues Götterpaar: Jesus und die Auferstehung. Doch selbst auf die Gefahr des Missverständnisses hin hörte Paulus nicht auf, die Anastasis, die Auferstehung von Jesus, in den Mittelpunkt zu rücken. Sie war für ihn der große Grundstein des christlichen Glaubens.

Weil Jesus auferstanden ist, ist mit dem Tod nicht alles aus. An dieser einen Stelle ist die Macht des Todes ein für alle Mal durchbrochen. Denn die Auferstehung bedeutet: Einer ist stärker als der Tod – Jesus Christus. Deshalb hat Leben Sinn, auch über die Dimension dieser Weltzeit hinaus. Weil Jesus auferstanden ist, ist unser Leben nicht vergeblich. Gott hat in der Auferweckung Jesus bestätigt. Die Auferweckung ist das Siegel auf dem Leben Jesu. Jetzt ist endgültig klar, dass Jesus der Weg, die Wahrheit und das Leben ist.

Wege der Gewisswerdung

Wie können wir heute wissen, ob es wahr ist? Denn davon hängt unwahrscheinlich viel ab. Wenn Jesus auferstanden ist, dann ist er letzte Realität. Dann lebt jeder unrealistisch, an der Realität vorbei, der nicht mit dieser Auferweckung Jesu rechnet. Deshalb ist diese Frage so brisant. Wie können wir uns einer Antwort nähern? Wie können wir heute wissen, ob die Auferstehung Jesu ein Fakt oder nur eine Fiktion, eine fromme Erfindung ist?

Es gibt verschiedene Arten des Wissens. In den unterschiedlichen Bereichen der Wirklichkeit gehen wir auch unterschiedliche Wege, um uns eines Tatbestandes gewiss zu werden. Da gibt es zunächst den naturwissenschaftlichen Weg. Er hängt von der Wiederholbarkeit eines Experiments ab. Jedes Mal, wenn ich die gelbe und die blaue Flüssigkeit zusammengieße, entsteht etwas Grünes. Das kann ich beliebig oft wiederholen. Das ist naturwissenschaftliches Wissen. Es gründet sich auf beobachtete Vorgänge, die als Regelmäßigkeiten erscheinen. Diese Regelmäßigkeiten des Verhaltens nennen wir Naturgesetze. Da die Auferstehung Jesu jedoch ein einmaliges Ereignis ist, das nicht beliebig wiederholt werden kann, kann ich mich ihr nicht naturwissenschaftlich nähern.

Die zweite Art der Gewisswerdung besteht in der Erfahrung. Dieses Erfahrungswissen läuft etwa folgendermaßen: Ich habe die Erfahrung gemacht, dass jeden Freitagnachmittag die Autobahnen um Frankfurt überlastet sind und ein langer Stau entsteht. Es ist auch ein Erfahrungswert, dass sich meine Eltern zwischen zwei und drei Uhr zu einem kurzen Mittagsschlaf hinlegen. Aber dieses Erfahrungswissen ist nicht absolut. Es könnte zum Beispiel sein, dass alle Autofahrer gleichzeitig Grippe haben und zu Hause bleiben oder alle Überstunden machen und der Stau erst in den Abendstunden entsteht, sodass ich am Freitagnachmittag um Frankfurt freie Fahrt habe. Und dass meine Eltern Gäste bekommen und deshalb der Mittagsschlaf ausfällt. Erfahrungswissen ist eine Art Faustregel, mit der ich leben kann. Ich kann nicht jeden Stuhl naturwissenschaftlich untersuchen, ob er auch hält, bevor ich mich auf ihn setze. Und das brauche ich auch nicht. Denn in den meisten Fällen war es bisher meine Erfahrung, dass der Stuhl hält. Die meisten Faktoren im Leben sind so vielschichtig und unkontrollierbar, dass man nicht von Gesetzmäßigkeiten und Regeln, sondern nur von Wahrscheinlichkeiten sprechen kann. Viele unserer Überzeugungen beruhen auf solchem Erfahrungswissen.

Die dritte Art des Wissens ist das persönliche Wissen. Dabei liegt die Voraussetzung in mir selbst, in meiner Person. Das geht etwa so: Ich weiß, dass ich dich lieb habe. Das ist einfach so. Auch wenn die Erfahrung manchmal in eine andere Richtung weist, nämlich dass ich nicht immer lieb zu dir bin. Dennoch ist es so. Das kann ich auch nicht naturwissenschaftlich nachweisen. Das ist nicht mehr hinterfragbar. Persönliches Wissen entsteht vor allem in der Begegnung. Menschen treffen aufeinander, sie verstehen sich und finden zueinander. Ihr Wissen voneinander gründet sich nicht nur auf Erfahrungen, die sie miteinander machen. Auch negative Erfahrungen miteinander können das persönliche Wissen nicht angreifen, dass sie einander lieben.

Die vierte Art der Gewisswerdung ist das geschichtliche Wissen. Es unterscheidet sich vom naturwissenschaftlichen darin, dass man niemals „natur wissenschaftlich“ beweisen kann, dass ein Ereignis in der Geschichte stattgefunden hat. Denn es ist nicht beliebig wiederholbar. Die verschiedenen Ereignisse und Faktoren können nie wieder genauso hergestellt werden. Es gibt kein Experiment, das genau die Situation von damals wiederholen kann. Woher weiß ich, dass Julius Cäsar gelebt hat, oder dass Kleopatra und Marcus Antonius ein Verhältnis hatten? Ich kann das niemals naturwissenschaftlich beweisen. Ich kann es aber dennoch wissen, jedoch nur aufgrund von Indizien, von Hinweisen. Es gibt Spuren in der Geschichte, zum Beispiel Aufzeichnungen oder archäologisch gefundene Objekte, die Auskunft geben über das Leben von historischen Personen. Es finden sich Auswirkungen, die wiederum auf das Ereignis zurückschließen lassen. Wo sich kreisförmige Wellen in einem Teich ausbreiten, können wir darauf schließen, dass ein Gegenstand ins Wasser gefallen sein muss.

Ein historisches Ereignis kann ich also nur erschließen anhand der Hinweise, die darauf deuten, und der Auswirkungen, die noch zu verspüren oder zu sehen sind. So arbeitet jeder Historiker. So arbeitet auch ein Gericht: Von den Indizien und den Zeugenaussagen her versucht es, ein möglichst genaues Bild des Geschehens zu erhalten. So leben wir auch im Alltag. Ständig ziehen wir Rückschlüsse auf Ereignisse, bei denen wir selbst nicht anwesend waren. Geschichtliches Wissen ist also notwendigerweise immer indirektes, erschlossenes Wissen.

Ein Ereignis in der Geschichte

So verhält es sich auch mit der Auferstehung Jesu Christi. Die Auswirkungen sind noch heute spürbar in der Existenz der christlichen Kirche. Und die Hinweise, die Indizien sprechen ebenfalls eine deutliche Sprache. Wir können ihrer gewiss werden, auch wenn wir selbst nicht dabei waren. Die Indizien sprechen für die Tatsächlichkeit der Auferstehung von Jesus. Bevor wir uns sie jedoch im Einzelnen anschauen, wollen wir kurz die hauptsächlichen Einwände gegen die Auferstehung bedenken.

Einwände gegen die Auferstehung

In meinen Gesprächen mit Menschen und auch in Büchern entdecke ich grundsätzlich zwei Einwände.

Der erste lautet: So etwas kommt nicht vor!

Nun stimmt es, dass Auferstehungen nicht zu unserer alltäglichen Erfahrung gehören. Das behauptet das Neue Testament auch gar nicht. Vielmehr wird sie dort als etwas Unerhörtes, Unerwartetes beschrieben, als ein einzigartiges Ereignis, das allerdings Auswirkungen auf alle hat. Aber genau hier liegt das Problem vieler Menschen. Sie sagen: Etwas muss mehr als einmal geschehen, damit wir es als geschehen, als geschichtlich akzeptieren können. Die Auferstehung von den Toten als einmaliges Ereignis kann es nicht gegeben haben und wird es auch niemals geben! Etwas vornehmer ausgedrückt: Die Auferstehung Jesu hat in der Geschichte keine Analogie, keine Entsprechung. Also kann sie nicht geschehen sein. Das wird zum theoretischen Prinzip und unumstößlichen Dogma erhoben.

Aber stimmt das wirklich, dass es analogielose, also nur einmal geschehene Ereignisse nicht geben kann? Ich möchte das grundsätzlich infrage stellen. Denn beim Nachdenken entdecke ich zumindest noch ein weiteres Ereignis, das nur einmal vorgekommen ist: die Entstehung beziehungsweise Schöpfung der Welt. Die Welt – das Universum – ist zu einem bestimmten Zeitpunkt in die Existenz gekommen. Das muss ich grundlegend annehmen. Und diese Weltentstehung ist ein einmaliges, beispielloses Geschehen. Alle anderen theoretischen Denkmöglichkeiten sind letztlich nur Spekulationen. Der Satz stimmt also nicht, dass es ein analogieloses Ereignis nicht geben kann, dass es nicht denkbar ist. Es ist nicht nur denkbar, es ist sogar geschehen. Darüber hinaus können wir noch viele analogielose Ereignisse feststellen. Die Geburt jedes einzelnen Menschen ist unwiederholbar. Jeder einzelne Mensch ist ein absolutes Original und nicht reproduzierbar.

Man könnte sogar so weit gehen zu sagen, dass die ganze Geschichte aus analogielosen Ereignissen besteht, die in manchen Strukturen einander ähnlich sind, aber nie völlig miteinander identisch. Spätestens diese Überlegung macht der philosophischen Behauptung, es könne die Auferstehung von Jesus nicht gegeben haben, weil es kein anderes entsprechendes, analoges Ereignis gibt, den Garaus.

Doch abgesehen von solchen theoretischen Überlegungen ist es auf jeden Fall so, dass es zumindest ein analogieloses Ereignis neben der Auferstehung Jesu gegeben hat: die Schöpfung der Welt. Und der Hinweis auf diese Analogie passt, denn mit der Auferweckung Jesu beginnt nach Aussage der Bibel eine neue Schöpfung. So wie Gott in einem grundlegenden Schöpfungsakt die Welt ins Dasein rief, so hat er in einem zweiten Schöpfungsakt Jesus auferweckt und damit ein unvergängliches Leben geschaffen, dem der Tod nichts mehr anhaben kann.

Der zweite Einwand gegen die Auferstehung Jesu lautet: Ich kann mir das nicht vorstellen!

Dieser zweite Einwand hängt eng mit dem ersten zusammen. Die Auferstehung passt nicht in unseren geistigen Horizont. Weil sie nicht jeden Tag vorkommt, lehnen manche sie grundlegend ab. Nun ist dieser Einwand bei Licht besehen ziemlich schwach. Vieles übersteigt unseren Erfahrungs- und Verständnishorizont und verhält sich dennoch so. Wer seine eigene Erfahrung zum Maßstab der Wirklichkeit macht, der kommt nicht weit. Der Horizont eines einzelnen Menschen ist naturgemäß sehr beschränkt. Kein Mensch kann alles erfahren und erleben, was erfahrbar ist. Ebenso ist das Verstehen eines Menschen sehr beschränkt. Viele Vorgänge in der Welt lassen sich nicht in die engen Grenzen einer lückenlosen rationalen Analyse einbinden. Dass wir uns im jetzigen Zeitpunkt der Geschichte etwas vorstellen oder nicht vorstellen können, sagt nicht viel aus über den Gegenstand, mit dem wir uns befassen. Wir müssen deshalb andere Wege der Gewisswerdung finden und uns nicht von theoretischen oder persönlichen Vorurteilen bestimmen lassen. Deshalb wollen wir einen anderen Weg gehen und uns die Hinweise, die Indizien für die Auferstehung Jesu einzeln anschauen.

Indizien für die tatsächlichkeit der Auferstehung

Ich bin überzeugt, dass die Indizien für die Auferstehung, wenn sie zusammen betrachtet werden, sehr stark dafür sprechen, dass sie tatsächlich stattgefunden hat. Wenn man alle Fakten und Faktoren bedenkt und nach einer plausiblen Lösung sucht, so ist die tatsächliche Auferstehung Jesu die bestmögliche. Mir ist klar, dass niemand nur aufgrund eines Indizienbeweises für die Auferstehung zum Glauben an den lebendigen Jesus kommt. Aber ich denke schon, dass viele der landläufigen Vorbehalte und Einwände, wenn man sie genau untersucht, nicht standhalten können. Und dass wir auf der Ebene des Denkens zumindest so weit kommen können, dass uns die Auferstehung Jesu möglich und sogar wahrscheinlich wird. Der Schritt zur letzten Gewissheit wird allerdings eine persönliche Begegnung mit der Wirklichkeit des Auferstandenen erfordern. Auf dem Weg des Denkens und der Indizienprüfung können wir nur das Vorfeld frei räumen.

Was sind nun die Indizien für die Geschichtlichkeit der Auferstehung Jesu von den Toten? Wie können wir uns der historischen Ebene nähern?

Vom Sabbat zum Sonntag

Die ersten Christen waren alle fromme Juden. Sie waren aufgewachsen in der alttestamentlichen Tradition. Seit frühester Jugend kannten sie die Gebote, auch das Sabbatgebot. „Gedenke des Sabbattages, dass du ihn heiligst."[278] Ebenso heißt es: „Haltet meine Sabbate; denn das ist ein Zeichen zwischen mir und euch von Geschlecht zu Geschlecht, damit ihr erkennt, dass ich der HERR bin, der euch heiligt."[279] Der siebte Tag, der Schabbat (Ruhetag, abgeleitet vom hebräischen Wort *schab- bat* „an-

[278] 2. Mo 20,8-11
[279] 2. Mo 31,13

halten, ruhen“), erinnerte daran, dass Gott nach der Schöpfung von all seinen Werken geruht hat. Der Sabbat war und ist ein Grundstein des jüdischen Glaubens und Lebens. Wer den Sabbat hält, freut sich über das vollbrachte Werk Gottes in der Schöpfung.

In der römischen Welt gab es keine Siebentagewoche. In Israel aber war der siebte Tag Gott heilig. Mit großem Eifer wachten die Frommen darüber, dass der Sabbat wirklich geheiligt, das heißt, genau beachtet wurde. Viele Zusatzbestimmungen waren dem Sabbatgebot beigefügt worden, um so einen „Zaun um das Gesetz“ zu bauen. Viele waren damals in Israel der Überzeugung, dass der Messias dann endlich kommen würde, wenn das ganze Volk nur ein einziges Mal wirklich den Sabbat halten würde. Deshalb war der Einsatz für die Heiligung des siebten Tages ein wichtiger Baustein des religiösen Lebens in Israel. In dieser Welt lebten die ersten Christen in Israel, die ausnahmslos Juden waren, und dazu noch fromme Juden.

Plötzlich aber fingen sie an, neben dem Sabbat den ersten Tag der Woche besonders zu ehren. Dies ist nicht eine spätere Erfindung, sondern ist schon im Neuen Testament belegt.[280] Was ist geschehen, dass auf einmal ein neuer Tag wichtiger wird als der Sabbat? Wie kommen Juden, die ihr Leben lang auf den Sabbat ausgerichtet waren, dazu, auf einmal den ersten Tag der Woche zu feiern? Die Antwort ist klar: Am ersten Tag ist Jesus auferstanden. Das ist das Grundereignis. Das ist der Anfang der neuen Schöpfung. So wie der siebte Tag an die Vollendung der ersten Schöpfung erinnerte, so feierten die Christen den Anfang einer Neuschöpfung am ersten Tag. Es ist das Ereignis der Auferstehung Jesu am Tag nach dem Sabbat, das diese grundlegende Veränderung bewirkt hat.

---

[280] Vgl. Joh 20,19; Apg 20,7; 1. Kor 16,2

Das leere Grab

Ein weiteres starkes Indiz für die Auferstehung Jesu ist das leere Grab. An der Tatsache des leeren Grabes zweifelte damals niemand. Weder die Freunde Jesu noch seine Gegner, die jüdische Führungsschicht, noch die römische Staatsmacht. Es war nicht möglich, ein Jesus-Mausoleum einzurichten, weil der Körper am Sonntag nicht mehr in dem Grab war, in das er am Freitagabend gelegt worden war. Nun gibt es theoretisch vier Möglichkeiten, das leere Grab zu erklären.

Erstens: Jesus ist auferstanden.

Zweitens: Der Leichnam wurde geraubt.

Drittens: Jesus war gar nicht tot, sondern hat sich selbst befreit und ist an einen unbekannten Ort weggewandert.

Viertens: Die Jünger haben sich im Grab geirrt.

Wir wollen uns diese Denkmöglichkeiten im Einzelnen anschauen.

Falsche Adresse?

Möglichkeit 4 – die Jünger haben sich im Grab geirrt – können wir sofort zu den Akten legen. Solch ein Irrtum wäre sofort aufklärbar gewesen. Als die Christen wenige Wochen nach der Kreuzigung anfingen, öffentlich von der Auferstehung Jesu zu reden, hätte die jüdische Tempelverwaltung einfach zu sagen brauchen: Schaut mal im Nachbargrab nach! Ihr habt euch in der Adresse geirrt! Und die ganze christliche Bewegung hätte sich in nichts aufgelöst.

Wiedererwachen im kühlen Grab?

Ebenso steht es mit Möglichkeit 3 – Jesus war gar nicht tot –, die eigentlich eine Unmöglichkeit ist. Wie wir schon gesehen haben, überlebte keiner eine Kreuzigung. Die römischen Hinrichtungskommandos mussten mit ihrem eigenen Leben dafür einstehen, dass die Verurteilten auch wirklich am Kreuz starben. Die Scheintodtheorie, die in neuerer Zeit immer wieder einmal aufgewärmt wird, lässt sich angesichts der historischen Tatsachen nicht aufrechterhalten.

Aber selbst, wenn Jesus nicht ganz tot gewesen wäre, als er vom Kreuz abgenommen wurde, so ist dennoch unvorstellbar, dass er sich selbst aus dem Grab befreit hätte. Geschwächt nach einer durchwachten Nacht mit Gefangennahme, mehreren Verhören, einer Geißelung, an deren Folgen viele schon starben, nach Stunden am Kreuz mit dem einhergehenden Blutverlust ist es einfach undenkbar, dass er sich selbst aus dem Grab befreit haben soll. Selbst wenn er sich aus den Binden und Tüchern hätte herausschälen können, in die er eingewickelt war, wäre noch die Schwierigkeit gewesen, aus dem Grab zu kommen. Wir kennen Felsengräber in Jerusalem aus der Zeit Jesu. Ein mühlsteinähnlicher Verschlussstein wurde von der Seite in eine Mulde vor der Graböffnung gerollt. Innen gab es keine Griffe oder Hebel, ihn zur Seite wegzurollen, denn das war nicht vorgesehen, dass jemand von innen nach außen kam! Ist es denkbar, dass ein halb toter Jesus, gerade wieder zu Bewusstsein gekommen, einen Stein, den mehrere Frauen befürchteten, nicht entfernen zu können, von innen zur Seite wegrollen konnte? Ist es denkbar, dass er überhaupt so weit hätte gelangen können, ohne bemerkt zu werden?

Und wenn er das alles zustande gebracht hätte, wäre es vorstellbar, dass die Jünger diesen halb toten Jesus als Überwinder des Todes angesehen hätten, in dessen Namen sie in aller Welt die Nachricht verkündigten, dass er der Messias ist? Dass sie Jesus als auferstandenen Herrn der Herren angesehen hätten und nicht vielmehr als einen Menschen, der noch einmal Glück gehabt hat und, wenn auch zerschunden und zerbrochen, noch ein paar Jährchen in irgendeinem Versteck weiterleben darf? Nein, die Scheintodtheorie scheitert an allen Ecken und Kanten der Geschichte.

Raub des Leichnams?

Möglichkeit 2 – der Leichnam wurde geraubt – scheint da auf den ersten Blick etwas ernster zu nehmen zu sein. Aber wer hätte ein Interesse gehabt, den toten Körper von Jesus zu entfernen? Die Römer nicht. Ihnen gehörte der Leichnam nach römischem Recht sowieso. Als Ordnungsmacht war es ihr oberstes Anliegen, die Ruhe in Jerusalem wiederherzustellen. Ein unklarer Verbleib des toten Jesus hätte nur noch für mehr Unruhe gesorgt. Die Römer hätten außerdem kein Motiv gehabt, selbst den Leichnam zu entwenden. Sie scheiden also aus.

Ähnlich ist es mit den jüdischen Führern. Abgesehen davon, dass es überhaupt keine historischen Hinweise darauf gibt und auch ihnen das Motiv fehlte, hätten sie spätestens beim Entstehen der christlichen Gemeinde wenige Wochen später den Leichnam Jesu durch die Straßen Jerusalems tragen lassen können, um so ein für alle Mal die Behauptung zu stoppen, dass Jesus lebt.

Bleiben also die Jünger. Selbst wenn ihnen der Raub gelungen wäre: Ist es wirklich denkbar, dass sie alle ein Leben lang, bei den meisten bis zum Märtyrertod, eine bewusste Lüge verkündet hätten? Dass sie bereit gewesen wären, einen toten Jesus als Auferstandenen zu predigen und mit dieser Botschaft das römische Weltreich zu durchdringen, während sie genau wussten, wo sie ihn verscharrt hatten? Wäre nicht zumindest einer von ihnen umgekippt und hätte irgendwann die Wahrheit herausgelassen? Und ist die hoch stehende Ethik des neuen Testaments denkbar auf dem Boden eines bewussten Betrugs? Hätten die ersten Christen die Maßstäbe von Ehrlichkeit, Wahrhaftigkeit und Heiligkeit so leben und weitergeben können, wie sie es taten, wenn sie im Hinterstübchen wussten, dass die Auferstehung nur Lug und Trug war? Das erscheint mir völlig unmöglich. Außerdem hatten auch die Jünger kein Motiv für einen Raub des Leichnams. Wie wir schon gesehen haben, waren sie völlig desillusioniert. Die Berichte zeigen, dass sie alles erwarteten, nur nicht die Auferstehung Jesu, dessen grausamen und schmachvollen Tod sie selbst mit angesehen hatten. Für sie war es zu diesem Zeitpunkt das Beste und Sicherste, schnell und unbemerkt aus Jerusalem zu verschwinden und unterzutauchen, um nicht auch noch am Kreuz zu landen.

Nein, das leere Grab bleibt unerklärbar, wenn nicht Jesus tatsächlich auferstanden ist! Die Auferstehung Jesu von den Toten ist die einzige Erklärung der Osterereignisse, die den Fakten nicht Gewalt antut.

Die Erscheinungen Jesu

Nun ist aber keiner der Jünger allein durch das leere Grab zum Glauben gekommen. Als die Frauen am Sonntagmorgen vom Grab zurückkehrten und den Jüngern die aufregende Neuigkeit berichteten, führte das nicht zu einer stürmischen Auferstehungsbegeisterung. Vielmehr waren die Jünger verwirrt und erschreckt. Sie wussten sich keinen Reim auf das leere Grab zu machen. Auch als Petrus es mit eigenen Augen sah, wusste er nicht, wie er es sich erklären sollte. Es herrschte keine fieberhafte Erregung im Kreis der Jünger, so als hätten sie nur auf die ersten Andeutungen einer Auferstehung gewartet und sich dann hysterisch einem irrationalen Auferstehungsglauben verschrieben. Nein, die Evangelien zeigen, dass die einzelnen Jünger nur langsam, einer nach dem anderen in persönlichen Begegnungen mit dem Auferstandenen erfassen konnten, was geschehen war.

Paulus gibt im 1. Korintherbrief eine Aufzählung derer, die Jesus als Auferstandenen gesehen haben: „Dann erschien er dem Kephas und danach der Gruppe seiner zwölf Weggefährten. Danach erschien er deutlich fünfhundert Schwestern und Brüdern gleichzeitig. Von denen sind die meisten noch bis jetzt am Leben, doch einige sind gestorben.

Danach erschien er dem Jakobus und danach der gesamten Gruppe der Apostel. Als Letztem von allen erschien er auch mir ..."[281] Paulus gibt hier eine genaue Liste von Augenzeugen, die den Auferstandenen gesehen haben. Jesus ist nach seiner Auferstehung ganz bestimmten Personen erschienen und noch fünfundzwanzig Jahre später konnte Paulus dazu auffordern, diese selbst zu befragen. Denn das ist seine Absicht mit dieser Auflistung. Was hatten die „fünfhundert Schwestern und Brüder" und all die anderen eigentlich zu erzählen? Jeder hatte eine ganz persönliche Geschichte, wie Jesus ihm erschienen ist.

Petrus konnte erzählen, wie er zuerst zum Grab gelaufen war und es zuerst nur leer angetroffen hatte. Und wie ihm dann Jesus begegnet war. Und er hätte dann sicher auch erzählt, wie Jesus am Abend des ersten Tages in den Raum gekommen war, in dem die elf Jünger versammelt waren. Wie er zu ihnen gesagt hatte: „Friede euch!", sie angehaucht und ihnen den Heiligen Geist versprochen hatte. Die anderen Jünger hätten das zweifellos bestätigt und sicher noch hinzugefügt, wie er vor ihren Augen gegessen hatte und wie sie in der Begegnung mit ihm froh und zuversichtlich geworden waren.

Thomas war als Einziger nicht anwesend an diesem Osterabend. Seine Skepsis war nicht so leicht zu überwinden, trotz aller glaubhaften Berichte seiner engsten Freunde. Er hätte sicher erzählt, wie er die Forderung aufgestellt hatte: „Wenn ich nicht selbst in seinen Händen die Stelle sehe, wo die Nägel hindurchgeschlagen wurden, und meinen Finger genau auf diese Stelle legen kann und mit meiner Hand seine Seitenwunde anfassen kann, dann werde ich es nicht glauben!" Und wie dann eine Woche später Jesus sich ihm zeigte und ihn aufforderte, genau das zu tun. Und wie er, Thomas, nichts anderes mehr konnte, als niederzufallen und auszurufen: „Du bist mein Herr und mein Gott!"[282]

Und so hatten sie alle ihre Geschichte. Vielen war Jesus nicht nur einmal erschienen. An ganz unterschiedlichen Orten ist er seinen Freunden

[281] 1. Kor 15,4-8
[282] Joh 20,28

begegnet: Er zeigte sich überraschend den elf Jüngern in dem Obergemach, in dem sie sich eingeschlossen hatten. Er gesellte sich unerwartet zu den beiden Freunden auf dem Weg nach Emmaus. Er begegnete Petrus, Johannes und fünf anderen am See Genezareth. Er zeigte sich der ganzen Schar der Jüngerinnen und Jünger auf dem Berg. Er sprach mit Maria Magdalena und anderen Frauen am Ostermorgen am Grab. Der Platz reicht nicht, um all diese Begegnungen des auferstandenen Jesus mit seinen Jüngern ausreichend darzustellen.

Die Erscheinungen Jesu können nicht als Halluzinationen leichtgläubiger Enthusiasten abgetan werden. Allen Berichten haftet der Geruch der Echtheit, des Aufrichtigen, an. Man spürt noch förmlich die Verwunderung der ersten Augenzeugen. Wenn wir die Evangelienberichte lesen, merken wir, wie überrascht alle waren. Wie wenig sie das erwartet hatten. Und wie sie, einer nach dem anderen, zu der strahlenden Gewissheit gelangt waren: Jesus lebt! Er ist nicht mehr bei den Toten! Sie wussten nicht nur zu berichten, dass das Grab leer war, sondern sie konnten ohne Schatten eines Zweifels sagen: „Wir haben den Herrn gesehen!" Das revolutionierte ihr ganzes zukünftiges Leben.

Die irdische Familie von Jesus

Am erstaunlichsten an der Liste, die Paulus den Korinthern aufschreibt, ist allerdings die Tatsache, dass Mitglieder der irdischen Familie Jesu erwähnt sind. Namentlich nennt er Jakobus, den Bruder von Jesus. Er wird später im Neuen Testament und auch bei Josephus Flavius als Führer der christlichen Gemeinde in Jerusalem genannt.[283] Im Jahr 62 n. Chr. erlitt er auf Betreiben des Hohepriesters den Märtyrertod durch Steinigung.

[283] Er schreibt: „Er (Hannas der Jüngere) berief eine Gerichtssitzung des Sanhedrin ein, führte den Bruder des Jesus, der Christus genannt wird, vor, der Jakobus hieß, und einige andere, verklagte sie wegen Gesetzesübertretung und verurteilte sie zur Steinigung." Josephus, Antiquitates 20, 200.

Wir wissen, dass die Familienangehörigen Jesu mit Ausnahme seiner Mutter zu seinen Lebzeiten nicht zu seinen Jüngern gehörten. Vielmehr standen sie seinem Wirken kritisch und distanziert gegenüber. Einmal wollten sie ihn nach Hause holen, weil sie dachten, er sei endgültig übergeschnappt.[284] Nun aber, nach Ostern, finden wir sie als Mitglieder der Urgemeinde, und zwar schon vor Pfingsten.[285]

Was hatte sie, die ehemaligen Kritiker, zu Jesusnachfolgern gemacht? Wie kamen sie dazu, ihren Halbbruder Jesus, der am Kreuz geendet war, nun plötzlich als Christus, als Gesandten Gottes, als Heiland und Herrn zu verkünden und anzubeten? Es gibt keine andere Erklärung als die, die Paulus ganz lapidar niederschreibt: „Er ist dem Jakobus erschienen!“[286] Das regelte die Frage für immer. Was für eine Umstellung muss es für Jakobus und seine Verwandten gewesen sein, als sie erkannten, dass alles wahr ist. Dass ihr Halbbruder Jesus wirklich der Herr und Messias ist, wie Maria immer behauptet hatte!

Die Tatsache, dass die irdische Familie Jesu gerade nach seinem Tod zum Glauben an ihn kam, ist ein starkes Indiz für die Tatsächlichkeit der Auferstehung. Denn ein toter Jesus hätte sie sicher nicht begeistern können, wenn er es schon zu seinen Lebzeiten, trotz aller Wunder, nicht geschafft hatte.[287]

Die Art der Berichte

Oft wird gegen die Auferstehungsberichte in den Evangelien der Vorwurf erhoben, dass sie sich in Einzelheiten, zum Beispiel in Zeit- und Zahlenangaben, widersprächen. Und deshalb sei erwiesen, dass sie nur erfundene

---

[284] Mk 3,21
[285] Vgl. Apg 1,14
[286] 1Kor 15,7
[287] Übrigens waren Mitglieder der Familie Jesu noch mehrere jahrzehntelang führend in der christlichen Gemeinde in Palästina. Vgl. dazu Eusebius, Kirchengeschichte 32.

Geschichten seien, die die Fantasie späterer Erzähler ersonnen habe. Nun könnte man hierauf viel antworten. Zum einen ist es überhaupt nicht unmöglich, wie viele meinen, die verschiedenen Berichte zusammenzufassen. Vielmehr kann man sehr wohl ein kohärentes, zusammenhängendes Bild der Ereignisse gewinnen, wie viele Darstellungen zeigen. Zuletzt hat das der Oxforder Neutestamentler John Wenham in seinem lesenswerten Buch „Das Rätsel Ostern" getan.[288]

Viele der scheinbaren Widersprüche lassen sich durch Kenntnis der damaligen Verhältnisse ohne Mühe auflösen. Wenn zum Beispiel in einem Evangelium von einem Engel und im anderen von zweien berichtet wird, die am Grab den Frauen die gute Nachricht von der Auferstehung ihres Meisters Jesus verkünden, so ist das kein Widerspruch für die antike Berichterstattung. Vielmehr ist es ein sehr geläufiges Stilmittel gewesen, sich bei Berichten zur Vereinfachung auf die Hauptpersonen zu beschränken. Wenn also der Evangelist Markus berichtet, dass am Ostermorgen Maria von Magdala und Maria, die Mutter des Jakobus, sowie Salome zum Grab gingen, Matthäus aber nur von den beiden Marias spricht, Lukas nur sagt: „Am ersten Tag der Woche sehr früh kamen sie zum Grab", ohne zu erläutern, wer diese „sie" sind, und Johannes allein Maria aus Magdala erwähnt, so sind dies verschiedene Darstellungen desselben Geschehens. Johannes hat sich auf die Hauptperson beschränkt, was ein ganz legitimes Stilmittel ist. Lukas scheint als bekannt vorauszusetzen, wer zum Grab ging, nämlich die Frauen um Jesus, wie jeder damals wusste.

Hier bestehen keine wirklichen Probleme. Dass die Zeugen aus unterschiedlichen Perspektiven schreiben, ist ganz normal und macht ihre Berichterstattung nur noch glaubwürdiger. Die frühen Christen hatten es nicht nötig und machten auch keine Versuche, die Berichte zu vereinheitlichen. Gerade die Toleranz, mit der sie scheinbar Widersprüchliches nebeneinander stehen lassen konnten – und die Evangelien von Matthäus, Markus, Lukas und Johannes waren alle in kürzester Zeit in allen Gemeinden verbreitet –, zeigt, wie sicher und gewiss sie sich im Wesentlichen

[288] Vgl. Literaturverzeichnis.

waren: nämlich in der Botschaft, dass Jesus auferstanden und seinen Jüngerinnen und Jüngern erschienen ist. Diese Augenzeugen lebten ja zum großen Teil noch während der Abfassung der Evangelien und standen als Korrektive jederzeit bereit. Es wäre nicht möglich gewesen, grobe Falschdarstellungen zu geben, ohne dass es Protest der Augenzeugen gegeben hätte.

So ist gerade die Individualität der Evangelien in ihrer spezifischen Auswahl und ihrer eigenständigen Darstellung der Geschehnisse nach der Auferstehung Jesu ein starkes Indiz für die Tatsächlichkeit des zentralen Ereignisses: dass Jesus auferstanden ist und mit seinen Freunden geredet hat.

Frauen – die ersten Zeuginnen der Auferstehung

Ein weiterer Punkt ist der: In der Antike galten die Zeugenaussagen von Frauen vor Gericht nicht oder in nur sehr eingeschränktem Maße. Das war gleichermaßen der Fall in der griechischen, römischen und jüdischen Gerichtsbarkeit. Deshalb hat auch Paulus in seinem Brief, als er den Korinthern eine hieb- und stichfeste Liste der Zeugen der Auferstehung schriftlich übermitteln wollte,[289] darauf verzichtet, die ersten Zeuginnen zu nennen. Er schätzte die verantwortliche Mitarbeit von Frauen sehr, auch in der Gemeindegründung und Gemeindeleitung, wie seine Briefe zeigen. Hier aber lässt er den Hinweis auf Maria Magdalena und die anderen Frauen weg und passt sich dem Zeugenverständnis seiner Zeit an.

Gerade auf diesem Hintergrund überrascht es, dass alle Evangelien übereinstimmend berichten, dass Frauen die ersten Boten der Auferstehung waren. Jesus zeigte sich ihnen zuerst und machte so auf immer deutlich, dass die Unterdrückung der Frauen in seinem Namen ein Unding ist. Jesus ehrte die Frauen als Zeuginnen und erste Apostelinnen.

[289] 1. Kor 15,4-8

Sie waren die ersten, die die großartige Botschaft von der Überwindung des Todes in alle Welt hinaustragen sollten. Wären die Auferstehungsberichte nur erfundenes Machwerk, so wäre dieser zentrale Zug eine sehr schlechte Erfindung. Man müsste den Verfassern Stümperei vorwerfen. Selbst die Jünger hatten ja Schwierigkeiten, die Aussagen der Frauen für bare Münze zu nehmen. Nein, dies ist kein erfundener Bericht. Es gäbe kein Motiv dafür, die Frauen als Erstzeugen der Auferstehung zu erfinden. Im Gegenteil, das konnte die ganze Sache nach damaligem Verständnis sehr ins negative Licht rücken. Die einzige stichhaltige Erklärung dafür ist die, dass es wirklich so war. Auch hier also ein starkes Indiz für die tiefe Verankerung der Auferstehungsberichte der Evangelien in der historischen Wirklichkeit.

Die Veränderung der Jünger

Es ist schon erstaunlich: Soeben hatten sie sich noch eingeschlossen aus Angst, dass die jüdische Obrigkeit ihnen dasselbe antun könnte wie ihrem Meister, und nun stehen sie draußen auf den Straßen der Stadt und verkündigen, dass der vor wenigen Wochen gekreuzigte Jesus der Sohn Gottes ist. Soeben wollten sie noch alles vergessen und nur in ihre Heimat zurückkehren und jetzt sind sie bereit, in alle Welt zu gehen und die Botschaft von Jesus bis nach Ägypten, Syrien, Griechenland und Rom zu tragen. Die Jünger von Jesus sind plötzlich ganz verändert. Thomas, Petrus, Jakobus, Johannes, Maria Magdalena und alle anderen sind auf einmal neue Menschen. In den Evangelien spüren wir den Niederschlag dieser Umwälzung. Wir können buchstäblich ein Stück weit Anteil nehmen an der Veränderung, die Jesu Nachfolger erlebten. Aus Ängstlichen wurden mutige Zeugen, aus Hoffnungslosen wurden Menschen der Freude, aus Zweiflern Vertrauende. Die Menschen der Antike waren nicht naiver als wir heute. Sie wussten, wann einer tot ist. Für sie war die Auferstehung Jesu etwas ebenso Unerhörtes wie für uns. Aber – sie war eine Tatsache, die sie erfahren hatten. Und das verwandelte ihr Leben. Gibt es ein stärkeres Indiz als dieses? Etwas Umwälzendes muss geschehen sein, damit eine solche Veränderung möglich ist und auch bleibt.

Die Einmütigkeit aller Zeugen

Ich habe das schon kurz erwähnt: In allen verschiedenen Strängen des Neuen Testaments, den Evangelien, den Briefen und der Offenbarung, ist bei aller persönlichen Unterschiedlichkeit der Schreiber diese eine Tatsache unumstritten: dass Jesus auferstanden ist. Die Evangelien berichten in einigen Details von den Ereignissen um die Auferstehung. Die Briefe, von denen manche eine ganze Reihe von Jahren vor den Evangelien entstanden sind, gehen einfach von ihr als von einer Grundtatsache aus. Sie versuchen nicht, die Auferstehung zu beweisen oder zu erklären. Sie ist das Grunddatum für alles andere, was für die ersten Christen von Bedeutung war. Deshalb geht es in den Briefen darum, wie die Christen in einer dynamischen Beziehung untereinander und zum auferstandenen Jesus in dieser Welt leben können. In der Offenbarung schließlich spricht Jesus als der auferstandene Herr: „Tot war ich, und sieh doch: Ich bin lebendig bis in alle Zukunftszeiten hinein. Ich besitze die Schlüssel und damit die Macht über den Tod und das Totenreich.“[290]

Alle Schriften des Neuen Testaments, die von verschiedenen Autoren zu unterschiedlichen Zeiten und an verschiedenen Orten verfasst wurden, sind einmütig in ihrer Überzeugung: Jesus lebt. Alle anderen frühchristlichen Schriften gehen ebenso von dieser Tatsache aus. Ja selbst bei den nicht christlichen Autoren finden wir noch den Nachhall der Auferstehung, wie wir im zweiten Kapitel gesehen haben. In der Frage der Auferstehung besteht eine durchgängige Übereinstimmung aller Zeugen. Auch dies ist ein Indiz dafür, dass wir es hier nicht mit einer Fabel zu tun

[290] Off 1,18

haben, sondern mit einem wirklichen, historischen Ereignis, durch das die christliche Kirche erst ins Leben gerufen wurde.

Die Umkehr des Paulus

Vom Christenverfolger wurde er zum Völkermissionar: Paulus. Der jüdische Rabbi wurde der erste große Theologe der christlichen Kirche. Ihm, der durch Erziehung und Studium ganz in das mosaische Gesetz und dessen Auslegung hineingewachsen war, wurde die Botschaft von der freien Gnade Gottes in Jesus, ohne Erfüllung des Gesetzes, anvertraut. Was hat diese totale Wende ausgelöst?

Paulus sagt es selbst: „Aber all diese Dinge, die ich hier als meine Vorzüge anführen kann, sehe ich jetzt aufgrund meiner Beziehung zum Messias als bloßes Negativkapital an.“[291] Jesus Christus war in sein Leben getreten. Er hatte ihn angesprochen auf dem Weg nach Damaskus, wohin Paulus zog, um Christen zu verfolgen. Plötzlich wusste er: Jesus lebt! Das warf ihn buchstäblich um. Das brachte sein Leben auf einen völlig neuen Kurs. Paulus’ Umkehr ist ein starkes Indiz dafür, dass Jesus auferstanden ist. Denn nur ein lebendiger Jesus konnte diesen fanatischen, selbstgerechten Christenhasser namens Saulus von Tarsus überwinden.

Die Erfahrungen von Menschen bis heute

Wäre das alles, wäre Jesus nur damals erfahrbar gewesen, so könnten wir die ganze Sache leicht in eine historische Schublade stecken. Aber bis auf den heutigen Tag erfahren Menschen, dass Jesus lebt. Er spricht

[291] Phil 3,7

immer noch Menschen an und zeigt sich ihnen als Lebendiger. Und wer solch eine Erfahrung macht, für den wird es zur unerschütterlichen Gewissheit: Jesus lebt.

Diese Gewissheit hat den ersten Christen die Kraft gegeben, in den Verfolgungen standhaft zu bleiben. Diese Gewissheit hat die Mönche des Mittelalters motiviert, die Aussätzigen zu pflegen und die an der Pest Gestorbenen zu beerdigen. Die Gewissheit, dass Jesus lebt, hat unzählige einfache Christen zu allen Zeiten zu tatkräftiger Nächstenliebe befreit, weil sie wussten, dass ihr Einsatz nicht im Nichts versandet, sondern dass er Sinn hat, weil Jesus lebt.

Dietrich Bonhoeffer, Martin Luther King, Mutter Teresa von Kalkutta sind nur einige Namen, die für Ungezählte stehen, die ähnlich wie sie Kraft zum Handeln aus dieser Erfahrung gewinnen. Jackie Pullinger in Hongkong ist eine von ihnen. Vor 50 Jahren ging sie als junge Frau in die Drogenhöhlen der sogenannten „Ummauerten Stadt", um den Heroinabhängigen und Bandenmitgliedern Befreiung und Lebenserneuerung anzubieten. Hunderte und Tausende haben inzwischen genau das erlebt: Ihr Leben wurde neu. Sie wurden von der Macht der Drogen, dem Teufelskreis von Gewalt und Gegengewalt, von dem Schatten der Hoffnungslosigkeit befreit durch die Kraft des lebendigen Jesus. Ich habe dort selbst miterlebt, wie Jesus diesen Menschen begegnet, die teilweise schon als Kinder in Drogenabhängigkeit und Prostitution hineingeraten waren, und wie sie durch seine Kraft frei und heil wurden.[292]

Wer so etwas sieht, für den ist es keine intellektuelle Spielerei mehr, ob und wie genau Jesus auferstanden ist. Sondern der erfährt etwas von der Kraft des Auferstandenen, die Verzweiflung, Hoffnungslosigkeit und Tod überwindet. Die Wege bahnt, wo Menschen früher in Ausweglosigkeiten festsaßen.

Jesus lebt! Das war die Erfahrung der ersten Jünger. Das ist auch die Erfahrung vieler Menschen heute. Und weil Jesus lebt, können wir auch leben. Der Tod ist nicht das Letzte. Jesus hat ihn überwunden. Jetzt ist

[292] Vgl. Jackie Pullinger: Licht im Vorhof der Hölle.

an einer Stelle die Todesmauer durchbrochen, auf die wir alle zugehen. Wer sich mit Jesus verbindet, hat deshalb Teil an seiner Auferstehungswirklichkeit.

Jesus sagt: „... denn ich bin lebendig, und auch ihr werdet Anteil an diesem Leben haben."[293] „Ich selbst bin die Auferstehung und auch das Leben. Jeder Mensch, der mir sein Vertrauen schenkt, wird leben, selbst, wenn er stirbt."[294]

In der Dimension der Auferstehung hat Jesus die Todesverfallenheit der Welt überwunden. Und er lädt in diese Dimension alle mit ein.

---

[293] Joh 14,19
[294] Joh 11,25

8. Jesus: Himmel und Herrlichkeit

Deshalb hat ihn Gott auch über alles hochgehoben.
Ihn hat er mit dem Namen ausgezeichnet,
der hoch über allen anderen Namen steht.[295]

Im Leben Jesu haben wir zwei verschiedene Themen entdeckt, die einander auf den ersten Blick auszuschließen scheinen. Das eine ist das Thema: Niedrigkeit.

Die Niedrigkeit Jesu

Jesus ging einen niedrigen Weg. Er wurde hineingeboren in eine arme Familie. Maria und Josef konnten sich bei seiner Darbringung im Tempel nicht einmal die vom Gesetz gebotenen Opfertiere, ein Schaf und eine Taube, leisten. Stattdessen mussten sie auf das Armeleuteopfer, zwei Tauben, ausweichen.[296] Kurz darauf mussten sie nach Ägypten fliehen, weil Herodes der Große dem neugeborenen Kind Jesus nach dem Leben trachtete. Nach dessen Tod erst konnte die Familie nach Palästina zurückkehren und in Nazareth eine bescheidene Existenz aufbauen. Jesus musste früh in Josefs Baumeisterbetrieb mithelfen. Er kannte das Leben der kleinen Leute, die sich ihr tägliches Brot mühsam verdienen müssen, aus eigener Erfahrung.

Nach dem wahrscheinlich frühen Tod von Josef – er wird in den Evangelien später nicht mehr erwähnt – musste Jesus dann als Ältester für seine Mutter und Geschwister sorgen. Er kannte das Leben in den Palästen der reichen Jerusalemer Stadtbewohner und in den Luxusvillen der

[295] Phil 2,9
[296] Lk 2,22-24 vgl. 3. Mo 12,6-8

Oberschicht am idyllischen See Genezareth nur von fern. Jesus lebte als ein Teil der geringgeschätzten Landbevölkerung, die nicht nur von den Römern ausgebeutet und unterdrückt wurde, sondern auch von den Zollbeamten und der Oberschicht. Er wusste, was Arbeit und Mühe und was Sorge um das tägliche Brot bedeuteten. Er hatte es sicher auch mehr als einmal bei Freunden oder am eigenen Leib erlebt, dass ein römischer Soldat einen zwang, eine Last für ihn zu tragen.[297]

Auch als er dann anfing, in Galiläa umherzuziehen und die Botschaft vom Reich Gottes zu verkündigen, lebte er nicht in Saus und Braus. Die gemeinsame Kasse wird gerade für das Nötigste gereicht haben. Das Thema Niedrigkeit zieht sich durch das Leben von Jesus. In seiner Verkündigung betonte er es immer wieder: „Denn wer sich selbst auf die oberste Stufe stellt, der wird nach unten geschickt werden. Und wer sich selbst auf die niedrigste Stufe stellt, der wird nach oben gerufen werden."[298] In vielen Beispielerzählungen machte Jesus das deutlich.

Das Thema Niedrigkeit sollte auch das Leben seiner Jünger prägen. Wie aus den Evangelien deutlich wird, waren sie gerade an dieser Stelle sehr langsam im Begreifen. Doch Niedrigkeit ist geradezu ein Schlüssel zum Reich Gottes, in dem die Werte der Welt auf den Kopf gestellt werden. Deshalb war es Jesus so wichtig, dass seine Freunde dies verstanden.

Am Abend vor seiner Gefangennahme gab er ihnen ein Beispiel, das sie nie mehr vergessen würden. Als sie zu Tisch saßen, stand Jesus auf, legte seine Oberbekleidung ab und begann, wie ein Sklave nur mit dem Untergewand bekleidet, mit einer Wasserschüssel von einem seiner Jünger zum anderen zu gehen und ihnen die Füße zu waschen. Diese Handlung war mehr als nur ein stillschweigender Tadel für die Jünger, von denen sich keiner zu diesem niedrigen Dienst herabgelassen hatte. Sondern es war eine symbolische Darstellung des ganzen Lebens von Jesus. Sein ganzer Auftrag war darin zusammengefasst, anderen zu dienen, zu helfen und sie zu heilen. Und es war eine symbolische Vorausnahme dessen,

---

[297] Mt 5,41

[298] Mt 23,12

was wenige Stunden später geschehen würde: Jesus würde entkleidet, erniedrigt und schließlich ans Kreuz geschlagen werden.[299] Das war notwendig, damit die Menschen dieser Welt, bei denen nicht nur die Füße unrein waren, wieder rein werden konnten, gereinigt nicht durch Wasser, sondern durch das Blut Jesu, des ewigen Lammes Gottes.[300]

Jesus buchstabierte das Thema Niedrigkeit Stück für Stück in seinem Leben durch. Diese Niedrigkeit war Jesus im Letzten nicht von außen aufgezwungen, sondern er hatte sie selbst gewählt. So verstanden es die ersten Christen. Der Apostel Paulus zitiert in seinem Brief an die Gemeinde in der griechischen Stadt Philippi ein frühes christliches Lied, das irgendwo in den Gemeinden entstanden ist. Dort heißt es: „Er stieg noch weiter hinunter. Ganz gehorsam wurde er, bis zum Tod, dem Tod am Kreuz."[301] Kürzer und treffender kann man das Leben von Jesus nicht beschreiben. Sein Leben und Sterben waren ein einziger bewusster Weg in die Niedrigkeit.

Die Hoheit Jesu

Und doch ist mit dem Thema Niedrigkeit nicht das letzte Wort über Jesus gesprochen. War der Tod am Kreuz der Endpunkt seiner Selbsthingabe, so ist die Auferstehung der Anfangspunkt seiner Erhöhung. Der urchristliche Hymnus fährt so fort: „Deshalb hat ihn Gott auch über alles hochgehoben. Ihn hat er mit dem Namen ausgezeichnet, der hoch über allen anderen Namen steht. So sollen in diesem Namen, Jesus, alle auf ihre Knie niederfallen, alle Wesen, die sich im Himmel, auf der Erde und unter der Erde befinden! Ebenso sollen alle Geschöpfe unüberhörbar bekennen: ‚Allein der Messias Jesus ist Herr!' So wird Gott der Vater geehrt."[302]

---

[299] Joh 13,1-16
[300] Mk 10,45
[301] Phil 2,8
[302] Phil 2,9-11

Seit der Auferstehung ist klar, dass Gott Jesus bestätigt hat. Sein Tod war kein Scheitern, kein Sinken ins Nichts. Jesus lebt und ist jetzt erhöht zur Rechten Gottes. Sein Name steht auch über den Namen der römischen Kaiser, die immer mehr zu absoluten Herrschern geworden waren. Deshalb weigerten sich die ersten Christen, den Kaiserbildern, die überall in den Städten aufgestellt waren, Ehre zu erweisen. Nur Jesus ist der Kyrios, der Herr, und nicht der Imperator in Rom. Auch keiner der Götter des antiken Götterhimmels hat ein Recht, den Kyrios-Titel für sich in Anspruch zu nehmen. Der steht nur Jesus zu.

Das hat Gott ganz klargemacht, als er Jesus von den Toten auferweckte. Die Auferweckung ist die Beglaubigung Gottes auf dem Leben Jesu. So verstanden es die ersten Christen: „Diese Botschaft handelt von ihm, Gottes Sohn. Auf der menschlichen Ebene ist er ein Nachfahre von König David. Und gleichzeitig ist er als Sohn Gottes eingesetzt. Das geschah durch die kraftvolle Wirkung des Gottesgeistes, der Gottes heilige Wirklichkeit entfaltet, und zeigt sich durch die Auferstehung von Jesus, dem Messias, unserem Herrn."[303] Das Kreuz ist der tiefste Ausdruck für die Selbsterniedrigung Jesu. Die Auferstehung ist das unumstößliche Zeichen für die Hoheit Jesu. Kreuz und Auferstehung sind die beiden Seiten der einen Medaille.

Deshalb hat auch Johannes in seinem Evangelium schon das Kreuz als den Ort gesehen, an dem Jesus erhöht wurde. Für ihn ist die Kreuzigung Jesu auf der einen Seite Erniedrigung und Unrechtstat der Menschen. Auf der anderen Seite kommt hier Gottes Plan zum Zug. Jesus wird am Kreuz „erhöht". Seine größte Erniedrigung ist zugleich seine Erhöhung. Dort am Kreuz ruft er: „Alles ist erfüllt!"[304] Dort am Kreuz zeigt Gott seine Herrlichkeit am deutlichsten: So ist Gott, dass er selbst in die Niedrigkeit der Menschen einsteigt, um sie zu sich emporzuheben. So ist Gott, dass in der größten Schwachheit seine große Kraft sichtbar wird.

---

[303] Röm 1,3-4
[304] Joh 19,30

Kreuzigung, Auferweckung und Himmelfahrt Jesu gehören zusammen. Sie zeigen die Hoheit des erniedrigten Gottesknechts. Und sie zeigen die freiwillige Niedrigkeit eines Gottes, der die Welt so sehr liebt, dass er seinen eigenen Sohn, das heißt sich selbst, hingibt zum Sterben am Kreuz.[305]

Die Offenbarung der Herrlichkeit Gottes

Hier sehen wir die Selbstoffenbarung Gottes in der Person Jesu: „Da war sein herrlicher Glanz. Er strahlte durch ihn hindurch, durch ihn, den einzig geborenen Sohn des Vaters. Ganz erfüllt war er von Gottes Wesen: Wunderbar großzügig und durch und durch wahr war er."[306] Jesus ist der Punkt innerhalb der Welt, an dem wir Gott sehen können. Er ist gewissermaßen das Fenster zu Gott. Man könnte es auch anders sagen: Hier findet sich die Schnittstelle zwischen der Dimension Gottes und unserer Dimension.

Deshalb ist auch Jesus beides: wahrer Mensch und wahrer Gott. Er gehört ganz zu beiden Dimensionen. Er wurde ganz wie wir und blieb doch ganz er selbst. Hoheit und Niedrigkeit treffen sich bei Jesus. Allmacht und Ohnmacht sind hier miteinander verschmolzen. Mensch und Gott berühren sich in Jesus. Kein Wunder, dass er als Fremdkörper empfunden wurde, den es schnell auszuscheiden galt: „Ja, in der Dunkelheit schien es auf, das Licht. Die Dunkelheit konnte es nicht überwältigen. Er kam dorthin, wo ihm alles gehörte. Doch die, die ihm gehörten, bereiteten ihm keinen Empfang."[307] Sie konnten sein Licht nicht ertragen. Deshalb versuchten sie, es auszulöschen.

Doch der Tod konnte den, der das Leben war, nicht halten. Der tot geglaubte Jesus lebt in Ewigkeit. Die Welt konnte Gott nicht auslöschen.

---

[305] Joh 3,16
[306] Joh 1,14
[307] Joh 1,5.11

Und seitdem ist nichts mehr, wie es vorher war. Die Machtfrage ist jetzt gelöst. Niemand wird Gott mehr vom Thron stürzen können. Aber auch das andere gilt: Gott ist nicht nur pure Macht, wie der Islam meint.[308] Gott ist Liebe. Im Zentrum des Universums und über dem Universum ist der Gott, der sich selbst erniedrigte. Hoheit und Niedrigkeit sind in ihm vereint. In der gewaltigen Vision, die Johannes während seiner Verbannung auf der Insel Patmos gezeigt wird, sieht er den Thron Gottes. Myriaden von Engeln umgeben ihn. Die ganze Schöpfung steht um den Thron und betet den an, der auf dem Thron sitzt. Und dort auf dem Thron sieht Johannes ein Lamm, das geopfert ist.[309] In der gewaltigen Bildersprache des letzten Buches der Bibel wird uns da gesagt: Gott, der alle Macht und Hoheit besitzt, der die Quelle des Lebens ist und ohne dessen Willen nichts auch nur den Bruchteil einer Sekunde existieren könnte, hat sich selbst für seine Schöpfung geopfert. Er ist das Lamm, das geopfert wurde.

Im Herzen Gottes ist die Liebe, die sich selbst hingibt in den Tod. „Gott war im Messias und hat die gesamte Welt mit sich selbst versöhnt und hat ihnen ihre Übertretungen nicht angerechnet."[310] Das Kreuz Jesu ist also kein zufälliges Ereignis, kein Ausrutscher oder Fehlgriff, sondern die Offenbarung der Herrlichkeit des ewigen Gottes. Und diese Herrlichkeit besteht in seiner Liebe, die freiwillig auf ihre Macht verzichtet.

Die Menschwerdung Gottes

Damit das Kreuz überhaupt erst möglich wurde, musste Gott Mensch werden. Die Menschwerdung Gottes, die Inkarnation, ist die Grundlage für Kreuz und Auferstehung. Wäre Gott nicht in Jesus Mensch geworden,

---

[308] Vgl. Roland Werner: Der Islam und unser Zeugnis. In: Richard Gerhardt/Roland Werner: 1001 Geschichte. Neuhausen 1990.

[309] Off 5,6-14

[310] 2. Kor 5,19

wäre die Kluft zwischen Gott und Mensch niemals überbrückt worden. Erst durch die Menschwerdung können wir überhaupt mit Gott in einen verlässlichen Kontakt treten. Jesus ist dieser Kontaktpunkt. Wenn wir Jesus ansehen, sehen wir Gott. Er war beides zugleich, wahrer Mensch und wahrer Gott. Wie kann man sich das vorstellen? Ich will versuchen, das mit einem Bild zu verdeutlichen:

Wir stellen uns eine Welt vor, die aus nur zwei Dimensionen besteht, Länge und Breite. Die Wesen dieser Welt sind also zweidimensional und bewegen sich auf ihrer Flachwelt hin und her, aber nicht in die Höhe, weil es diese dritte Dimension nicht für sie gibt. Wenn nun ein Wesen aus einer dreidimensionalen Welt, zum Beispiel ein Mensch, in ihre Welt hineinkommt, können sie es naturgemäß nur zweidimensional wahrnehmen und verstehen. Für sie wäre das neue Wesen, also zum Beispiel der Mensch, identisch mit den zweidimensionalen Ausmaßen seines Fußabdrucks. Denn nur das können sie wahrnehmen. Und natürlich stimmt ihre Annahme auch, denn das ist der Mensch wirklich innerhalb ihrer zwei Dimensionen. Aber er ist noch viel mehr als das, was in ihrer begrenzten Welt aufzufassen ist. Sie können das wahrnehmen, was an ihrer Schnittstelle innerhalb ihrer Dimension begreifbar wird. Über das, was darüber hinausgeht, können sie nichts aussagen, da es ihren Horizont übersteigt.

Diese Überlegung soll nicht die Menschwerdung Gottes beweisen, sondern nur eine gedankliche Hilfe sein für das, was in Jesus geschehen ist: Der ewige Gott lässt sich herab in unsere durch Raum und Zeit begrenzte Welt.

Das ist sein Wunsch: Mit den Menschen zu kommunizieren. Er erniedrigt sich so sehr, dass er seine Gottheit gleichsam ablegt. Er identifiziert sich so sehr mit uns Menschen, dass er wie einer von uns wird. Er „entäußert“ sich seiner göttlichen Allmacht und Herrlichkeit fast bis zur völligen Unkenntlichkeit. Und doch haben es viele der Menschen damals erfasst, als sie Jesus begegneten: Hier ist mehr als ein Mensch. Hier ist endlich Gott selbst, der zu uns kommt als Mensch und zu uns redet, sodass wir es verstehen können. Dieses Reden ist verlässlich und fest:

„Unzählige Male und auf unterschiedlichste Weisen hat Gott zu unseren Vorfahren gesprochen, und zwar durch die Botschaften der Propheten. Doch am Ende dieser Zeiten hat er zu uns gesprochen durch ihn, den Sohn. ... Er, der Sohn, ist das ganz genaue Ebenbild seiner strahlenden Herrlichkeit, die Ausprägung seines innersten Wesens."[311] Darin sind sich alle Verfasser des Neuen Testaments einig: In Jesus hat sich Gott selbst unmissverständlich ein für alle Mal gezeigt. Wenn wir Jesus sehen, sehen wir den Vater. Jesus ist das geöffnete Fenster zu Gott. Der Himmel ist nicht mehr verschlossen. Die Herrlichkeit Gottes ist in Jesus in unsere begrenzte Dimension eingebrochen. Der Weg ist jetzt frei.

Das Geschenk des Geistes

Der Weg ist frei in beide Richtungen. Wir können jetzt durch Jesus zu Gott kommen. Nichts kann unsere Gebete mehr hindern. Wir brauchen auch keine Vermittler, keine lebenden oder verstorbenen Fürsprecher. Jesus selbst ist die Kontaktstelle mit Gott.

Aber Gott kann auch zu uns kommen. Als Jesus endgültig von seinen Jüngern Abschied nahm, versprach er ihnen, bald den Heiligen Geist zu senden. Nach der Auferstehung war Jesus immer wieder einmal plötzlich in ihrer Mitte erschienen. Die Trennwand zwischen der Gottesdimension und der Menschenwelt war durchlässig geworden. Doch dann kam der Punkt, an dem Jesus ganz zu seinem Vater zurückkehrte. Für die Jünger war das zunächst Anlass zur Trauer, da sie nun nicht mehr mit der sichtbaren Gegenwart des Auferstandenen rechnen konnten. Doch Jesus hatte ihnen gesagt, dass es gut für sie sei, wenn er fortginge. Denn dann würde er den anderen Beistand schicken, den Heiligen Geist.[312]

---

[311] Heb 1,1-3
[312] Joh 14,16-26

Nun war es so weit. Jesus war ganz in die Dimension des Vaters zurückgekehrt. Der Himmel schien wieder verschlossen. Doch Zeit des Wartens war nicht lang. Zehn Tage später tat Jesus, was er verheißen hatte: Er sandte den Geist. Ein mächtiges Getöse erhob sich über den Straßen. Wie ein Sturmwind erfasste der Geist das Haus, in dem 120 Jüngerinnen und Jünger zusammen waren. Das Feuer des Heiligen Geistes fiel auf jeden von ihnen und sie fingen an, Gott in unbekannten Sprachen zu preisen, Sprachen, die sie nicht gelernt hatten. Tausende liefen herbei, angezogen von dem ungewohnten Geschehen, der Stimme des Brausens und dem vielsprachigen Lobpreis Gottes. Das war die Geburtsstunde der Jesusgemeinde. Der Heilige Geist war ausgegossen auf die Menschen! Und sie waren verwandelte Menschen.[313] Petrus und die anderen Jünger verkündeten auf einmal furchtlos von Jesus: „Das alles hat mit Jesus zu tun, dem Mann aus Nazareth! Ihn hat Gott vor euch bestätigt mit großen Krafttaten und deutlichen Zeichen und Wundern. Denn Gott hat dies alles durch ihn in eurer Mitte bewirkt. Und das wisst ihr ja genau! Ja, er wurde durch den genau abgesteckten Ratschluss und das Vorherwissen Gottes hingegeben, und er ist es, den ihr durch die Hand von gesetzlosen Männern habt ans Kreuz hängen und töten lassen. Ihn hat Gott wieder zum Leben auferweckt und hat die furchtbaren Wehen des Todes aufgelöst. Denn schließlich war es nicht möglich, dass Jesus endgültig vom Tod überwältigt wird.“[314] Das Geschenk des Geistes hatte Petrus zu einem neuen Menschen gemacht. Nun war er wirklich der Felsenmann geworden, zu dem Jesus ihn machen wollte.

Noch am selben Tag kamen dreitausend Menschen zur Jesusgemeinde hinzu. Und es entstand eine Bewegung, die bis auf den heutigen Tag nicht aufgehört hat und immer mehr Menschen zu sich zieht. Das tut Jesus durch den Heiligen Geist.

---

313 Apg 2,1-21
314 Apg 2,22-24

Die Taten des erhöhten Jesus

Der zweite Teil des Geschichtswerks, das Lukas geschrieben hat, ist im Grunde eine Fortsetzung des Lebens und der Taten Jesu.

Das Evangelium, so sagt Lukas, handelt von dem, „was Jesus von Anfang an getan und gelehrt hat bis zu dem Tag, an dem er in die obere Wirklichkeit aufgenommen wurde“[315]. Der zweite Teil, die Apostelgeschichte, oder besser die Aposteltaten, wie sie in den meisten Sprachen heißen, handelt dann offensichtlich von dem, was Jesus weiter tat und lehrte, nach „dem Tag, an dem er in die obere Wirklichkeit aufgenommen wurde“. Es ist also die Geschichte der Taten des erhöhten Jesus durch seinen Geist und durch seine Jünger.

Das, was er während seiner Zeit auf der Erde getan hatte, sollen nun seine Nachfolger tun: das Evangelium verkündigen, Menschen zu Gott zu rufen, Kranke heilen und das Leben Gottes weitergeben.[316] Die Verantwortung, das Werk Jesu weiterzuführen, geht damit auf seine Nachfolger über, zuerst auf die Apostel und mit ihnen auf alle Christen. Das wird am Ende aller vier Evangelien ausdrücklich gesagt. So wie Jesus in die Welt gesandt war, so sind sie jetzt in die Welt gesandt. Und wo die Jünger in seinem Namen reden und handeln, da ist Jesus selbst aktiv dabei in der Kraft seines Geistes.

Am Ende des Markusevangeliums finden wir eine zusammenfassende Darstellung dieses Übergangs: „Nachdem er mit ihnen gesprochen hatte, wurde Jesus, der Herr, in die Wirklichkeit des Himmels aufgenommen. Dort setzte er sich an der rechten Seite Gottes nieder. Doch sie, die Gefährten von Jesus, zogen aus und verbreiteten Gottes Botschaft überall. Und er, der Herr selbst, arbeitete Hand in Hand mit ihnen und bestätigte ihre Botschaft durch die wunderbaren Zeichen, die überall geschahen, wohin auch immer sie kamen.“[317]

---

[315] Apg 1,1-2
[316] Mk 16,15-20; Joh 20,21; Mt 28,18-20
[317] Mk 16,19-20

So sieht es das ganze Neue Testament: Jesus ist nicht inaktiv geworden. Er ist vielmehr durch die Kraft seines Geistes überall dabei, wo Menschen in seinem Namen leben. Seine Nachfolger, so hatte Jesus gesagt, werden noch Größeres tun als er selbst.[318] Denn sie werden, anders als er selbst, bis an die Enden der Erde gehen können und allen Völkern die gute Nachricht bringen. Das hatte Jesus vorausgesagt. Und das ist auch geschehen und geschieht immer noch. Es gibt heute keinen Kontinent und kein Land, in dem nicht eine Gemeinde von Menschen ist, die Jesus anbeten. Selbst in schwierigsten Umständen halten sie durch, auch wenn man sie in Arbeitslager steckt oder durch Verfolgung mürbe machen will. Das ist das Wunder der Gemeinde von Jesus Christus.

Schon viele haben versucht, diese Gemeinde auszulöschen. Aber es ist nicht gelungen und wird auch nicht gelingen. Denn das hat Jesus versprochen: „Und ich werde auf diese Grundlage etwas ganz Neues aufbauen: meine Gemeinde, die Familie der Menschen, die ganz zu mir gehören. Sie wird niemals zerstört werden, selbst wenn die Unterwelt alle ihre Pforten öffnet!“[319]

Jesus in der Gemeinde

Jesus ist selbst in seiner Gemeinde gegenwärtig. Als der Christenverfolger Paulus auf dem Weg nach Damaskus war, begegnete er dem erhöhten Jesus. Das hatte er als allerletztes erwartet. Als ihn das Licht vom Himmel umstrahlt und er zu Boden fällt, bricht seine ganze Welt zusammen. Er hört die Worte: „Saul, Saul, warum verfolgst du mich?“ Auf seine verwunderte Frage: „Wer bist du denn, Herr?“, erhält er die Antwort: „Ich selbst bin es, Jesus, der, den du verfolgst!“[320] Die Worte, die Jesus ihm sagt, zeigen

[318] Joh 14,12
[319] Mt 16,18
[320] Apg 9,4-6

die vollständige Identifikation von Jesus mit seiner Gemeinde. Saulus hatte die Mitglieder der Christengemeinden verfolgt und ins Gefängnis gebracht. Jesus öffnete ihm die Augen: Indem du meine Jünger und Jüngerinnen verfolgst, verfolgst du mich! Und Saulus muss erkennen, dass der am Kreuz gestorbene Jesus wirklich der Messias ist, den Gott erhöht hat. Und dass er in seiner Gemeinde gegenwärtig ist, sodass alles, was er gegen die Christen getan hat, direkt gegen den erhöhten Christus, gegen Jesus selbst, gerichtet ist.

Der gegenwärtige Jesus

In der Gemeinde der Christen ist Jesus in besonderer Weise gegenwärtig. Wo immer sich auch nur zwei oder drei in seinem Namen zusammenfinden, ist Jesus mitten unter ihnen.[321] So hatte er es den Jüngern versprochen. Und so erlebten sie es auch. Auch nach der Rückkehr Jesu in die Dimension des Vaters war er noch gegenwärtig bei ihnen. Sie erfuhren seine Hilfe und Nähe in Schwierigkeiten. Sie erlebten seine erfrischende Gegenwart in der Versammlung der Gemeinde. Für sie war es nicht nur ein theoretischer Glaubenssatz, sondern eine tatsächliche Erfahrung, dass die Kraft Jesu bei ihnen war. Sie erlebten immer wieder, wie Menschen durch die Gegenwart Jesu geheilt und befreit wurden. So wie damals, als Jesus noch in ihrer Mitte durch Palästina zog, so war es auch jetzt: Die Kräfte der zukünftigen Welt waren unter ihnen wirksam.[322]

Wenn die Christen beieinander waren und beteten, konnte es geschehen, dass der Raum, in dem sie waren, erbebte und die Kraft Jesu spürbar bei ihnen war.[323] Der gegenwärtige Jesus redete zu ihnen durch den Mund von Propheten und Prophetinnen, ja durch die ganze Gemeinde.[324] Er

---

321 Mt 18,20

322 Heb 2,4; 1. Kor 5,4; 14,24-25 u. a.

323 Apg 4,31

324 Apg 11,27-30; 21,8-14; 1. Kor 14,1.26-33

heilte Kranke.[325] Er unterwies sie weiter in dem Weg, auf dem sie gehen sollten.[326]

Dass Jesus zum Vater gegangen ist, heißt also nicht, dass er sich jetzt auf einen Ruhesitz gesetzt hat und abwartet, ob und wie seine Jünger sein Werk weiterführen. Sondern er selbst ist aktiv und gegenwärtig in allem. Er ist gegenwärtig durch die Kraft und die Gaben des Heiligen Geistes. In ihnen offenbart sich der Wille Jesu für den jeweiligen Augenblick.[327] Er ist gegenwärtig in der Versammlung seiner Leute. Jeder von ihnen spiegelt einen Teil der Schönheit und Vielfalt wider, die Jesus ausmacht. Jeder kann einen besonderen Aspekt der Wirklichkeit Jesu beitragen. Jesus ist da gegenwärtig, wo in seinem Namen die Boten ausgehen in die entferntesten Länder und Menschen von ihm weitersagen und Heilung im Namen Jesu vermitteln.

Die Berichte von der gegenwärtigen Kraft Jesu in solchen Missionssituationen füllen Meter um Meter in Bücherschränken. Gerade da hat Jesus seine besondere Gegenwart zugesagt, wo Menschen zu Jüngern werden und sich unterrichten und taufen lassen.[328] Und Jesus ist gegenwärtig in der gottesdienstlichen Feier, wo die Christen ihn loben und anbeten als gegenwärtigen Herrn und das Abendmahl miteinander feiern, das Jesus am Abend seines letzten Tages als neues Passahmahl eingesetzt hat.[329]

Der wiederkommende Jesus

In der immer neu wiederholten Feier des Abendmahls „macht ihr damit den Tod von Jesus, dem Herrn, bekannt, bis er wiederkommt“[330]. Jesus

[325] Apg 14,8-18. 19,11-12.18-20
[326] Apg 13,1-3. 16, 6-10
[327] Das entfaltet der Apostel Paulus in seiner Lehre über die Gaben und Wirkungen des Heiligen Geistes, vgl. 1Kor 12-14.
[328] Mt 28,18-20
[329] 1. Kor 11,23-26
[330] 1. Kor 11,26

kommt wieder. Das war die Gewissheit der ersten Christen. In jeder Versammlung ertönte ihr Gebetsruf: „Maranatha! Unser Herr, komm!“ Das motivierte sie. Damit rechneten sie. Sie hatten miterlebt, wie Jesus von ihnen wegging und die Wolken ihn vor ihren Augen verbargen. Wolken sind in der Bibel ein Symbol für die Gegenwart Gottes. Sie verbergen und enthüllen zugleich Gottes Herrlichkeit. Als die Jünger am Tag der endgültigen Erhöhung Jesu, am Himmelfahrtstag, ihm nachstarrten und in der Dichte der Wolkenverhüllung doch nicht mehr sehen konnten, hörten sie Lukas' Bericht zufolge die folgenden Worte von Boten Gottes: „Ihr Männer aus Galiläa, was steht ihr hier und schaut zum Himmel? Dieser Jesus, der jetzt von euch in die Himmelswelt aufgenommen wurde, wird wiederkommen, genauso, wie ihr ihn in die Wirklichkeit Gottes habt hinübergehen sehen.“[331] So lebten die ersten Christen in dieser Erwartung.

Und es ist bis heute ein unverzichtbarer Bestandteil christlicher Hoffnung: Jesus wird wiederkommen. Das Neue Testament ist voll von Hinweisen auf dieses großartige Ereignis. Jesus selbst hat es in seinen Abschiedsreden immer wieder beschrieben und die Zeichen genannt, die seiner Wiederkunft vorausgehen und sie begleiten. Paulus und alle anderen Verfasser der neutestamentlichen Briefe sprechen immer wieder über das Thema der Wiederkunft Jesu. Im Buch der Offenbarung wird Jesus beschrieben als der, „der da ist, der da war und der da kommt“, und es wird gesagt: „Er kommt mit den Wolken!“[332] Dieses letzte Buch der Bibel ist eine einzige Entfaltung der Wiederkunft von Jesus. So endet es und auch die ganze Bibel mit dieser Zusage aus dem Mund Jesu: „Ja, ich komme bald!“ Und der Verfasser der Offenbarung und mit ihm die ganze christliche Kirche antworten: „Amen, komm, Herr Jesus.“[333]

---

[331] Apg 1,9-11
[332] Off 1,7-9
[333] Off 22,20

Das ist ein zentraler Punkt des christlichen Glaubensbekenntnisses, der in unseren Tagen vielen nicht mehr bewusst ist: Jesus ist der erhöhte, gegenwärtige und – der wiederkommende Herr. So sprechen es Millionen von Christen jeden Sonntag im Gottesdienst: „Von dort wird er kommen zu richten die Lebenden und die Toten." Doch wenn die Gemeinde der Christen eine zentrale Wahrheit über Jesus vernachlässigt, schadet ihr das selbst. Und letzten Endes kann man eine Wirklichkeit nicht einfach dadurch ändern, dass man sie totschweigt oder ignoriert.

Name über alle Namen

So ist Jesus seit Kreuz und Auferstehung der, den Gott erhöht hat. Er ist eingestiegen in die Niedrigkeit eines verachteten Todes und zeigte so die ganze Herrlichkeit der Liebe Gottes. Als auferstandener und erhöhter Herr hat Gott ihm alle Macht und Herrschaft übergeben. Er ist der König Jesus, der von Gott erwählte Christus seines Volkes und Heiland der ganzen Welt. Er ist gegenwärtig in seiner Gemeinde und treibt aktiv den Willen des Vaters in dieser Welt voran. Sein Ziel ist, dass sich endgültig jedes Knie beugen wird, das heißt: alle Menschen Gott den Vater ehren. Der Name dieses erhöhten Herrn ist Jesus. Nicht etwa Christus, wie man in vielen Büchern lesen kann, so als sei Jesus sein irdischer, Christus aber sein himmlischer Name. Nein, gerade an den Stellen im Neuen Testament, wo seine Hoheit besonders betont werden soll, steht immer der Name Jesus.[334] In der Bibel steht „Name" immer für „Person". Wenn von dem Namen Jesus geredet wird, dann ist die Person Jesus in ihrem ganzen Wesen gemeint. Der Hoheitsname des Gottessohnes ist also Jesus.

[334] Vgl. Otto-Siegfried von Bibra: Der Name Jesus. 8. Auflage Wuppertal 1976.

In diesem Namen zeigt sich die ganze Absicht Gottes. Der Name ist ein Programm: Jesus, hebräisch „Jeschua", heißt nichts anderes als „Der Herr hilft. Der Herr ist Rettung, ist Heil".[335] Jesus ist die entscheidende Hilfe Gottes für uns Menschen. „Der Herr ist Heil." Genau das war Jesus. Das war Inhalt seines Lebens. Das war Ziel seines Sterbens. Das war die Kraft seiner Auferstehung. Und es ist immer noch das Wesen des erhöhten Jesus. Das macht seine fortdauernde Faszination aus.

---

[335] Vgl. auch Mt 1,21

9. Jesus: Heute und Morgen

Jesus, der Messias – er ist immer derselbe,
gestern, heute und in die Ewigkeiten hinein![336]

Weil Jesus auferstanden ist, ist es möglich, ihm heute zu begegnen. Er ist nicht mehr gebunden an die Begrenzungen von Raum und Zeit. Jesus ist uns immer gegenwärtig und gleichzeitig. Überall haben Menschen mit ihm Erfahrungen gemacht. Solche Erfahrungen, allein aus meinem Erlebnisbereich, könnten viele Bücher füllen. Überall wird deutlich, dass Jesus nicht nur eine Person der Geschichte ist, sondern dass er heute konkret erfahren werden kann.

Die Erfahrung von anderen kann ermutigen und die Fährte zeigen, auf der es weitergehen kann. Aber sie kann eins nicht: eigene Erfahrung ersetzen. Deshalb soll dieses kurze Schlusskapitel nur wie ein kleines Reiseprospekt einige Aussichten zeigen. Hinfahren und die Landschaft erkunden muss aber jeder selbst.

Jesus in Georgien

Immer wieder konnte ich in meinem Umfeld die Wirklichkeit des heute lebendigen Jesus erfahren. In verschiedenen Städten der ehemaligen Sowjetunion hielt ich Vorträge über Jesus. Es war bei einem solchen Vortrag in der technischen Universität von Tbilissi (Tiflis), der Hauptstadt Georgiens. Ich hatte eine Reihe von Schriften ausgelegt, in deutscher, englischer und russischer Sprache. Darunter war nur ein russisches Neues Testament. Direkt nach dem Ende der Veranstaltung kam eine etwa 45 jährige Frau mit dem Neuen Testament in der Hand zu mir und fragte, ob sie es mitneh-

[336] Heb 13,8

men dürfe. Dann erzählte sie mir ihre Geschichte: Ihr Elternhaus war völlig unreligiös. In der Schule wurde sie atheistisch indoktriniert. Als ihr erstes Kind, ein Mädchen, geboren wurde, war es taub. Sie musste mit dem Kind von Tbilissi nach Moskau, wo es eine besondere Schule für hörgeschädigte Kinder gab. Mehrere Jahre wohnte sie dort bei einer Cousine. In dieser Zeit hatte sie eines Nachts einen Traum. Jesus Christus erschien ihr und sprach zu ihr in ihrer georgischen Muttersprache: „Hab keine Angst. Mit deiner Tochter wird alles gut werden!" Das sagte er zwei Mal. Als sie aufwachte, wusste sie: Es gibt einen Gott! Sie lief zu ihrer Cousine und fragte: „Wo ist hier eine Kirche? Jesus hat zu mir geredet! Ich muss beten!" So lief sie in die nächste orthodoxe Kirche und kniete nieder. Sie war noch nie in einer Kirche gewesen. Als sie betete, schaute sie nach oben und sah in der Kuppel ein großes Bild, das den auferstandenen Jesus als Allherrscher darstellt. „So wie ich ihn auf dem Bild sah, so hatte ich ihn im Traum gesehen! Und ich wusste von diesem Zeitpunkt an: Es gibt Gott! Egal, was die anderen sagten, ich wusste: Es gibt Gott!" Mehrere Male wiederholte sie diesen Satz. Das war ihr zur unumstößlichen Gewissheit geworden. Seit dem Tag, als Jesus zu ihr im Traum gesprochen hat, betet sie regelmäßig zu ihm. Und nun war sie glücklich, ein Neues Testament zu bekommen und mehr über den Jesus zu erfahren, der zu ihr gesprochen hatte, an den sie glaubte und der ihrer Tochter tatsächlich geholfen hatte.

Jesus in Marburg

Die Erfahrung der Realität von Jesus heute machen viele meiner Freunde hier in Marburg. Wie damals bei den ersten Jüngern ist es auch heute nicht so, dass nur bestimmte Typen, die vielleicht besonders religiös vorgeprägt sind, Jesus erleben können. Christoph ist ein Freund, der sich vor mehreren Jahren nie hätte vorstellen können, Christ zu werden. Doch ist auch er von Jesus überrascht worden. Er hat auf meine Bitte einmal kurz aufgeschrieben, wie sein Weg aussah:

„Ich wuchs als drittes von sechs Kindern auf. Meine Einschulung habe ich als sehr schrecklich in Erinnerung. Ich wollte lange Zeit nicht in die Schule und begann ab dann, nach dem Sinn und Zweck des Lebens zu fragen. Ich hatte große Schwierigkeiten in der Schule und wurde Einzelgänger. Mit sechzehn Jahren fand ich Anschluss an ein Jugendzentrum, die Friedensbewegung und politische Gruppen. Ich fuhr mit auf Demos, führte lange Diskussionen, bis die Köpfe rauchten, las Bücher von Hesse, Nietzsche, Kant, Anarchisten und Global 2000. Ich bekam eine ‚No Future'-Einstellung und Depressionen. Zu dieser Zeit rauchte ich meinen ersten Joint und konnte es dann nicht mehr lassen. Ich quälte mich mit einmal Hängenbleiben bis zur 12. Klasse, schmiss dann eine Lehrstelle als Erzieher hin, um dann der ‚normalen Welt' endgültig den Rücken zu kehren. Ich nahm Drogen und probierte alles aus, trampte als Hippie in der Gegend herum, spielte Gitarre und geriet immer mehr in okkulte und magische Kreise. Ich arbeitete als Tagelöhner und Hausmeister und baute mir eine eigene Schreinerwerkstatt auf. Ich war fest entschlossen, so wenig wie möglich mit der Gesellschaft zu tun zu haben, hatte keine Krankenversicherung, versorgte mich selber und war sehr stolz. Ich verachtete die Menschen, aber mich auch. Mehrere Liebesbeziehungen scheiterten und die Drogen bekamen immer mehr Macht über mich. Ich sah überhaupt keinen Sinn mehr, dachte an Selbstmord und Gewalt.

Da kam Jesus in mein Leben durch einen Bekannten, der mich ansprach. Er lud mich ein, mein Leben Jesus zu geben. Nach langen inneren Kämpfen und Diskussionen betete ich zum ersten Mal skeptisch zu Jesus und öffnete mein Leben für ihn. Seit diesem Tag bin ich von meiner Abhängigkeit befreit und habe echte Beziehungen zu Menschen. Ich erfahre, dass Gott keine Droge oder Autosuggestion ist, wie ich früher dachte, sondern dass er erfahrbare Realität wird, wenn man ihn lässt. Zurzeit lerne ich, in verbindlicher Lebensgemeinschaft mit anderen zu leben. Ich weiß, dass Jesus noch viele Abenteuer für mich bereit hat."

Jesus in Irian Jaya

Doch die Erfahrung des lebendigen Jesus beschränkt sich nicht nur auf Europa und die westliche Welt. Einer meiner engen Freunde arbeitete lange Zeit als Dozent an der Wirtschaftshochschule in Abepura, Irian Jaya, also in der östlichsten Provinz von Indonesien. Als wir ihn vor einigen Jahren besuchten, hatten wir die Gelegenheit, ins Hochland zu fliegen an einen Ort mit dem Namen Apahapsili. Das heißt wörtlich: Ort, an dem die Todfeinde verspeist werden. Bis vor Kurzem war der Stamm der Yali, die dort wohnen, noch in einem furchtbaren Kreislauf von Angst und Gewalt gefangen. Ein unerbittliches System der Blutrache forderte, Menschen aus anderen Stämmen, mit denen man verfeindet war, aus dem Hinterhalt zu töten und dann rituell zu verspeisen. Inzwischen sind die meisten Yali Christen geworden. Bei einem Gespräch fragte ich den Bürgermeister von Apahapsili, der als junger Mann selbst noch an solchen Rachezügen und kannibalistischen Festen teilgenommen hatte, was denn anders geworden sei, seit sie Christen sind. Seine Antwort war eindeutig: „Wir haben keine Angst mehr voreinander, seit wir Jesus kennen. Wir leben jetzt im Frieden. Wir können von einem Dorf zum anderen wandern, ohne fürchten zu müssen, hinterrücks ermordet zu werden. Seit wir an Jesus glauben, sind die Furcht und der Hass verschwunden. Wir haben uns miteinander versöhnt und Frieden geschlossen. Unsere Herzen sind jetzt froh."

Kontaktaufnahme mit Jesus

Diese drei Beispiele sollen für viele andere stehen. Das haben Menschen durch die Begegnung mit Jesus erlebt: Heilung und Ermutigung, Befreiung und Lebenserneuerung, Frieden und Versöhnung. Taten von Jesus heute. Seine Wirklichkeit ist konkret erfahrbar. Und er ist daran interessiert, dass Menschen sie erleben.

Wie können wir heute in Kontakt mit Jesus kommen?

Der Weg ist derselbe wie damals. Ich will vier Schritte vorschlagen:

Erstens: Information

So wie Jesus damals die Jünger eingeladen hat zu kommen und zu sehen, also einfach dabei zu sein[337], so besteht der erste Schritt zu Jesus heute auch darin, sich zu informieren. Wer eine Sache kennenlernen will, muss nahe herantreten, um sie genau zu betrachten. Das heißt also, Informationen über Jesus aufnehmen. Die Evangelien vorurteilsfrei lesen, um ein deutliches Bild von Jesus zu gewinnen. Sich in der Nähe von Menschen aufhalten, die Jesus kennen. „Kommt und seht!"

Zweitens: Konfrontation

Irgendwann wird dann der Punkt kommen, wo es nicht mehr geht, einfach unverbindlich weiterzumachen. Wenn alle Informationen gesammelt sind, muss eine Entscheidung getroffen werden. Wenn ein Mensch erkannt hat, wer Jesus ist, ist er gefragt, was er nun mit diesem Wissen und mit Jesus tun will. Die Information über Jesus führt zu einer Entscheidung: für oder gegen ein Leben in seiner Nachfolge. Diese Entscheidungssituation gab es auch immer wieder im Leben Jesu, wie wir gesehen haben. Jesus stellt uns heute vor dieselben Fragen wie die Menschen damals.

Drittens: Kommunikation

Diesen Schritt kann keiner einem anderen abnehmen. Es ist der Punkt, wo die lebensverändernde Begegnung mit Jesus stattfindet. Wo ein Mensch heraustritt aus der Unverbindlichkeit und sich für Jesus öffnet. Wo er Ja sagt zu Jesus, ihn als Herrn und Meister, als Gottes Sohn und Christus anerkennt. Wo er sein Leben an den gekreuzigten und auferstandenen Jesus Christus anbindet. Wo er sich von allen falschen Wegen abkehrt und

---

[337] Joh 1,39

auf den Weg Jesu tritt. Wo er Christ wird, das heißt, ein Mensch, dessen Leben entscheidend von Jesus Christus geprägt wird.

Viertens: Kommunion

Wer sich so für Jesus geöffnet hat, der ist eingeladen, das Leben mit Jesus zu teilen. Die Gemeinschaft mit ihm täglich zu leben. Kommunion heißt Gemeinschaft, Teilhabe am Leben. Jesus schenkt uns täglich seine Gegenwart. Die Versöhnung mit Gott, die er am Kreuz ermöglicht hat, ist Grundlage für jeden Augenblick unseres Lebens. Denn so wie wir sind, können wir nicht vor der Heiligkeit Gottes bestehen. Wir brauchen immer wieder die Vergebung unserer Sünden, das Neuanfangen-Können. Das spricht uns Jesus zu. Täglich können wir das erleben.

Gemeinschaft mit Jesus heißt aber auch Teilhaben an seiner Kraft. Die Kraft der Auferstehung kann auch in unserem Leben wirksam werden.[338] Wir können aus seiner Kraftquelle schöpfen und leben. Diese Kraft ist die Kraft des Heiligen Geistes, den Jesus uns immer neu schenkt. Das ist ein lebenslanges Geschehen, das nie langweilig oder abgestanden wird. Denn Gemeinschaft mit Jesus heißt Gemeinschaft mit dem, der die Quelle des Lebens ist.

Vier Schritte

Information: Nahe an Jesus herankommen

Konfrontation: Entscheidung für die Wahrheit, die in Jesus ist

Kommunikation: Ja sagen zu einem Leben in der unauflöslichen Verbindung mit Jesus

Kommunion: Teilhabe an der Wirklichkeit des gekreuzigten und auferstandenen Jesus.

---

[338] Phil 3,10; Röm 5,17

Die Ich-Bin-Worte Jesu

Was Jesus heute für uns bedeuten kann, ist in den Ich-bin-Worten unvergleichlich ausgedrückt, die das Johannesevangelium überliefert. Sie sollen am Ende dieses Buches noch einmal deutlich machen, worin die Faszination Jesu besteht. Eine Faszination, die kein Strohfeuer ist, sondern so festen Bestand hat wie Jesus selbst. Jedes dieser Worte ist eine Zusage, die wir heute – wie die Jünger damals – persönlich auf uns beziehen können.

Jesus sagt:
Ich bin – das Brot des Lebens:
Bei ihm wird unser Hunger nach Echtheit gestillt.[339]

Ich bin – das Licht der Welt:
Wer Jesus kennt, muss nicht in irgendeiner Finsternis zugrunde gehen.[340]
Ich bin – die Tür:
Bei Jesus können wir ein echtes Zuhause finden.[341]

Ich bin – der gute Hirte:
Bei Jesus haben wir alles, was wir brauchen. Er sorgt für uns.[342]

Ich bin – die Auferstehung und das Leben:
Der Tod ist nicht das Letzte, weil Jesus ihn überwunden hat.[343]

Ich bin – der Weg, die Wahrheit und das Leben:
Durch Jesus bekommen wir Anschluss an die Wirklichkeit Gottes.[344]

---

339 Joh 6,35
340 Joh 7,12
341 Joh 10,9
342 Joh 10,11.14
343 Joh 11,25
344 Joh 14,6

Ich bin – der Weinstock:
Wer mit Jesus in Verbindung bleibt, dessen Leben trägt Frucht.[345]

Faszination Jesus heute. Wer von ihr erfasst wird, wird nie mehr derselbe sein wie vorher. Sein Leben wird total erneuert werden. Das hatten die Jünger erfahren: „Ja, das Leben ist erschienen! Und wir haben es gesehen und bestätigen es als Augenzeugen und geben euch diese Nachricht weiter, nämlich das ewig währende, unzerstörbare Leben, das beim Vater war und uns erschienen ist."[346]

Faszination Jesus damals und heute.

[345] Joh 15,5
[346] 1. Joh 1,2

Jesus

Auf den ersten Blick
Gefällst du mir nicht
Jesus
Du bist
Schwach und verwundbar
Und dennoch im Licht

Auf den zweiten Blick
Erkenne ich mehr
Jesus
Du siehst
Mein ganzes Leben
Und liebst mich so sehr

Auf den dritten Blick
Kann ich wieder hoffen
Jesus
Du willst
Mich zu dir ziehen
Die Tür steht weit offen

Auf den letzten Blick
Wird alles erhellt
Jesus
Du kommst
Trocknest die Tränen
Und erneuerst die Welt

Roland Werner

Anhang: Woher wissen wir von Jesus?

Unsere Informationen über Jesus, wie auch über jede andere Person der Weltgeschichte, entnehmen wir den historischen Quellen, die uns heute zur Verfügung stehen.[347] Bei der Frage nach Jesus stehen uns verschiedene solcher Quellen zur Verfügung: Da sind die Berichte der ersten Christen, die uns in den Evangelien des Neuen Testaments vorliegen. Können wir ihnen vertrauen? Da gibt es die antiken Historiker und die jüdische Literatur aus der Zeit Jesu. Was sagen sie uns über Jesus? Da gibt es viele sogenannte „geheime" Evangelien, oft nur in Fragmenten erhalten, die behaupten, die „wirkliche" Wahrheit über Jesus zu kennen. Was hat es mit diesen Schriften auf sich? Und dann sind da noch die spektakulären Handschriftenfunde von Qumran und Nag Hammadi, von denen sich viele Leute Neues über Jesus erhoffen. Welche Bedeutung haben sie?

1. Wie verlässlich sind die Jesus-Überlieferungen?

Die Evangelien des Neuen Testaments sind unsere ausführlichsten Quellen über Jesus. Sie berichten von Ereignissen aus seinem Leben und halten fest, was er gesagt hat. Man muss nicht religiös sein, um diese Berichte zu lesen. Es ist auch keine Glaubensfrage, ob man sie für verlässlich hält oder nicht. Man kann sie lesen wie jedes andere historische Dokument und sich selbst ein Bild von ihrer Glaubwürdigkeit machen: Wer schreibt hier? Wann wurde es geschrieben? Und hatte der Schreiber überhaupt zuverlässige

[347] Der Anhang zur Frage „Woher wissen wir von Jesus" wurde gegenüber der ersten Auflage (1993) weitgehend unverändert belassen und nur an wenigen Stellen leicht überarbeitet oder durch aktuellere Literatur ergänzt.

Informationen? Das alles sind Fragen, die sich historisch überprüfen lassen. Und eine solche Überprüfung ergibt: Wir wissen über die Entstehung der Evangelien weit mehr, als allgemein angenommen wird.

Historischer Jesus oder kirchlicher Christus?

Schon im 19. Jahrhundert und dann verstärkt in der ersten Hälfte des 20. Jahrhunderts ist die Zuverlässigkeit der Evangelien vor allem durch einige deutsche Theologen infrage gestellt worden. Sie wollten scharf trennen zwischen dem „wirklichen", dem historischen Jesus und dem christlichen Glauben: Jesus sei ein jüdischer Rabbi gewesen, über den wir nicht viel wissen. Der christliche Glaube sei aber erst später in den sogenannten „hellenistischen", also von der griechischen Kultur geprägten Gemeinden entstanden. Diese Gemeinden hätten dann die Evangelien so zusammengestellt, wie es ihren Bedürfnissen und ihrem Glauben entsprochen habe. Dazu hätten sie viele Geschichten oder „Worte Jesu" einfach erfunden. Die Entstehung der Evangelien sei zu vergleichen mit der Entstehung von Mythen und Sagen der griechischen Volksliteratur. Sie seien daher keine sichere Quelle, die uns Auskunft über Jesus geben könnte. Der Christus des Neuen Testaments habe mit dem historischen Jesus wenig zu tun.

Neue Ergebnisse in der Wissenschaft

Diese Ansicht hat sich aber auf Dauer nicht allgemein durchsetzen können: Die 1947 entdeckten Schriften vom Toten Meer haben zum Beispiel gezeigt, dass vieles von dem, was frühere Theologen noch für „hellenistisch" hielten, in Wirklichkeit schon zur Zeit Jesu im Judentum wohlbekannt war. Und es steht inzwischen auch fest, dass die meisten griechischen Texte, die in der Frühzeit der Bibelkritik zum Vergleich für die Evangelien herangezogen wurden, nachweislich erst aus späteren Jahrhunderten stammen. Sie können daher nicht als Vorlagen für das Neue Testament gedient haben. Es stimmt also nicht, dass die Evangelien erst nach dem Vorbild dieser griechischen mythologischen Ideen gestaltet wurden.

Immer mehr Forscher stimmen deshalb in neuer Zeit darin überein, dass die Entstehung der Evangelien nicht mit der Entstehung der griechischen Volksliteratur verglichen werden kann.[348] Viel nahe liegender ist stattdessen der sorgfältige Vergleich mit der Entstehung und Weitergabe jüdischer Überlieferung, wie sie zur Zeit Jesu unter den pharisäischen und rabbinischen Gelehrten im Land Israel üblich war:

Rabbinische Schulen im Judentum

In der jüdischen Tradition spielt neben der schriftlichen Überlieferung, der Thora, die mündliche Überlieferung eine wichtige Rolle. Die Weitergabe dieser Überlieferung geschah in verschiedenen Schulen und Lehrhäusern, die sich zur Zeit Jesu in Israel gebildet hatten. Mit der größten Sorgfalt gaben die Rabbinen die traditionellen Riten, Bräuche, Bibelauslegungen und Gesetzestexte an ihre Schüler weiter. In der jüdischen Mischna, einer Sammlung von Gesetzen aus dem 2. Jahrhundert n. Chr., wird dieser Prozess der Weitergabe, von Generation zu Generation, so beschrieben: „Moses empfing das Gesetz am Sinai. Moses gab es an Josua weiter, Josua an die Ältesten des Volkes. Die Ältesten gaben es an die Propheten weiter und die Propheten an die Männer der großen Ratsversammlung."[349]

---

[348] Einen ausführlichen Überblick über die Forschung zu dieser Frage gibt R. Riesner: Jesus als Lehrer. 3. Auflage Tübingen 1988. S. 1–95.

[349] Mischna, Sprüche der Väter 1,1.

Zur Zeit Jesu geschah die Weitergabe der Überlieferung immer noch weithin in mündlicher Form von Lehrer zu Schüler.

Die Namen der wichtigsten Lehrer aus dieser Zeit werden in der Mischna genannt. Ihre Kette reicht zurück bis ins 3. Jahrhundert vor Christus. Erst nach der Zerstörung Jerusalems im Jahr 70 n. Chr. hat man dann langsam begonnen, die mündlichen Überlieferungen aufzuschreiben. Die älteste erhaltene schriftliche Sammlung, die Mischna, entstand erst etwa 200 n. Chr. Die Überlieferungen, die in ihr aufbewahrt sind, reichen aber oft bis in vorchristliche Zeit zurück. Es lohnt sich also, die Entstehung der neutestamentlichen Schriften vor dem Hintergrund dieser jüdischen Überlieferungstechniken zu betrachten. Denn um eine verlässliche Weitergabe der mündlichen Überlieferungen sicherzustellen, hatte man in Israel, ebenso wie in anderen Teilen der antiken Welt, erprobte Lernmethoden entwickelt.[350]

Zuverlässige Einprägung

Die wichtigste Lernmethode war das Auswendiglernen. Der jüdische Schriftsteller Flavius Josephus schreibt am Ende des 1. Jahrhunderts:

„Bei uns hingegen mag man den ersten besten über die Gesetze befragen, und er wird sämtliche Bestimmungen derselben leichter hersagen als seinen eigenen Namen. Weil wir nämlich gleich vom Erwachen des Bewusstseins an die Gesetze erlernen, sind sie in unsere Seelen sozusagen eingegraben.“[351]

---

[350] Ausführliche Untersuchungen dazu bei B. Gerhardsson: Memory and Manuscript. Oral Tradition and Written Transmission in Rabbinic Judaism and Early Christianity. Lund-Kopenhagen 1961. Ders.: Tradition and Transmission in Early Christianity. Lund 1964. Ders.: Die Anfänge der Evangelientradition. Wuppertal 1977, sowie in dem von P. Stuhlmacher herausgegebenen Sammelband: Das Evangelium und die Evangelien. Tübingen 1983. S. 79–102. Armin Baum: Der mündliche Faktor und seine Bedeutung für die synoptische Frage. Tübingen 2008.

[351] Josephus, Contra Apionem II,178.

Eine wichtige Hilfe zum Auswendiglernen war das ständige Wiederholen von Texten. In vielen rabbinischen Schriften wird das Ideal des Gelehrten so dargestellt: Er sitzt niemals müßig in seinem Haus, sondern wiederholt von morgens bis abends die Worte des Gesetzes. Schon im Alten Testament wird eine solche Einstellung gelobt:

„Glückwunsch dem, der nicht mitläuft in der Menge der Gottesfeinde und sich nicht hinstellt auf dem Weg der Übeltäter, ja, Glückwunsch allen, die nicht mit den Großmäulern zusammensitzen! Ja, glücklich zu preisen ist, wer die Lehre Adonais mit Freude aufnimmt und sie Tag und Nacht in seinem Herzen bewegt (wörtlich: ‚murmelt')! Solche Menschen sind wie Bäume, eingewurzelt an den Wasserläufen. Wenn die Zeit reif ist, bringen sie ihre Frucht und ihre Blätter verwelken niemals. Ja, alles, was sie anpacken, gelingt."[352]

Auch heute noch kann man viele fromme Juden beobachten, die auf diese Weise auswendig gelernte Texte immer wieder laut vor sich hinmurmeln.

Als eine weitere Lernhilfe verwendeten die jüdischen Lehrer oft Reime und poetische Formulierungen, die das Auswendiglernen erleichterten.

Jesus als Lehrer

Jesus lehrte seine Jünger, wie ein Rabbi seine Schüler lehrt.[353] Er benutzte für seine Unterweisung viele poetische Formulierungen, zum Beispiel in den Seligpreisungen der Bergpredigt. Er leitete seine Sätze oft mit sogenannten „Hörformeln" ein, die auch bei den Rabbinen beliebt waren: „Wahrlich, wahrlich, ich sage euch: ..." Das heißt: „Achtung, jetzt kommt ein wichtiger Merkspruch!" Durch einen Vergleich der Evangelien unter-

---

[352] Ps 1,1-2

[353] Eine ausführlichere Untersuchung dazu bei R. Riesner: Jesus als Lehrer. Tübingen 3. Auflage 1988.

einander können wir erkennen, dass Jesus dieselben Aussagen mehrmals und in verschiedenen Situationen wiederholt haben muss. Jesus war mehrere Jahre lang mit seinen Jüngern unterwegs und lehrte an vielen verschiedenen Orten. Da ist es wahrscheinlich, dass die Jünger die Aussagen, die wir heute in den Evangelien finden, immer und immer wieder gehört haben. Bei vielen dieser Worte handelt es sich um knapp formulierte Lehrzusammenfassungen.

Jesus und seine Gleichnisse

Jesus hat wichtige Aussagen oft in Form von Gleichnissen weitergegeben. Gleichnisse oder Rätselsprüche (Hebräisch *maschal*) waren ein beliebtes Unterrichtsmittel der Rabbinen. Der schwedische Neutestamentler Birger Gerhardsson schreibt dazu:

„Man unterhält sich nicht mit seinen Zuhörern, man hält auch keine Vorlesung für sie, sondern man legt ihnen ein Gleichnis vor, man überlässt ihnen einen Ausspruch. Sie empfangen etwas, wie man einen wunderlichen Gegenstand empfängt, den man untersuchen soll, um herauszubekommen, was es damit für eine Bewandtnis hat. (...) Es scheint mir – im Lichte der altjüdischen Unterrichtsmethoden – völlig klar zu sein, dass Jesus jede parabolische (d. h. gleichnishafte) Aussage zwei oder mehrere Male vortrug, um sie dem Gedächtnis der Hörer einzuprägen.“[354]

[354] B. Gerhardsson: Die Anfänge der Evangelientradition. Wuppertal 1977. S. 50.

Die Weitergabe der Jesus-Berichte durch seine Jünger

Jesus hat seine Jünger so gelehrt, dass sie später in der Lage waren, das, was sie von ihm gelernt hatten, zuverlässig an andere weiterzugeben. Jesus war es wichtig, dass seine Worte aufbewahrt wurden, und schon während seines öffentlichen Wirkens hat er seine Jünger mehrmals allein ausgesandt, um zu predigen und zu heilen, wie er es tat. Sie waren diejenigen, die später von Jerusalem aus überall von Jesus weitersagen sollten. Die Vorstellung, dass die Christen erst sehr viel später anfingen, sich an die Worte und das Leben Jesu zu erinnern, trifft sicher nicht zu. Jesus selbst hat wie jeder andere gute rabbinische Lehrer für eine zuverlässige Weitergabe gesorgt. Diese Weitergabe erfolgte vor allem in drei Formen, die auch aus der später aufgeschriebenen Literatur des Judentums bekannt sind: „Halacha" (Lehren), „Haggada" (Ereignisse aus dem Leben der Rabbinen) und „Meschalim" (Gleichnisse und Rätselsprüche).

Die ersten Jesus-Berichte

Nach dem Tod und der Auferstehung Jesu begannen seine Jünger sofort damit, das, was sie von Jesus wussten, anderen weiterzusagen. Aus den Berichten der Apostelgeschichte sehen wir, wie die Missionspredigten der Christen in den ersten Jahren aussahen: Die früheste Form dieser Predigten, wie sie seit 30 n. Chr. überall gehalten wurden, war die Nacherzählung des Lebens Jesu. Ein Beispiel dafür ist Petrus' Rede vor dem römischen Hauptmann Kornelius, wie sie Lukas in der Apostelgeschichte knapp zusammenfasst:

„Ihr kennt auch die Ereignisse, die zuerst in Galiläa und dann in ganz Judäa geschehen sind, nachdem Johannes die Taufe als Ausdruck der Lebenserneuerung öffentlich verkündigte. Und ihr wisst ja auch von Jesus, der aus Nazareth stammte. Ihn hat Gott gesalbt mit dem heiligen

Gottesgeist und mit Kraft. Der zog umher und machte alle gesund, die vom Teufel, dem Zerstörer, überwältigt worden waren, denn Gott selbst war mit ihm. Wir persönlich sind Augenzeugen von all dem, was er getan hat, sowohl in den von Juden besiedelten Gebieten als auch in Jerusalem. Den haben sie umgebracht, indem sie ihn an das Kreuzesholz hängten. Doch Gott hat Jesus am dritten Tag auferweckt."[355]

Die Jünger verbreiteten also von Anfang an nicht irgendwelche religiösen Ideen oder Lehren, sondern sie berichteten von Tatsachen, nämlich vom Leben, Sterben und der Auferstehung Jesu. Jesus selbst war der zentrale Inhalt ihrer Verkündigung. In dieser ersten Zeit nahmen die Evangelien, wie wir sie heute kennen, schon in der mündlichen Weitergabe eine konkrete, fest gefügte Form an. Wir wissen, dass es in den ersten Gemeinden ein spezielles „Amt" des Lehrers gegeben hat.[356] Diese urchristlichen Lehrer waren wahrscheinlich besonders dafür verantwortlich, Informationen über Jesus an die neu gewonnenen Christen weiterzugeben, ähnlich wie die Rabbinen im Judentum die Gesetze weitergaben. („Rabbi" war die gebräuchliche hebräische Anrede für einen Lehrer, den man verehrte. Erst später wurde es zu einem offiziellen Titel und einer festen Berufsbezeichnung.[357])

Paulus und Jesus

Die wahrscheinlich frühesten schriftlichen Informationen über Jesus finden wir in den Briefen von Paulus, von denen die meisten noch vor den Evangelien geschrieben wurden. Woher hatte Paulus sein Wissen über Jesus? Paulus stammte aus einem bewusst religiösen jüdischen Elternhaus in Tarsus in der heutigen Südtürkei. Spätestens als Jugend-

[355] Apg 10,37-40
[356] Apg 13,1; 1. Kor 12,28; Jak 3,1
[357] Eine ausführlichere Untersuchung dazu bei A. F. Zimmermann: Die urchristlichen Lehrer. 2. Auflage Tübingen 1988.

licher kam er nach Jerusalem, um dort in die Schule des berühmten Rabbi Gamaliel zu gehen.[358] Es ist deswegen nicht unmöglich, dass er sich zum Zeitpunkt des Prozesses gegen Jesus auch in Jerusalem befand. Zumindest war sein Lehrer Gamaliel ein Mitglied des jüdischen Hohen Rates, der diesen Prozess einleitete. Gamaliel war es auch, der kurze Zeit später in einem Prozess gegen Petrus und Johannes zu einem gemäßigten Vorgehen gegen die neue Bewegung der Christen riet.[359] Paulus, der so wohl über viele wichtige Informationen über Jesus verfügte, ging jedoch schärfer gegen die ersten Christen vor: Er wurde Sonderbevollmächtigter des Hohen Rates für die Verfolgung der christlichen Gemeinden.

Eine totale Lebenswende

Wenn man davon ausgeht, dass Jesus im Jahr 30 n. Chr. gekreuzigt wurde, dann wurde Paulus im Jahr 31 (vielleicht auch später, 33?) in einer Art religionspolizeilichen Mission nach Damaskus geschickt, um dort Christen aufzuspüren. Während dieser Reise begegnet Paulus unerwartet dem auferstandenen Jesus. Sein Leben ändert sich total: Er lässt sich taufen und schließt sich der Gemeinde in Damaskus an. Dort beteiligt er sich eifrig an der Verbreitung der Neuigkeiten über Jesus. Im Jahr 33 n. Chr. trifft er dann in Jerusalem mit Petrus, Jakobus und anderen Jüngern zusammen.[360] Während dieser ganzen Zeit hatte Paulus Gelegenheit, sein Wissen über Jesus durch die Angaben der Jünger zu ergänzen. Zwischen 44 und 47 n. Chr. beginnt er dann nach einem zweiten Besuch in Jerusalem seine Reisen, auf denen er dieses Wissen weitergibt.[361] Wie die ersten Jünger predigt auch Paulus nicht seine

---

[358] Apg 22 ,3
[359] Apg 5,34-42
[360] Apg 9,26 und Gal 1,17: im dritten Jahr nach seiner Bekehrung.
[361] Nach Apg 11,28-30; 12,18-25 und Gal 2,1-2: im vierzehnten Jahr nach seiner Bekehrung.

persönlichen religiösen Ideen, sondern erzählt von Tatsachen, nämlich vom Leben, vom Tod und von der Auferstehung Jesu.[362] Auch bei ihm findet sich also bereits in einer kurzen, mündlichen Form das, was wir später in den Evangelien finden.

Die frühesten Dokumente des Neuen Testaments

Nach allgemeiner Ansicht sind die beiden Briefe von Paulus an die Gemeinde in Thessalonich aus dem Jahr 51 die frühesten schriftlichen Dokumente des Neuen Testaments. Aber es spricht einiges dafür, dass der Galaterbrief und der Brief des Jakobus noch früher geschrieben wurden, etwa im Jahr 48. Die Korintherbriefe stammen aus dem Jahr 55, der Römerbrief aus dem Jahr 56. Alle seine übrigen Briefe schrieb Paulus höchstwahrscheinlich während seiner Gefangenschaft in Rom in den frühen 60er-Jahren. Auch diese Briefe werfen also Licht auf die Verlässlichkeit der Jesus-Überlieferung.

Rabbinische Überlieferungstechniken bei Paulus

Paulus war durch seine Ausbildung im Lehrhaus des Rabbi Gamaliel gut vertraut mit den Überlieferungstechniken des Judentums.[363] Von klein auf hatte er gelernt, wie wichtig die exakte mündliche Wiedergabe der Überlieferung ist. Er selbst schreibt über sich:

---

[362] Apg 13,14-45 gibt uns ein Bild davon, wie die Predigten des Paulus in den Synagogen aussahen. Vgl. dazu auch die eigene Aussage des Paulus in 1. Kor 2,1-5.

[363] Die Bibelverse in diesem und den folgenden drei Abschnitten wurden vom Autor übersetzt.

„Ihr habt ja gehört über mein früheres Leben im Judentum, wie ich maßlos die Gemeinde Gottes verfolgt habe und sie zerstören wollte und wie ich im Judentum viele meiner Altersgenossen in meinem Volk weit übertraf und mich maßlos für die Überlieferung der Väter einsetzte."[364]

Paulus redet hier von „Überlieferung der Väter" (griechisch: *paradosis*). Damit sind die mündlichen Traditionen des Judentums gemeint, die er als Schüler auswendig gelernt hatte. Nach seiner Wendung zu Jesus ist für ihn nicht mehr nur die rabbinische Lehre eine „Überlieferung", die es wert ist, weitergegeben zu werden. Jesus wird nun für ihn zu einem zentralen, neuen Bestandteil der „Überlieferung". Durch Paulus und seine Briefe wissen wir, dass es auch im Christentum schon früh eine solche feste „Jesus-Überlieferung" gab, die in der jüdischen „Überlieferung der Väter" gründete und deshalb mit gleicher Sorgfalt weitergegeben wurde. Es fand also von Anfang an ein Prozess der genauen Weitergabe der Jesus-Informationen statt. Viele der Begriffe, die aus dem jüdischen Überlieferungswesen bekannt sind, verwendet auch Paulus: weitergeben *(paradidomi)*, empfangen *(paralambano)*, bewahren *(katecho)*, halten *(tero)*, Überlieferung *(paradosis)* usw. Paulus war als gebildeter Lehrer aus der Schule Gamaliels mit diesen Techniken gut vertraut.[365]

Empfangen und Weitergeben von Jesus-Überlieferungen

In seinen frühesten Briefen erinnert Paulus die Gemeinde in Thessalonich an das, was sie von ihm „empfangen" haben:

---

364 Gal 1,13-14

365 Ausführlichere Untersuchungen zur Ausbildung des Paulus in dem von M. Hengel und U. Heckel herausgegebenen Sammelband: Paulus und das antike Judentum. Tübingen 1991.

„Wir danken Gott unaufhörlich dafür, dass ihr das Wort Gottes, das ihr durch unsere Reden empfangen *(paralambano)* habt, nicht als Menschenwort aufgenommen habt, sondern – was es in Wahrheit ist – als Gottes Wort.“[366]

„Ihr habt von uns empfangen *(paralambano),* wie ihr leben sollt.“[367]

„Deshalb, liebe Geschwister, steht fest und haltet die Überlieferung *(paradosis)* fest, die wir euch gelehrt haben, entweder mündlich oder durch einen Brief.“[368]

Paulus betont hier, dass das, was er „weitergibt“, nicht seine eigenen Gedanken und Worte sind. In einem anderen Brief schreibt er: Er selbst hat als Tradition empfangen *(paralambano),* was er anderen weitergibt *(paradidonai):*

„Denn als Erstes habe ich euch weitergegeben, was auch ich empfangen habe: …“[369]

„Ich habe nämlich vom Herrn empfangen, was ich euch weitergegeben habe: …“[370]

Aus all diesen Texten wird deutlich, wie wichtig die Kette der Tradition für Paulus ist. Er führt diese Kette des Weitergebens und Empfangens bis auf den „Herrn“, d. h. auf Jesus selbst, zurück. Damit macht er deutlich: Hier geht es nicht um persönliche Ansichten, sondern um exakte Wiedergabe der übermittelten Informationen:

„Sogar wenn wir selbst oder ein Engel vom Himmel kämen und euch ein Evangelium predigen würden, das anders ist, als wir es euch gepredigt haben, der sei verflucht. Was ich euch schon früher gesagt habe, sage ich noch mal: Wer ein anderes Evangelium verkündigt als das, das ihr empfangen habt *(paralambano),* der sei verflucht.“[371]

---

366 1. Thess 2,13
367 1. Thess 4,1
368 2. Thess 2,15
369 1. Kor 15,3
370 1. Kor 11,23
371 Gal 1,9

Kein Interesse an Jesus und seinem Leben?

Es ist von manchen Theologen gesagt worden, dass Paulus kein Interesse an Jesus und seinem Leben hatte, weil in seinen Briefen keine ausführlichen Jesusberichte enthalten sind. Das Gegenteil ist der Fall: Paulus brauchte seinen Gemeinden nichts mehr über Jesus zu erzählen, weil die Jesus-Überlieferungen dort längst allgemein bekannt waren. Sie waren das Erste, was Paulus weitergab, wenn er in eine neue Stadt kam und eine christliche Gemeinde entstand. Er brauchte seine Leser nur noch daran zu erinnern. Außerdem beruft sich Paulus ja immer wieder auf die Traditionen, die er dort schon „weitergegeben" hat: „Erinnert ihr euch nicht, dass ich euch das gesagt habe, als ich noch bei euch war?"[372] An vielen Stellen seiner Briefe bezieht sich Paulus auf Jesus-Worte, obwohl er sie nicht zitiert.[373] Sie müssen bei seinen Lesern demnach schon bekannt gewesen sein. Kein Wunder also, dass in den Briefen des Paulus keine ausführlichen Jesus-Berichte mehr vorkommen.

Die frühesten mündlichen Jesus-Überlieferungen

Einige Teile der Paulusbriefe sind nachweislich älter als die Briefe selbst. Es handelt sich um Texte, die Paulus offensichtlich selbst bereits in abgeschlossener mündlicher Form übernommen und in seine Briefe eingebaut hat. Diese Texte sind die frühesten Zeugnisse für den Überlieferungsprozess, auf den sich Paulus immer wieder beruft. Dazu gehören Texte wie Philipper 2,6-11, Römer 1,3-4, Römer 4,25 und 1. Korinther 15,3-7.

Auch diese Texte enthalten wieder kurze, zusammengefasste Jesus-Informationen. Ein Beispiel:

---

[372] 2. Thess 2,5
[373] Z. B. 1. Kor 7,10 vgl. Mk 10,2-12; 1. Kor 9,14 vgl. Mt 10,9-10; Röm 12,14.17 vgl. Lk 6,27

„Liebe Geschwister! Ich erinnere euch an das Evangelium, das ich euch gebracht habe, und das ihr empfangen habt. ... Denn als Erstes habe ich euch weitergegeben, was auch ich empfangen habe: Christus ist für unsere Sünden gestorben, gemäß der Schrift. Er ist begraben worden und ist am dritten Tag auferstanden gemäß der Schrift und ist dem Kephas erschienen, dann den Zwölfen, danach über 500 Brüdern gleichzeitig ...“[374]

Es gibt also viele Hinweise darauf, dass die Formung und Entstehung fester mündlicher Jesus-Überlieferung schon in den 30er- und spätestens in den 40er-Jahren stattfand: Erstens sind das die Berichte in der Apostelgeschichte über die Inhalte der Predigten der ersten Jünger, zweitens die Hinweise auf rabbinische Überlieferungstechniken bei Paulus, drittens ist es die Tatsache, dass Paulus in seinen Briefen Jesus-Worte als bekannt voraussetzt, und viertens sind es die „vorpaulinischen“ Abschnitte in den Briefen von Paulus, die wohl die frühesten Texte des Neuen Testaments darstellen.

Jesus-Worte bei Paulus zitiert

Ein fünfter Hinweis darauf, dass die Jesus-Überlieferung in den Gemeinden von Paulus schon bekannt war, sind seine Zitate von Jesus-Worten, die wir auch aus den später niedergeschriebenen Evangelien kennen:

„Den Verheirateten aber sage ich verbindlich – und das ist nicht meine Meinung, sondern ein Gebot von Jesus, dem Herrn –, dass eine Frau sich nicht von ihrem Mann scheiden lassen soll. ... Und der Mann soll seine Frau nicht fortschicken.“[375]

„So hat auch Jesus, der Herr, es festgelegt, dass die, die die gute Nachricht verkündigen, sich durch diese Aufgabe ernähren können.“[376]

---

[374] 1. Kor 15,1-6

[375] 1. Kor 7,10-11 vgl. Mk 10,2-12

[376] 1. Kor 9,14 vgl. Mt 10,9-10

„Segnet die, die euch verfolgen! Ja, segnet und verflucht sie nicht. ... Zahlt niemandem Böses mit ebensolcher Bosheit zurück!“[377]

Das ausführlichste Zitat aus der Jesus-Überlieferung ist eine fast wörtliche Parallele zum Bericht des Lukasevangeliums über das letzte Abendmahl in 1. Korinther 11,23-25 (vgl. Lukas 22,19-20), eingeleitet durch die Formel: „Denn ich habe das vom Herrn Jesus als verbindliche Tradition übernommen, was ich euch auch übergeben habe: ...“ Hier zitiert Paulus ausdrücklich aus einer fest geprägten Jesus-Überlieferung, die er selbst offenbar so schon von anderen gelernt hat, das heißt von den Jüngern Jesu in Jerusalem. Diese Überlieferung hat er seiner Gemeinde schon vorher weitergegeben, also bei seinem ersten Besuch in Korinth im Jahr 51.

2. Wer schrieb die Evangelien?

Die letzte und ausführlichste Stufe der Evangelientradition bilden die vier Evangelien des Neuen Testaments. Wie wir gesehen haben, bilden sie aber nur die Endstufe einer Überlieferung, die bei der Lehrtätigkeit Jesu anfing, von seinen Jüngern mündlich weitergegeben und dann schließlich aufgeschrieben wurde.[378] Vieles von dem, was wir in den Evangelien lesen, war deshalb schon lange vorher in fester mündlicher Form überliefert worden.

Über die Entstehung der schriftlichen Evangelien gibt es verschiedene Anschauungen. So ist es zum Beispiel eine allgemein verbreitete Ansicht, dass die Evangelien erst nach dem Jahr 70 n. Chr. entstanden sein können. Der Grund dafür ist denkbar einfach: Die Evangelien berichten, Jesus habe die Zerstörung des Tempels in Jerusalem angekündigt.

---

377 Röm 12,14.17 vgl. Lk 6,27

378 Ein kompakter Überblick findet sich jetzt bei Rainer Riesner, „Von Jesus zum Markusevangelium: Der Weg der Überlieferung“, erschienen in: Vox Scripturae – Revista Teológica Brasileira – São Bento do Sul/SC (Band 22/2014). Der Artikel ist auch im Internet als Download zugänglich.

Tatsächlich wurde der Tempel im Jahr 70 zerstört. Daraus schließt man, dass die Ankündigungen in den Evangelien erst nach diesem Datum aufgeschrieben worden seien. Die Verfasser der Evangelien hätten dann Jesus diese „Vorhersage" in den Mund gelegt.

Eine nahe liegende Voraussage

Man muss aber nicht einmal an die Möglichkeit echter Prophetie glauben, um davon auszugehen, dass Jesus tatsächlich schon die Zerstörung des Tempels angekündigt hat. Die Zerstörung des Tempels war im Judentum ein wohlbekanntes Motiv für das Gericht Gottes. Denn bereits im Jahr 587 v. Chr. war der damalige, der „erste" Tempel in Jerusalem nach langjähriger Ankündigung der Propheten zum ersten Mal zerstört worden.[379] Die Zerstörung des Tempels war also zur Zeit Jesu ein bekanntes Motiv. Und bei genauem Hinsehen ähneln die Bilder, die Jesus gebraucht, auch eher den biblischen Berichten von der Zerstörung des ersten Tempels als den tatsächlichen Vorgängen bei der späteren Zerstörung des zweiten.

Außerdem lag es nicht fern, vom Messias und Davidsohn den Bau eines neuen Tempels zu erwarten. Im Alten Testament wird nämlich berichtet, dass Gott David durch einen Propheten ankündigt: „[Ich] will dir einen Nachkommen erwecken, der von deinem Leibe kommen wird; dem will ich sein Königtum bestätigen. Der soll meinem Namen ein Haus bauen, und ich will seinen Königsthron bestätigen ewiglich."[380]

Die Handschriftenfunde vom Toten Meer aus dem Jahr 1947 haben gezeigt, dass die jüdische Gruppe der Essener diese Aussage auf den Messias bezog.[381] Die Essener waren ohnehin dem damaligen „zweiten" Tempel gegenüber kritisch eingestellt: Für sie war dieser Tempel durch

---

[379] 2. Kön 25,8-10

[380] 2. Sam 7,12-13

[381] 4Q Florilegium 1.

den Dienst frevelhafter Priester verunreinigt und sie erwarteten deshalb einen neuen Tempel, von Gott selbst geschaffen, am Ende der Zeit.[382]

Und auch der jüdische Historiker Flavius Josephus berichtet in seinem „Jüdischen Krieg" über eine Vorhersage der Tempelzerstörung aus dem Jahr 62 n. Chr.:

„Ein gewisser Jesus bar Ananus, ein ungebildeter Landmann, kam vier Jahre vor dem Ausbruch des Krieges, als die Stadt sich noch tiefen Friedens und Wohlstandes erfreute, zum Laubhüttenfest, und fing plötzlich an zu rufen: ‚Eine Stimme vom Aufgang, eine Stimme vom Niedergang, eine Stimme von den vier Winden. Eine Stimme über (d. h. Wehe über) Jerusalem und über den Tempel, eine Stimme über Bräutigame und Bräute, eine Stimme über das ganze Volk!' Tag und Nacht rief er dies, in allen Gassen der Stadt umherlaufend."[383]

Dieser Jesus bar Ananus setzte seine Weherufe über den Tempel fort, bis der Tempel acht Jahre später tatsächlich zerstört wurde. Jesus war also nicht der Einzige, der die Zerstörung des Tempels im Voraus verkündete. Es könnte sogar sein, dass Jesus bar Ananus ein Judenchrist (oder zumindest von Judenchristen beeinflusst) war und so die Zerstörung des Tempels aufgrund der Voraussage Jesu ankündigte.

Und schließlich gab es auch innerhalb des traditionellen Judentums Kreise, die den Untergang des Tempels erwarteten. Das wird im jüdischen Talmud an mehreren Stellen bezeugt:

„Die Mitglieder der Familie Gamru waren mit der Zubereitung des rituellen Brotes für den Tempel betraut, aber sie wollten es niemandem beibringen. .... Und man fragte sie: Warum wollt ihr es uns nicht beibringen? Darauf antworteten sie: In unserem Vaterhaus wissen wir, dass der Tempel zerstört werden wird, und deshalb wollen wir nicht, dass andere lernen, das Brot zu backen, damit sie es nicht in derselben Weise für die Götzen machen können wie für Gott selbst."[384]

---

[382] 11QT (Tempelrolle) 29,9 f.

[383] Josephus, Jüdischer Krieg VI, 300-301.

[384] Tosefta, Jom-ha-Kippurim II,5.

„Rabbi Zaddok verweilte 40 Jahre im Fasten, auf dass Jerusalem nicht zerstört werde."[385]

„Rabbi Johanan ben Zakkai schrie sie (die Tempeltore, die sich im Jahr 30 von selbst geöffnet hatten) an: O Tempel, weshalb ängstigst du dich! Ich weiß, dass du am Ende zerstört werden wirst, denn schon Sacharja hat über dich geweissagt: Öffne, Libanon, deine Tore, denn ein Feuer soll an deinen Zedern zehren!"[386]

In allen diesen Fällen rechneten Juden, die selbst direkt mit dem Tempel verbunden waren, fest mit dessen Zerstörung. Den stärksten Anklang an die in den Evangelien berichteten Vorhersagen über die Zerstörung des Tempels finden wir aber schon im Alten Testament:

Und es „wird ein Gesalbter ausgerottet werden, und niemand wird ihm helfen. Und das Volk eines Fürsten wird kommen und die Stadt und das Heiligtum zerstören ... und bis zum Ende wird es Krieg geben und Verwüstung, die längst beschlossen ist. ... Und im Heiligtum wird stehen ein Gräuelbild, das Verwüstung anrichtet ..."[387]

Diese Stelle aus dem Buch Daniel ist es, die die Vorhersagen Jesu prägt: Das „Gräuel der Verwüstung im Heiligtum" wird auch in den Evangelien als Ausdruck für die Entweihung des Tempels genannt. Das ist ein deutliches Zeichen dafür, dass Jesus bei der Ankündigung der Tempelzerstörung beim Alten Testament anknüpfte und dass die Evangelisten sie nicht erst aus der genauen Kenntnis der Ereignisse des Jahres 70 gebildet haben. Dieser Grund, die Entstehung der Evangelien erst nach dem Jahr 70 anzusetzen, fällt also weg.[388] Eigentlich entscheidend ist aber nicht die Frage nach dem Zeitpunkt, zu dem die Evangelien geschrieben wurden, sondern die Frage nach den Verfassern und ihrer Glaubwürdigkeit: Wer schrieb die Evangelien?

---

385 Babylonischer Talmud, Gittin 53a.

386 Babylonischer Talmud, Joma 39b.

387 Dan 9,26-27

388 Eine ausführlichere Untersuchung dazu bei J. A.T. Robinson: Wann entstand das Neue Testament? Paderborn 1986. S. 23–39.

Matthäus

Die früheste Auskunft, die uns historische Quellen über den Verfasser des ersten Evangeliums geben, stammt von Bischof Papias aus Hierapolis aus der Zeit um 120 n. Chr.:

„Matthäus hat in hebräischer Sprache die Reden zusammengestellt. Ein jeder aber übersetzte sie, so gut er konnte.“[389]

Ähnlich ist auch die Aussage des Bischofs Irenäus von Lyon, etwa aus dem Jahr 180 n. Chr. Er bezog seine Informationen von seinem Lehrer Polykarp von Smyrna (69–155 n. Chr.), der viele Apostel und Augenzeugen der Zeit Jesu noch persönlich kannte.[390] Von ihm erfuhr Irenäus:

„Matthäus hat bei den Hebräern in deren Muttersprache ein Evangelium geschrieben, während Petrus und Paulus in Rom das Evangelium verkündeten und die Kirche begründeten.“[391]

Ein Zöllner wird zum Evangelisten

Nach diesen Informationen wurde das erste Evangelium von einem der Jünger Jesu verfasst. Matthäus, der ursprünglich Levi hieß, war Zöllner in Kapernaum. Nach seiner Begegnung mit Jesus folgte er ihm und erhielt (wie Petrus) einen neuen Namen: Matthäus. Als Zollbeamter war er unter den Jüngern Jesu sicherlich einer der wenigen, die mit dem Schreiben von Büchern vertraut waren. Er war also gut dafür geeignet, einen schriftlichen Bericht über Jesus zu verfassen. Im Bericht von seiner eigenen Berufung hat er uns auch eine kleine persönliche Note hinterlassen: Anders als Markus und Lukas, die seinen alten Namen Levi nennen, hat Matthäus an dieser Stelle seinen neuen Namen verwendet.[392]

---

[389] Eusebius, Kirchengeschichte III 39,16.
[390] Eusebius, Kirchengeschichte V 20,6.
[391] Eusebius, Kirchengeschichte V 8,3 / Irenäus, Adversus Haereses III 1,1.
[392] Mt 9,9; Mk 2,14; Lk 5,27

Näheres über das Matthäusevangelium

Einen Hinweis auf die Entstehungszeit liefert die Notiz, dass Matthäus sein Evangelium schrieb, als Petrus und Paulus in Rom predigten. Paulus kam etwa im Jahr 60 n. Chr. nach Rom.[393] Er und Petrus starben während der Christenverfolgungen unter Nero in der Zeit von 64–68 n. Chr.[394] Nach Auskunft von Papias und Irenäus entstand das Matthäusevangelium noch vor deren Tod, vermutlich im Land Israel. Matthäus wendet sich besonders an Juden, die zum Glauben an Jesus gekommen waren. Besonders oft verweist er auf das Alte Testament und ist sehr daran interessiert, wie Jesus das jüdische Gesetz auslegte. Er erklärt jüdische Gebräuche nicht näher. Und er ersetzt das Wort „Gott" nach jüdischem Brauch oft durch die Umschreibung „Himmel". Solche Beobachtungen im Text des Evangeliums bestätigen also die Angaben von Papias und von Irenäus.

Markus

Die älteste Information darüber, wer das Markusevangelium aufschrieb, liefert uns ebenfalls Bischof Papias. Dieses Mal gibt er allerdings eine Information weiter, die er selbst von dem sogenannten „Ältesten" hat. Diesen „Ältesten" hat Papias kurz vorher ausführlicher als „Johannes, der Älteste, Jünger des Herrn"[395] vorgestellt.

„Auch dies lehrte der Älteste: Markus hat die Worte und Taten des Herrn, an die er sich als Dolmetscher des Petrus erinnerte, genau, allerdings nicht der Reihe nach, aufgeschrieben. Denn er hatte den Herrn nicht gehört und begleitet. Wohl aber folgte er später, wie gesagt, dem Petrus.

---

393 Apg 28,11-16

394 1. Klemensbrief 5,7; Eusebius, Kirchengeschichte III 1,2-3.

395 Eusebius, Kirchengeschichte III 39, 3-4. Näheres zu „Johannes, dem Alten" s. unten.

Dieser gestaltete seine Lehrvorträge in Form von kurzen Erzählungen, also nicht als zusammenhängende Darstellung der Reden des Herrn. Es ist daher keineswegs ein Fehler des Markus, wenn er einiges so aufzeichnete, wie es ihm das Gedächtnis eingab. Denn für eines trug er Sorge: Nichts von dem, was er gehört hatte, auszulassen oder sich im Berichte keiner Lüge schuldig zu machen."[396]

Der schon oben erwähnte Bischof Irenäus schreibt:

„Nach dem Tod dieser zwei Apostel (Petrus und Paulus) hat uns Markus, ein Schüler und Dolmetscher des Petrus, das, was Petrus predigte, ebenfalls schriftlich weitergegeben."[397]

Der Theologe Clemens von Alexandria war um 190–202 n. Chr. Lehrer der berühmten christlichen Hochschule in Alexandria. In seiner Schrift „Hypotyposen" gibt er die folgende Auskunft:

„Nachdem Petrus in Rom öffentlich das Wort gepredigt und im Geiste das Evangelium verkündigt hatte, sollen seine zahlreichen Hörer Markus gebeten haben, er möge, da er schon seit langem Petrus begleitet und seine Worte im Gedächtnis habe, seine Predigten niederschreiben. Markus habe dies getan und ihnen der Bitte entsprechend das Evangelium gegeben. Als Petrus davon erfuhr, habe er ihn weder davon abgehalten noch ihn dazu angetrieben."[398]

Nach Clemens ist das Markusevangelium also noch zu Petrus' Lebzeiten entstanden und von ihm zur Kenntnis genommen worden. Die Aussage von Irenäus wäre dann so zu verstehen, dass dieses Evangelium uns dann, nach dem Tod von Petrus, dessen Predigt auch weiterhin in schriftlicher Form erhalten hat.

---

[396] Eusebius, Kirchengeschichte III 39,10-15.
[397] Irenäus, Adversus Haereses III 1,1; Eusebius, Kirchengeschichte V 8,3.
[398] Eusebius, Kirchengeschichte VI 14,6.

Ein Leben mit Paulus und Petrus

Markus, oder mit vollem Namen Johannes Markus, stammte aus Jerusalem und stieß wahrscheinlich erst dort zu den Jüngern Jesu. Er war der Sohn einer Maria, deren Haus den ersten Christen in Jerusalem als Versammlungszentrum diente.[399] Er war zuerst Reisebegleiter von Paulus[400] und wurde später in Rom der Begleiter von Petrus. Petrus erwähnt ihn in seinem ersten Brief, den er höchstwahrscheinlich in Rom schreibt, als „Markus, mein Sohn“[401].

Besonderheiten des Markusevangeliums

Der Stil des Markusevangeliums passt gut zur Situation der Christen in Rom. Es verwendet auffallend viele lateinische Begriffe.[402] Es ist nicht besonders genau in geografischen Einzelheiten Palästinas. Die Sprache ist knapp und präzise, dem römischen Denken entsprechend. Es gibt nur wenige Hinweise auf jüdische Gesetze und Sitten, die dann aber ausführlich erklärt werden.[403]

Das Verbot der Ehescheidung, das Jesus an die Männer gerichtet hatte, bezieht Markus auch auf Frauen. Denn im römischen Recht hatten auch Frauen die Möglichkeit, sich scheiden zu lassen.[404]

Die Nachricht, dass Markus sein Evangelium in Rom geschrieben hat, wird also durch inhaltliche und stilistische Besonderheiten dieses Evangeliums bestätigt.

---

[399] Apg 12,12
[400] Apg 12,25; 13,5. Paulus erwähnt ihn in mehreren Briefen: Kol 4,10; Phlm 24.
[401] 1. Pt 5,13
[402] centurio (15,39), speculator (6,27), census (12,14), denarion (6,37).
[403] Vgl. Mk 7,1-5 mit Mt 15,1-2 und Lk 11,37-39
[404] Vgl. Mk 10,11-12 mit Mt 19,9 und Lk 16,18

Ein Aufsehen erregender Fund

Für angeregte Diskussionen über die Entstehungszeit des Markusevangeliums sorgte eine archäologische Entdeckung aus dem Jahr 1955: Unter den Handschriftenfunden aus Qumran, auf die wir später noch eingehen, fand sich ein kleines Fragment, das von einigen Wissenschaftlern als Bruchstück des Markusevangeliums entziffert wurde.[405] Die Texte aus Höhle 7, aus der dieses Fragment stammt, entstanden vermutlich später als die übrigen Funde aus Qumran, denn sie sind in griechischer Sprache verfasst. Die Schriftform des Fragments legt eine Entstehungszeit um 50 n. Chr. nahe. Mit Sicherheit kann der Fund vor das Jahr 68 n. Chr. datiert werden, denn in diesem Jahr wurde die Höhle endgültig verschlossen. Die Identifizierung des Fragments war jedoch lange umstritten, denn es enthält nur einige wenige Buchstaben, sodass es schwerfällt, den zugehörigen Originaltext zweifelsfrei zu bestimmen. Nur, wenn man den Wegfall von drei Worten und die ungewöhnliche Schreibweise eines weiteren Wortes annimmt, passen die Buchstaben des Fundes wirklich zum Originaltext von Markus. Neuere mikroskopische Untersuchungen haben zudem einen vorher umstrittenen Buchstaben am Rande des Papyrusfetzens eindeutig sichtbar gemacht, der die Gleichsetzung mit Markus aus heutiger Sicht so gut wie unmöglich macht.[406]

---

[405] Es handelt sich um das Papyrusfragment 7Q5, das nach der Meinung einiger Papyrusforscher die Verse Markus 6,52-53 enthält. Eine ausführliche Untersuchung dieses Fundes bei C. P. Thiede: Die älteste Evangelienhandschrift? 3. Auflage Wuppertal 1992.

[406] Die Argumente gegen eine Identifizierung mit Mk 6,52-53 fasst der Papyrologe Stefan Enste in seinem Buch „Kein Markustext in Qumran“ (Göttingen 2000) zusammen.

Lukas

Der Verfasser des dritten Evangeliums gibt uns selbst am Anfang seines Berichts Rechenschaft über seine Absichten, seine Arbeitsmethoden und den Inhalt seines „Evangeliums“:

„Nachdem jetzt schon viele Personen sich darin versucht haben, einen Bericht zusammenzustellen von den Dingen, die sich in unserer Mitte ereignet haben – und das aufgrund der Aussagen derjenigen, die selbst Augenzeugen waren und sich dann der Aufgabe gewidmet haben, diese Botschaft weiterzugeben *(paradidomi)* –, habe auch ich es für gut erachtet, es für dich der Reihe nach aufzuschreiben, nachdem ich alles ganz genau *(akribos)* von seinem Anfang an untersucht habe, damit du die Zuverlässigkeit der Berichte und Aussagen erkennst, in denen du unterrichtet worden bist.“[407]

Diese Einleitung erinnert an antike Geschichtswerke. Der römische Historiker Tacitus schreibt zu Beginn seiner Annalen (115 n. Chr.):

„Die glückliche oder unglückliche Geschichte des alten römischen Volkes haben ja schon berühmte Schriftsteller dargestellt ... Daher habe ich mich entschlossen, kurz über Augustus, und zwar seine zwei letzten Regierungsjahre, zu berichten, und danach die Regierungszeit des Tiberius und alles andere darzustellen ohne Hass oder Sympathie, wozu ich überhaupt keinen Grund habe.“[408]

Der römische Staatsmann und Historiker Sallust beginnt seinen Bericht über den Krieg gegen Jugurtha (ca. 40 v. Chr.) ähnlich.[409] In die Tradition dieser Geschichtsschreibung stellt sich auch der Verfasser des Lukasevangeliums. Er stellt sich vor als ein Zeitgenosse Jesu.[410] Seine Informationen über Jesus hat er aus verschiedenen Quellen: erstens aus anderen schriftlichen Berichten, zweitens von Augenzeugen, drittens aus der festen mündlichen Tradition *(paradosis)* und viertens aus seinen eigenen Nachforschungen.

---

[407] Lk 1,1-4

[408] Tacitus, Annalen 1,1.

[409] Sallust, Bellum Jugurthinum 5,1-3.

[410] „... von den Dingen, die sich in unserer Mitte ereignet haben“ (Lk 1,1).

Nicht nur ein Buch

Im Anschluss an sein Evangelium schrieb derselbe Autor auch die Apostelgeschichte.[411] Darin erfahren wir unter anderem, dass er ein Reisebegleiter von Paulus war. Teile der Apostelgeschichte sind nämlich nach Art eines Reisetagebuchs in der Wir-Form geschrieben. Demnach begleitete der Verfasser Paulus um 49 n. Chr. von Troas nach Philippi.[412] Im Jahr 55 schloss er sich dann endgültig Paulus an und begleitete ihn nach Jerusalem und Rom.[413] Dort blieb er Paulus' ständiger Begleiter, zunächst zusammen mit Markus und anderen, später dann allein.[414] In dieser Zeit, also Anfang der 60er-Jahre, hat er sein Evangelium und seine Apostelgeschichte geschrieben. Die Darstellung der Apostelgeschichte endet nämlich im Jahr 62 n. Chr.[415]

Aus dieser Beobachtung schließen viele Forscher, dass sowohl das Lukasevangelium als auch die Apostelgeschichte etwa zu diesem Zeitpunkt fertig gewesen sein müssen – sonst hätte der Verfasser vermutlich auch über die bewegten Jahre danach berichtet, die Christenverfolgung in Rom etwa oder den Tod von Petrus und Paulus.

Die Angaben der historischen Quellen

Über den Verfasser des Lukasevangeliums geben uns die ältesten historischen Quellen die folgenden Auskünfte:

---

411 Beide sind dem „hochverehrten Theophilus" gewidmet (Lk 1,3 und Apg 1,1). Dem Titel nach könnte es sich dabei um einen hohen römischen Beamten handeln. Theophilus ist vielleicht aber auch nur ein fiktiver Name für jeden Menschen, der Gott sucht, da der Name „Gottesfreund" bedeutet.

412 Apg 16,10-40

413 Apg 20,5–21,18 und Apg 27,1–28,16

414 Phlm 24 und Kol 4,14; 2. Tim 4,11

415 Das letzte berichtete Ereignis ist die Ankunft des Paulus in Rom (Apg 28,16) etwa im Jahr 60. Danach heißt es nur noch, dass Paulus zwei Jahre in Rom blieb und predigte.

„Lukas, der Begleiter des Paulus, hat das von Paulus verkündete Evangelium niedergeschrieben" (Irenäus um 180).[416]

„Das dritte Evangelium nach Lukas. Dieser Arzt Lukas hat es nach der Himmelfahrt Christi, als ihn Paulus als Weggefährten herangezogen hatte, unter seinem Namen nach dessen Angaben verfasst" (Kanon Muratori um 200).[417]

„Als drittes wurde das Evangelium des Lukas geschrieben, der es nach Approbation durch Paulus an die Gläubigen aus der Heidenwelt richtete" (Origenes um 210).[418]

Enger Kontakt der Verfasser

Die ersten drei Evangelien stimmen oft bis in den Wortlaut hinein exakt überein. Wahrscheinlich erklärt sich diese Nähe vor allem aus drei einfachen Gründen: Erstens haben sich die Verfasser gegenseitig gekannt und standen vor und während der Abfassung ihrer Evangelien miteinander in Kontakt. Lukas und Markus sind sich spätestens in Rom begegnet.[419] Markus und Matthäus waren beide Mitglieder der ersten Gemeinde in Jerusalem. Lukas und Matthäus sind sich wahrscheinlich ebenfalls in Jerusalem oder an einem anderen Ort begegnet. Zweitens kannten alle drei Verfasser die überlieferte mündliche Jesus-Tradition, die ja schon in den 30er- und 40er-Jahren feste Form angenommen hatte, und gründeten ihre Beschreibung auf sie. Und drittens könnten die Verfasser auch die schriftliche Fassung ihrer Evangelien untereinander gekannt haben.

416 Irenäus, Adversus Haereses III 1,1; Eusebius, Kirchengeschichte V 8,3.

417 Kanon Muratori, 4-5. Der Kanon Muratori ist ein Verzeichnis aller neutestamentlichen Schriften aus dem Jahr 200 n. Chr. Es fehlen 1./ 2. Pt, Jak, 3. Joh und Hebr.

418 Eusebius, Kirchengeschichte VI 25,6.

419 Kol 4,10-14

Wie hängen die drei ersten Evangelien zusammen?

Zur Entstehungsgeschichte der ersten drei Evangelien gibt es heute unter Bibelforschern viele unterschiedliche Meinungen und Theorien.[420] Fassen wir jedoch die Informationen zusammen, die wir bis hierher aus den ältesten Quellen und Zeugnissen zusammengetragen haben, dann ergibt sich das folgende Bild: Als erstes stellte Matthäus in Israel nach der Aussage des Bischofs Papias vor allem „Reden" Jesu in hebräischer Sprache zusammen.

Etwa gleichzeitig verfasste Markus in Rom das erste zusammenhängende Evangelium. So gab es also ursprünglich zwei frühe schriftliche Versionen der Jesus-Tradition: das Markusevangelium und die hebräische Redensammlung von Matthäus.

Unser heutiges Matthäusevangelium ist wohl eine Zusammenstellung aus diesen beiden Quellen: Matthäus kann das Evangelium von Markus schon früh kennengelernt haben, als es von Rom aus auch nach Palästina gebracht wurde. Er hat es dann vermutlich aufgrund seiner eigenen Erinnerungen überarbeitet und mit seiner Redesammlung zu dem heutigen griechischen Matthäusevangelium zusammengestellt. Man kann deshalb heute noch größere Redeblöcke im Matthäusevangelium erkennen.[421] Sie haben auch noch einen deutlich erkennbaren hebräischen Sprachhintergrund.

Lukas hatte die hebräische Redensammlung von Matthäus vielleicht schon bei seinem Aufenthalt in Jerusalem kennengelernt. Später hat er dann in Rom Markus getroffen und spätestens dort dessen Evangelium gelesen. Aus der Redesammlung von Matthäus, dem Evangelium von Markus, aus der mündlichen Überlieferung von Paulus und aus vielen anderen Informationen stellte er sein Evangelium zusammen. Große Teile seiner zusätzlichen Informationen, dem sogenannten „Sondergut", bezog er ver-

---

420 Eine ausführliche Darstellung der Zusammenhänge zwischen Matthäus-, Markus- und Lukasevangelium, also die sogenannte „synoptische Frage", gebe ich in meinem Buch „Hebräisches Evangelium und synoptische Überlieferung", Tübingen 2012, vor allem auf S. 5–14 und 587–594. Ein kürzerer Überblick z. B. bei R. Riesner: Jesus als Lehrer. 3. Auflage Tübingen 1988. S. 18–28.

421 Z. B. Kapitel 5–7 und 23–25.

mutlich von Mitgliedern der Gemeinde in Jerusalem, unter denen noch viele Augenzeugen Jesu waren, so etwa Maria, die Mutter Jesu, und Jakobus, ein Bruder von Jesus. Es sind gerade diese Berichte, aber auch die Passagen, die Lukas von Matthäus übernahm, die einen auffälligen hebräischen Sprachstil aufweisen und daher als sehr ursprünglich erscheinen. Anders als Matthäus hat Lukas aber den Redestoff nicht in zusammenhängenden Blöcken gelassen, sondern jeweils an der ihm korrekt erscheinenden richtigen Stelle im Verlauf der Ereignisse eingeordnet. Denn er hatte sich ja vorgenommen, alles „der Reihe nach“[422] darzustellen.

Johannes und sein Evangelium

Über den Verfasser des Johannesevangeliums haben wir mehr Informationen als über die anderen Evangelisten. Viele Hinweise sprechen dafür, dass es von Johannes, dem Jünger Jesu, verfasst wurde. Vor allem geben die historischen Quellen übereinstimmend diese Auskunft. Die älteste Information stammt von Bischof Polykarp von Smyrna (ca. 80–155 n. Chr.), der Johannes noch persönlich kennengelernt hatte.[423] Sie wird zitiert von Polykarps Schüler Irenäus, der später Bischof von Lyon wurde:

„Am Ende hat Johannes, der Jünger des Herrn, der auch an seiner Brust gelegen hatte, während seines Aufenthaltes zu Ephesus in Asien sein Evangelium herausgegeben.“[424]

Clemens von Alexandrien gibt um 190 n. Chr. dieselbe Auskunft. Er hat sie von den „Ältesten“, d. h. der ältesten Generation von Zeugen, erhalten:

„Zuletzt hat Johannes in der Erkenntnis, dass die menschliche Natur in den Evangelien bereits behandelt sei, auf Veranlassung seiner Schüler und vom Geist inspiriert ein geistiges Evangelium verfasst.“[425]

---

[422] Lk 1,3

[423] Eusebius, Kirchengeschichte V 20,6 und V 24,16.

[424] Irenäus, Adv. Haer. III 1,1; Eusebius, Kirchengeschichte V 8,4.

[425] Eusebius, Kirchengeschichte VI 14,7.

Der älteste Augenzeuge aus der Zeit Jesu

Johannes, der Jünger Jesu, wurde unter der Regierung des Domitian auf die Insel Patmos verbannt.[426] Er war der Leiter der Gemeinde in Ephesus und lebte bis in die Regierungszeit Trajans hinein, also etwa bis 100 n. Chr.[427] Zu dieser Zeit war er sicherlich eine der letzten Personen, die Jesus noch persönlich kennengelernt hatten. Deswegen wurde er auch mit dem Beinamen „Johannes, der Älteste" belegt. Viele der frühen Kirchenschriftsteller berufen sich mit ihren Aussagen immer wieder auf diesen Gewährsmann.[428]

Eine zuverlässige Information

Diese übereinstimmenden Auskünfte der verschiedenen frühen christlichen Schriftsteller sind von kritischen Theologen immer wieder bezweifelt worden. Aber es gibt auch im Neuen Testament selbst verschiedene Hinweise darauf, dass tatsächlich der Jünger Johannes das vierte Evangelium geschrieben hat.

Ein erster Hinweis ist das hohe Alter: Dem Verfasser wurde offenbar nachgesagt, dass er überhaupt nicht mehr sterben würde.[429] Er muss also sehr alt geworden sein. Das gilt auch, wie schon erwähnt, für den Jünger Johannes: Er lebte bis etwa 100 n. Chr. und überlebte vermutlich alle anderen Augenzeugen aus der Zeit Jesu. Ein zweiter Hinweis sind die Briefe des Johannes, in denen sich Johannes selbst mit seinem Beinamen „der Älteste" vorstellt.[430] Die klare stilistische und inhaltliche Übereinstimmung

---

[426] Ders., Kirchengeschichte III 18,1, vgl. Off 1,9.
[427] Ders., Kirchengeschichte III 23,1-5.
[428] Z. B. Papias (in Eusebius, Kirchengeschichte III 39,4) und Irenäus (in Adv. Haer V 33,4 und in Eusebius, Kirchengeschichte V 20,4 und V 24,16).
[429] Joh 21,23
[430] 2. Joh 1; 3. Joh 1

dieser Briefe mit dem vierten Evangelium deutet ebenfalls darauf hin, dass dieser Johannes, der „Älteste“, auch der ist, der das Evangelium schrieb.

Der Schüler, den Jesus besonders lieb hatte

Aber den deutlichsten Hinweis finden wir im Evangelium selbst: Dort wird der Verfasser der „Schüler, den Jesus besonders lieb hatte“ genannt.[431] Zusammen mit Petrus spielte er eine entscheidende Rolle an vielen wichtigen Punkten im Leben Jesu.[432] Nach dem Bericht der anderen Evangelien gab es drei Jünger, die Jesus besonders nahestanden: Petrus, Johannes und dessen Bruder Jakobus.[433] Weil Johannes und Jakobus im vierten Evangelium nie mit Namen genannt werden, ist einer von ihnen vermutlich der „Schüler, den Jesus besonders lieb hatte“. Er schrieb auch das Evangelium und wollte sich deshalb wohl nicht selbst mit Namen nennen. Jakobus kann es nicht gewesen sei, denn er starb schon 44 n. Chr. in Jerusalem.[434] Es bleibt also nur noch Johannes übrig. Auch diese Beobachtungen unterstützen also die Auskunft der frühen Kirchenväter über Johannes als Verfasser des vierten Evangeliums.

Haben wir heute noch den echten Wortlaut der ursprünglichen Evangelien?

Die bisherigen Beobachtungen haben gezeigt, dass die Berichte des Neuen Testaments eine zuverlässige und sehr ursprüngliche Quelle für un-

---

[431] Joh 21,20-24; Joh 20,2; Joh 13,23-24, oder auch der „andere Jünger“ in Joh 20,2.4.8; Joh 18,15-16

[432] Joh 13,23; Joh 18,15; Joh 19,26 und 35; Joh 20,4; Joh 21,20-24

[433] Z. B. in Mt 17,1 und Mt 26,37

[434] Apg 12,2

sere Informationen liefern. Aber könnte es nicht sein, dass die Texte später verfälscht wurden oder sich viele Fehler in die ursprünglichen Texte eingeschlichen haben? So wird es von vielen vermutet. Besonders Anhänger des Islam werfen dies den Texten des Neuen Testaments vor. Sie halten sich deshalb lieber an die Überlieferungen des Koran, obwohl diese erst rund 600 Jahre später aufgeschrieben wurden, oder an das sogenannte „Evangelium des Barnabas“, das erst um 1300 n. Chr. entstand. Woher wissen wir also, dass die heutigen Texte des Neuen Testaments tatsächlich noch den ursprünglichen Wortlaut enthalten? Tatsache ist: Das Neue Testament ist der bei Weitem am zuverlässigsten überlieferte Text der Antike. Andere Werke antiker Schriftsteller sind uns heute oft nur noch in einer einzigen Abschrift erhalten, die zudem meistens erst aus dem Mittelalter stammen. Bei den großen griechischen Dichtern (Aischylos, Euripides, Sophokles) und Philosophen (Plato, Aristoteles) liegen zwischen der Abfassung des Originaltextes und den ersten erhaltenen Handschriften nie weniger als 1200 Jahre. Bei den lateinischen Schriftstellern sind es oft 800 bis 1100 Jahre.

Die Handschriftenfunde des Neuen Testaments

Ganz anders ist es bei der Überlieferung der Texte des Neuen Testaments: Das älteste erhaltene Fragment des Johannesevangeliums hat einen Abstand von etwa 30 Jahren zu dem Originaltext, den Johannes verfasst hat.[435] Die „Chester Beatty Papyri“, die etwa aus den Jahren 200–220 stammen, enthalten bereits große Teile der Evangelien und der Paulusbriefe. 31 weitere Papyrusfunde stammen aus den Jahren 200–300.

Neben den insgesamt 70 Papyrusfunden sind uns seit etwa 350 n. Chr. die sogenannten großen Codices erhalten. Dabei handelt es sich um Bi-

[435] Es handelt sich um den in Ägypten gefundenen Rylands Papyrus (P 52) aus dem Jahr 125 n. Chr. Er enthält Stücke aus Joh 18,31-33 und 37-38 und liegt heute in der Rylands-Bibliothek in Manchester.

belausgaben in Buchform. Die ältesten vollständigen Codices sind Codex Vaticanus und Codex Sinaiticus (um 350 n. Chr.). Sie sind die ersten Gesamtausgaben der Bibel und enthalten das Alte und das Neue Testament.[436] Viele andere Handschriften stammen aus dem folgenden Jahrhundert. Insgesamt ist das Neue Testament in rund 4680 Handschriften überliefert.

Fälschung unmöglich

Diese Handschriften stammen aus allen Teilen des Mittelmeerraums und darüber hinaus. Die Evangelien wurden schon bald nach ihrer Abfassung weit verbreitet und früh in andere Sprachen übersetzt. Das Johannesevangelium, in der heutigen Türkei verfasst, war, wie wir gesehen haben, spätestens 30 Jahre nach seiner Abfassung schon in Ägypten bekannt. Kirchenschriftsteller des 2. Jahrhunderts in Syrien, Ägypten, Rom und Südfrankreich zitieren bereits die Texte der Evangelien: Clemens von Rom (ca. 95 n. Chr.) nimmt in einem Brief Bezug auf das Matthäusevangelium, das Lukasevangelium und Paulusbriefe. Die „Didache" (eine Gemeindeordnung aus Syrien, um 100 n. Chr.) zitiert das Matthäus- und das Lukasevangelium. Justin (um 160 n. Chr.) kennt bereits alle vier Evangelien. Irenäus von Lyon (um 180 n. Chr.) nennt dann schon alle vier Evangelien ausdrücklich. Sie breiteten sich also schnell und unkontrollierbar aus. Jede Gemeinde wollte natürlich eine eigene Abschrift der neutestamentlichen Bücher besitzen. An eine spätere kirchliche Zensur oder eine absichtliche Fälschung der Texte war danach gar nicht mehr zu denken, denn es gab ja an zu vielen anderen Orten Handschriften mit dem richtigen Text. Solche Behauptungen haben also keine historische Grundlage.

[436] Im Codex Vaticanus fehlen kleine Teile des NT, im Codex Sinaiticus kleine Teile des AT.

Genaue Rekonstruktion des Originaltextes

Kleinere Abschreibefehler und Ungenauigkeiten konnten allerdings vorkommen. Teilweise hat auch ein einzelner Abschreiber aus Gründen seiner persönlichen Glaubensüberzeugungen einen Text absichtlich verändert. Aber gleichzeitig wurde ja an unzähligen anderen Orten der ursprüngliche Wortlaut weiter bewahrt. Aus einem kritischen Vergleich aller heute erhaltenen Abschriften lässt sich deshalb ohne Weiteres der Originaltext ziemlich genau wiederherstellen. Der griechische Text, der unseren deutschen Bibelausgaben zugrunde gelegt wird, ist eine Zusammenstellung aus verschiedenen Handschriften.[437] Für jeden einzelnen Vers wurden dabei alle verfügbaren Handschriften sorgfältig miteinander verglichen und so aufgrund strenger wissenschaftlicher Regeln der ursprünglichste und zuverlässigste Wortlaut ausfindig gemacht. Kein anderes Buch der Antike ist also auch nur annähernd so zuverlässig überliefert und bis ins Kleinste untersucht wie die Evangelien des Neuen Testaments.

3. Gibt es noch andere Evangelien?

Aus den Schriften der frühen Kirchenschriftsteller wissen wir seit Langem, dass seit etwa 150 n. Chr. neben den vier Evangelien des Neuen Testaments auch andere Schriften über Jesus entstanden, darunter auch verschiedene neue „Evangelien“. Originaltexte davon waren uns aber in den allermeisten Fällen nicht mehr erhalten, bis im Jahr 1945 in Ägypten alte Handschriften gefunden wurden. Bei dem Fund handelte es sich um 13 alte, in Leder gebundene Bücher aus Papyrus, sogenannte Codices. Ihre Entstehungszeit konnte mit einiger Sicherheit auf das Ende des 4. Jahrhunderts festgelegt werden. Nach ihrem Fundort benannte man sie „Nag Hammadi-Codices“.

---

[437] Nestle / Aland: Novum Testamentum Graece. 28. Auflage Stuttgart 2013.

Eine umfangreiche Bibliothek

Die Schriften aus Nag Hammadi sind eine umfangreiche Sammlung antiker religiöser Literatur. Jeder der 13 Codices enthält mehrere Schriften. Insgesamt handelt es sich um 52 verschiedene Texte.

Sechs dieser Texte, darunter das sogenannte „Thomasevangelium“, waren in der Forschung schon teilweise vorher durch andere Papyrusfunde bekannt geworden. Viele weitere Schriften, wie zum Beispiel das Philippusevangelium oder die Petrusakten, waren bereits dem Namen nach aus der altkirchlichen Literatur bekannt. Aber jetzt hatte man zum ersten Mal ausführliche Originaltexte aus dem 4. Jahrhundert. Außerdem stellte sich heraus, dass es sich bei den Texten um Übersetzungen von Schriften handelte, deren Originalfassungen oft noch viel älter waren: Die ursprüngliche Version des „Thomasevangeliums“ wurde vielleicht schon um 140 n. Chr. geschrieben, die meisten anderen Schriften stammen aus den Jahren 180–280 n. Chr.

Wer sammelte die Schriften von Nag Hammadi?

Die „Bibliothek“ von Nag Hammadi ist keine rein christliche Sammlung. Die Besitzer haben offensichtlich alle religiösen Schriften gesammelt, die ihnen irgendwie in die Hände gerieten. Unter den Funden befinden sich einerseits Texte mit deutlichen christlichen Lehren, andererseits aber auch Texte aus vorchristlicher Zeit. Manche Schriften stammen aus dem Judentum, andere sind geprägt von griechischer, ägyptischer oder iranischer Kultur. Sogar ein Auszug aus Platos „Republik“ fand sich in den Büchern. Aus der Zusammenstellung der Schriften und aus den Inhalten der meisten Texte kann man allerdings erkennen, dass die Besitzer der Bibliothek der religiösen Bewegung der „Gnosis“ nahe standen.[438]

[438] Eine Gesamtausgabe aller Texte aus Nag Hammadi gibt es bisher nur in englischer Sprache: J. M. Robinson, The Nag Hammadi Library in English. 3. Auflage Leiden 1988.

Eine weitverbreitete religiöse Bewegung

Die „Gnosis“ war eine religiöse Bewegung des 2. Jahrhunderts nach Christus. Ihre Wurzeln reichen bis in die Zeit um 50 v. Chr. zurück. „Gnosis“ ist das griechische Wort für „Erkenntnis“ oder „Geheimwissen“. Diese Bewegung war schon vor dem Auftreten Jesu in den antiken Religionen verbreitet. Die Menschen, die mit den verschiedenen Religionen und Weltanschauungen ihrer Zeit unzufrieden waren, suchten nach zusätzlichem und neuem „Geheimwissen“. Man suchte nach Antworten auf die grundsätzlichen Fragen des menschlichen Daseins. Der gnostische Lehrer Theodotus (um 180 n. Chr.) beschreibt das Sonderwissen der „Gnostiker“ als Antwort auf die folgenden Fragen:

„Wer waren wir? Was sind wir geworden? Wo waren wir? Und wohin sind wir gelangt? Wohin gehen wir? Von was werden wir erlöst?“[439]

Kurz gesagt: Die „Gnosis“ versuchte auf alle irgendwie wichtigen Fragen des Lebens passende Antworten und Erklärungen zu geben.

Populäre Antworten

Die Antworten, die damals gegeben wurden, sind auch heute noch sehr populär. Sie lauten: Die Menschen tragen das Göttliche in sich selbst. Diese Welt ist nicht vom wahren, höchsten Gott erschaffen, sondern durch einen unglücklichen Zufall oder Unfall entstanden. Die Menschen aber sind zu Höherem berufen, denn ihr Ursprung ist das Göttliche. Sie haben das nur vergessen und müssen es wieder entdecken. Die althergebrachten Religionen des Altertums waren für die Gnostiker nur eine primitive Vorstufe der eigentlichen Wahrheit: Um wirklich zu Gott zu finden, brauchen die Menschen aber die „Gnosis“, das heißt Erkenntnis über sich selbst und über die wahre Wirklichkeit. Dann finden sie Gott oder das

[439] Clemens v. Alexandrien, Excerpta ex Theodoto 78,2.

Göttliche in sich selbst und erkennen, dass sie im Grunde selbst das Göttliche sind.

Begegnung mit Jesus

Ihre Wahrheiten suchten die Gnostiker in allen Religionen und Philosophien der damaligen Zeit: Moses, Plato, Zoroaster und die indischen Brahmanen wurden befragt. Einen ganz neuen Aufschwung nahm die „Gnosis" aber dann, als sie mit dem frühen Christentum in Berührung kam. Was diese Christen über Jesus erzählten, musste für die Ohren eines Gnostikers faszinierend klingen: Da war endlich mal einer, der etwas ganz Neues brachte. Der die alten religiösen Vorstellungen auf den Kopf stellte und von einer unmittelbaren Beziehung zu Gott sprach. Der behauptete, selbst der Sohn Gottes zu sein und verlässliche Auskunft über Gott zu bringen. Das war genau das, wonach Gnostiker suchten.

Der „gnostische" Jesus

Aber Jesus passte auch hier nicht ins System: Vieles, was er sagte, widersprach den Lehren der „Gnosis". Weil aber der hohe Anspruch Jesu, direkt von Gott zu kommen, für die „Gnosis" so faszinierend war, baute man Jesus trotzdem ins eigene System ein. Die „Gnosis" bemächtigte sich der Autorität, die für Menschen mit dem Namen Jesus verbunden war, und lehrte unter diesem Namen ihre eigenen Ideen: Man stellte eigene Sammlungen von sogenannten Jesus-Worten zusammen. Teilweise nahm man Worte aus den vier Evangelien, die damals schon bekannt und verbreitet waren. Teilweise nahm man aber auch Sprichworte aus anderen gnostischen Texten und legte sie Jesus in den Mund. Oder man schrieb Worte auf, die man selbst durch Visionen oder Träume empfangen hatte.

Das früheste Zeugnis für die Entstehung solcher Schriften ist das Thomasevangelium (ca. 140 n. Chr.). Viele Teile dieser Schrift scheinen sehr ursprünglich zu sein und ähneln sehr dem Neuen Testament, etwa der folgende Vers:

„Jesus sagte: Den Splitter, der im Auge deines Bruders ist, siehst du; aber den Balken, der in deinem Auge ist, siehst du nicht.“[440]

Andere Sprüche stammen aber sehr deutlich aus einem ganz anderen Hintergrund und widersprechen allem, was wir über den historischen Jesus wissen:

„Jesus sagte zu ihnen: Wenn ihr aus zweien eins macht und wenn ihr das Innere wie das Äußere macht und das Äußere wie das Innere und das Obere wie das Untere, und wenn ihr aus dem Männlichen und dem Weiblichen eine Sache macht, sodass das Männliche nicht männlich und das Weibliche nicht weiblich ist, (…) dann werdet ihr in das Königreich eingehen.“[441]

„Simon Petrus sagte zu ihnen: Maria soll aus unserer Mitte fortgehen, denn die Frauen sind des Lebens nicht würdig. Jesus sagte: Seht, ich werde sie ziehen, um sie männlich zu machen, damit auch sie ein lebendiger Geist wird, vergleichbar mit euch Männern. Denn jede Frau, die sich männlich macht, wird in das Himmelreich eingehen.“[442]

Träume und Visionen

Schon wenige Jahre später entstanden dann gnostische Schriften, die völlig unabhängig vom Neuen Testament sind. Sie verstanden sich nicht als historische Berichte über Jesus, sondern als Wahrheitslehren, die direkt vom Himmel offenbart wurden:

---

[440] Thomasevangelium, Logion 26.
[441] Ebd., Logion 22.
[442] Ebd., Logion 114.

„Plötzlich, während ich über diese Dinge nachsann, öffneten sich die Himmel, und die ganze Natur unter dem Himmel leuchtete, und die Erde bebte. Ich fürchtete mich, aber siehe, in dem Licht sah ich einen Jüngling neben mir stehen. Während ich ihn noch ansah, verwandelte er sich in einen alten Mann. Dann änderte er wieder sein Aussehen und wurde wie ein Sklave ... (Er sprach:) Ich bin der, der immer bei dir ist. Ich bin der Vater, ich bin die Mutter, ich bin der Sohn. Ich bin der Unveränderliche. Und jetzt bin ich gekommen, dich zu lehren über das, was ist, was war und was sein wird."[443]

Andere Schriften entstanden auf praktischerem Weg: In Nag Hammadi hat man zum Beispiel eine Schrift „Eugnostos" gefunden, die vermutlich um 50 v. Chr. entstand. Sie enthält allgemeine gnostische Lehren. Im selben Buch, direkt danach, befand sich die Schrift „Die Weisheit des Jesus Christus": Der Verfasser dieser Schrift hatte darin offensichtlich den Text des „Eugnostos" nachträglich in einen Dialog zwischen Jesus und seinen Jüngern verwandelt. Auf diese oder ähnliche Weise entstanden vermutlich auch manche anderen sogenannten „Evangelien" aus dem Bereich der Gnosis.

Andere apokryphe Evangelien

Die gnostischen Evangelien stellen Jesus als Geheimlehrer dar, der eigentlich ein Gnostiker war. Andere „apokryphe" (d. h. „verborgene" oder „geheime") Evangelien sind dagegen nicht so sehr an den Lehren Jesu interessiert, sondern an Einzelheiten über sein Leben. Sie versuchen, die Berichte des Neuen Testaments zu ergänzen. Dazu gehören vor allem die sogenannten „Kindheitsevangelien", die allerlei angebliche Wunder aus der Kindheit Jesu berichten. Das „Petrusevangelium" ergänzt die Berichte des Neuen Testaments durch eine ausführliche Schilderung der

[443] Aus dem sogenannten Apokryphon des Johannes.

Auferstehung. Andere „Evangelien" erzählen Legenden über Maria oder über Jünger Jesu. Solche Schriften sind uns nicht aus Nag Hammadi bekannt, sondern durch verschiedene andere Handschriftenfunde aus dem Mittelalter.[444]

Noch im Jahr 2006 sorgte der Fund eines weiteren, bisher unbekannten Evangeliums in der Fachwelt für Furore: das Judasevangelium. Dieses war zwar dem Namen nach bereits vorher bekannt gewesen, nun aber hatte man in einer alten Handschrift aus dem 4. Jahrhundert einen alten Originaltext dieses Evangeliums gefunden. Die Inhalte entpuppten sich aber recht bald als eine Zusammenstellung aus anderen, weithin bereits aus Nag Hammadi bekannten Briefen und Texten.[445]

Ein weiterer „Sensationsfund" aus dem Jahr 2012, wieder ein Papyrusschnipsel aus Ägypten, sollte sogar als Beweis dienen, dass Jesus verheiratet war. Die Harvard-Professorin Karen King, die das Fragment ursprünglich veröffentlicht hatte, räumte allerdings 2016 ein, dass sie dabei wohl einer raffinierten modernen Fälschung zum Opfer gefallen ist.

Die Faszination des Unbekannten

Viele Leute sind heute fasziniert von den außerbiblischen Schriften über Jesus. Vieles ist so anders als das Jesus-Bild des Neuen Testaments. Gerald Messadié zum Beispiel gestaltet seinen Jesus-Roman zu großen Stücken nach Erzählungen aus außerbiblischen Evangelien.[446] Franz Alt

---

444 Alle heute bekannten außerbiblischen Evangelien und andere „apokryphe" Schriften sind zusammengestellt in Chr. Markschies / J. Schröter: Antike christliche Apokryphen in deutscher Übersetzung. Tübingen 2012.

445 Kasser, R. / Wurst, G., The Gospel of Judas together with the Letter of Peter to Philip, James, and a Book of Allogenes from Codex Tchacos. Critical edition, Washington DC 2007.

446 G. Messadié: Ein Mensch namens Jesus. München 1989. Seine Erzählung über die Beziehung zwischen Josef und Maria und die Umstände bei der Geburt Jesu ist z. B. dem sogenannten „Protevangelium des Jakobus" entnommen, das etwa 180 n. Chr. geschrieben wurde.

verkündet einen Jesus, der sich kaum von dem der Gnostiker unterscheidet. Von diesem Jesus meint er zu lernen:

„Ich bin eine unsterbliche Seele. In mir lebt eine einzigartige Bestimmung. Ich soll mich selbst verwirklichen. Ich gehöre als menschlicher Teil einer göttlichen Ganzheit an. Ich erkenne in meinem Gewissen die göttliche Instanz in mir. Meine Seele ist ein göttlicher Energiestrahl, aus der Ewigkeit kommend und in die Ewigkeit zielend."[447]

Was gehört ins Neue Testament?

Zu der Zeit, in der die neuen Evangelien entstanden, waren die vier Evangelien des Neuen Testaments in den christlichen Gemeinden schon weit verbreitet. Die frühen Kirchenschriftsteller zitieren immer wieder daraus. Man wusste, wer diese Evangelien verfasst hatte: Matthäus und Johannes als Augenzeugen, Markus nach den Berichten von Petrus, Lukas aufgrund der anderen Berichte und der zusätzlichen Informationen von Paulus und der Jerusalemer Gemeinde. Als nun im 2. Jahrhundert neue Schriften entstanden, nahm man sie nicht mehr ins Neue Testament auf. Erstens hatten selbst die frühesten der späteren sogenannten „Evangelien" einen Abstand von 80–100 Jahren zu den ersten vier Evangelien. Zweitens handelte es sich nicht um Augenzeugenberichte und auch ein persönlicher Kontakt zu Augenzeugen war nicht mehr möglich. Um 150 n. Chr. begannen die christlichen Gemeinden deshalb damit festzulegen, welche Schriften ins Neue Testament gehören und welche nicht. Der früheste uns bekannte sogenannte „Kanon", also ein Verzeichnis aller neutestamentlichen Schriften, ist der „Kanon Muratori" (um 190 n. Chr.). Er entspricht nicht ganz dem Umfang unseres heutigen Neuen Testaments[448], aber

---

[447] F. Alt: Jesus – Der erste neue Mann. München 1989. S. 154.
[448] Es fehlen 1./2. Pt, Jak, 3. Joh und Hebr.

zumindest die vier Evangelien und die Briefe des Paulus waren in dieser Zeit schon längst unumstritten.

Keines der anderen „Evangelien" hat jemals zum Neuen Testament gehört oder wurde erst später daraus entfernt, wie manchmal behauptet wird. Der oft insbesondere von muslimischen Gesprächspartnern erhobene Vorwurf, auf dem Konzil von Nicäa 325 n. Chr. habe man verschiedene Schriften aus dem Neuen Testament entfernt und eine offizielle „Liste" der neutestamentlichen Schriften beschlossen, entbehrt jeder historischen Grundlage. In den Akten des Konzils, die für jedermann frei zugänglich sind, findet sich weder eine Diskussion noch ein Beschluss über den Umfang der biblischen Schriften. Erst ab dem 5. Jahrhundert gibt es Beschlüsse einzelner Synoden in Nordafrika und anderswo, auf denen festgehalten wird, welche Schriften in der jeweiligen Region als verbindlich gelten. Solche Beschlüsse bestätigten aber nur das, was in diesen Gemeinden schon lange Zeit vorher allgemeine Praxis war. Keiner dieser Beschlüsse „entfernt" oder „verbietet" irgendwelche anderen, unbekannten Evangelien. Man hält lediglich fest, was üblich und allgemein anerkannt ist – und das sind die vier, die wir bis heute in unserer Bibel haben. Die eigentliche Festlegung des Kanons fand also vermutlich schrittweise statt: Die Evangelien und die Paulusbriefe waren bereits zwischen 150 und 200 n. Chr. unumstritten. Über einige der anderen, kleineren Briefe dagegen gab es noch bis ins 4. Jahrhundert hinein Diskussionen, wie der „Kanon Muratori" und die Schriften der ersten Kirchenschriftsteller zeigen.

Verlässliche Informationen über Jesus?

Die außerbiblischen Evangelien geben uns also interessante Auskünfte über christliche und nichtchristliche religiöse Bewegungen des 2. und 3. Jahrhunderts. Aber sie geben uns keine neue verlässliche Auskunft über Jesus. Sie sind einfach zu weit von den historischen Tatsachen entfernt und gehen außerdem sehr frei mit christlichen und nichtchristlichen

Texten um. Und selbst da, wo sie vereinzelt Spuren ursprünglicher Traditionen enthalten, erfahren wir daraus nichts, was unser Bild von Jesus ergänzen oder gar verändern würde. Als historische Quellen haben diese späten Schriften daher denselben Wert wie irgendein anderer Jesus-Roman und jede andere Heiligenlegende aus den Jahrhunderten danach.

Allerdings haben die Funde von Nag Hammadi die Forschung um einige neue Erkenntnisse bereichert, die auch unser Verständnis des Neuen Testaments verbessern können. So hatte etwa der Marburger Theologe Rudolf Bultmann noch in den 50er-Jahren schreiben können: „So ist denn überhaupt die Jesusgestalt bei Johannes in den Formen gezeichnet, die der gnostische Erlösermythos darbot, der schon vor Paulus und dann bei ihm das christologische Denken des hellenistischen Christentums beeinflusst hatte."[449] Bultmann meinte, dass das Jesus-Bild des Neuen Testaments hauptsächlich durch eine Übertragung des gnostischen Erlösermythos auf die Person Jesus entstanden sei. Der wirkliche Jesus aber sei ganz anders gewesen.

Radikales Umdenken in der Forschung

Nach gründlicher Erforschung aller entdeckten gnostischen Texte ist aber jetzt klar: Diesen von Bultmann und anderen behaupteten gnostischen Mythos vom Erlöser hat es im 1. Jahrhundert überhaupt noch nicht gegeben. Er taucht erst in den Schriften auf, die nach 180 n. Chr. entstanden sind, und zwar nur in solchen Schriften, die christlich beeinflusst sind. In den nichtchristlichen und vorchristlichen „gnostischen" Texten taucht eine solche Erlösergestalt nicht auf. Die neutestamentliche Forschung musste radikal umdenken: Es wird jetzt immer deutlicher, dass die Begriffe und Vorstellungen des Neuen Testaments nicht aus gnostischen Mythen, sondern aus dem Judentum stammen. Sie können daher sehr wohl auf

[449] R. Bultmann: Theologie des NT. Tübingen 1953. 9.Auflage 1984. S. 365.

Jesus selbst zurückgehen. Und es ist ganz und gar unvorstellbar geworden, ja geradezu absurd, dass die Ereignisse des Lebens, des Sterbens und der Auferstehung Jesu von den Schreibern der Evangelien einem solchen Mythos entsprechend nachgestellt wurden. Es ist vielmehr genau umgekehrt: Die späteren gnostischen Texte, die einen solchen Erlöser erwähnen, sind darin vom Neuen Testament beeinflusst.

4. Neues über Jesus in Qumran?

Wie sehr das Neue Testament im Judentum Palästinas verwurzelt ist, haben in neuerer Zeit auch die Handschriftenfunde vom Toten Meer gezeigt: Im Jahr 1947 entdeckte ein Beduinenjunge in einer Höhle am Toten Meer zufällig mehrere Krüge mit alten Pergamentrollen. Wenig später entpuppten sich diese Rollen als der sensationellste Fund antiker Handschriften, der je gemacht wurde. Aber es dauerte lange, bis dieser Fund der Öffentlichkeit bekannt wurde: Durch den privaten Streit aller beteiligten Beduinenführer und Antiquitätenhehler, durch den politischen Streit zwischen Israel und Jordanien und durch den Streit der Wissenschaftler um die Veröffentlichungsrechte wurde die Herausgabe dieser Texte erheblich verzögert. Diese Umstände lieferten daher immer wieder den Stoff für Verschwörungstheoretiker und Enthüllungsjournalisten: Man vermutete weitere geheime Informationen über Jesus, die der Öffentlichkeit bewusst vorenthalten wurden.

Wem gehören die Schriften aus Qumran?

Ein Teil der 1947 gefundenen Schriften gelangte zuerst in den Besitz des syrisch-orthodoxen St. Markus-Klosters in Jerusalem. Der Rest ging an die Hebräische Universität in West-Jerusalem. 1956 verkaufte das Kloster St. Markus dann seinen Anteil ebenfalls an die Hebräische Universität. Es handelte sich bei all diesen Texten um Funde aus der sogenannten „Höhle 1". In den Jahren 1952 bis 1956 wurden dann in der Nähe der ersten Höhle zehn weitere Höhlen gefunden. Die Ausgrabungen wurden diesmal in Zusammenarbeit zwischen der Dominikanischen École Biblique in Jerusalem und dem Jordanischen Amt für Altertümer geleitet. Die Schriften aus diesen Höhlen wurden deshalb im Rockefeller-Museum im jordanischen Ostteil von Jerusalem aufbewahrt. So befanden sich die Rollen eine Zeit lang auf zwei unterschiedlichen Seiten einer geteilten Stadt: ein Teil im israelischen Westjerusalem, ein anderer Teil im jordanischen Ostjerusalem. 1967 besetzte Israel dann auch den Ostteil Jerusalems und die Forscher der Hebräischen Universität bekamen dadurch auch die im Rockefeller-Museum gelagerten Schriften in ihre Hände.

Ein antikes Puzzlespiel

Die École Biblique behielt aber auch nach 1967 ihre Veröffentlichungsrechte. Sie stellte ein internationales Team von Forschern zusammen, das seitdem an der Veröffentlichung arbeitet. Anders als bei den Funden von Nag Hammadi handelte es sich hier in den meisten Fällen allerdings nicht um gut erhaltene Bücher, sondern um Tausende von kleinen Fetzen und Fragmenten. Wirkliche „Schriftrollen", d. h. lange und zusammenhängende Texte, gab es nur wenige und die wurden recht schnell veröffentlicht. Daneben gibt es einige Texte, die aus wenigen größeren Bruchstücken bestehen. Der Rest des Fundes sind Unmengen von winzigen Fetzen, die oft nur wenige Buchstaben enthalten. Die Rekonstruktion der ursprünglichen Texte aus den Fetzen erwies sich als aufwändig. Zuerst mussten sie noch entziffert und übersetzt werden. Mit viel Glück fand man auch zwei oder mehr Fetzen, die ursprünglich zu ein und demselben Dokument gehörten. Wenn man dann noch herausfinden konnte, in welcher Reihenfolge die zusammengehörigen Fetzen ursprünglich standen, dann konnte man Bruchstücke von Originalmanuskripten rekonstruieren.

Eine lange Geschichte

Das kleine Team von Wissenschaftlern war mit dieser Arbeit hoffnungslos überfordert: Allein die Zahl der Fragmente aus Höhle 4 (dem weitaus umfangreichsten Fund) liegt bei etwa 15 000. Aber die beteiligten Wissenschaftler gewährten nur in wenigen Ausnahmefällen anderen Forschern den Zugang zu den Texten, um sich selbst die Lorbeeren zu bewahren. Deswegen ging die Veröffentlichung der Texte nur sehr schleppend voran.

Nachdem aber der internationale Druck auf das Team immer stärker wurde, schaltete sich 1990 die Israelische Altertumsbehörde (IAA) ein: Der bisherige Leiter des Teams, John Strugnell, wurde seines Amtes enthoben und durch Professor Emmanuel Tov von der Hebräischen Universität ersetzt. Außerdem wurde ein straffer Zeitplan für die Veröffentlichung aufgestellt. 1991 erschienen dann auf dem Markt mehrere unautorisierte Veröffentlichungen von Raubkopien. Schließlich sorgte die Huntington Library in Kalifornien für eine große Überraschung: In ihren Archiven befanden sich Fotografien aller noch unveröffentlichten Texte aus Qumran. Diese Fotos hatte die IAA dort 1980 zur Sicherheit deponiert, falls die Originale in Jerusalem einmal beschädigt werden sollten. Als die Huntington Library im September 1991 den Zugang zu diesen Fotos für die Öffentlichkeit freigab (wenn auch ohne Genehmigung der IAA, der die Fotos ja gehörten), war das israelische Monopol endgültig gebrochen.

Im November 1991 gab die IAA in Jerusalem resigniert bekannt, dass von nun an jeder Wissenschaftler die Funde einsehen und veröffentlichen dürfe, solange die Urheberrechte bei den Forschern blieben, die ursprünglich mit der Arbeit betraut worden waren. Damit ging ein langer

Kampf um die Schriftrollen zu Ende, der von manchen als der größte Skandal in der Geschichte der Wissenschaft bezeichnet wurde.[450]

Falscher Wissenschaftlerstolz oder kirchliche Zensur?

Es ist immer wieder vermutet worden, dass die Herausgabe der Texte absichtlich verzögert wurde. Nicht nur in jüngster Zeit wurde immer wieder das Gespenst einer Zensur durch die katholische Kirche hinter allem gesehen.[451] Dieser Verdacht kann sich aber nur auf die Tatsache gründen, dass die Ausgrabungen in den Höhlen 2–11 von der französischen École Biblique geleitet wurden, die dem katholischen Orden der Dominikaner angeschlossen ist. Außerdem wurde in den ersten Jahren israelischen Wissenschaftlern aus politischen Gründen der Zugang zu den Funden verwehrt. Seit 1967 untersteht das gesamte Projekt allerdings der Regierung von Israel und Forscher aus verschiedensten Religionen und christlichen Konfessionen waren an der Veröffentlichung beteiligt. Selbst als der jüdische Experte Emmanuel Tov die Leitung des internationalen Teams übernahm, wurde nie ein Vorwurf gegenüber der katholischen Kirche erhoben.

Der Grund für die schleppende Veröffentlichung der Qumrantexte war wohl eher falscher Wissenschaftlerstolz bei den Mitgliedern des internationalen Teams: Den Ruhm der Veröffentlichung wollte niemand gerne mit anderen teilen. Außerdem waren alle größeren Texte schon sehr früh veröffentlicht und über den Inhalt der noch unveröffentlichten Texte wurde regelmäßig im Voraus informiert. Eine Zensur durch die Kirche hat es so also nicht gegeben und auch nicht geben können.

---

450 Einen guten Überblick über verschiedene Verschwörungs- und Enthüllungstheorien, aber auch viele grundsätzliche Informationen über die Funde von Qumran gibt das Buch von Otto Betz und Rainer Riesner: „Jesus, Qumran und der Vatikan. Klarstellungen" (Gießen 1993).

451 Besondere Bekanntheit erlangte etwa das Buch von M. Baigent/R. Leigh: Verschlusssache Jesus. München 1991.

Was wurde inzwischen veröffentlicht?

Die meisten der entdeckten Texte gehörten wohl zu einer umfangreichen Bibliothek der nahe gelegenen Siedlung Khirbet Qumran, die von Mitgliedern der religiösen Bewegung der „Essener“ bewohnt wurde. Diese Bewegung war neben den Pharisäern und den Sadduzäern, die im Neuen Testament erwähnt werden, eine dritte große Gruppe im Judentum.

Die großen Schriftrollen aus der ersten Höhle, die sogenannten „Major Scrolls“, wurden schon sehr bald nach ihrer Entdeckung, im Jahr 1951, veröffentlicht.[452] Zwischen 1955 und 1990 erschienen dann die ersten acht Bände der offiziellen Textausgabe. Damit sind jetzt alle Funde mit Ausnahme der Höhlen 4 und 11 vollständig veröffentlicht. Aus Höhle 11 fehlen nur noch wenige Fragmente. Die meisten der noch unveröffentlichten Texte stammen jedoch aus Höhle 4. Die etwa 15 000 dort gefundenen Fragmente wurden inzwischen 574 ursprünglichen Handschriften zugeordnet. (Zum Vergleich: Alle bisher veröffentlichten Funde ergaben zusammen insgesamt nur 202 Handschriften.) Viele Texte aus dieser Höhle sind aber ebenfalls schon in den vergangenen Jahren veröffentlicht worden.[453]

Jesus in den Schriften von Qumran?

In den Schriften von Qumran taucht Jesus nicht auf. Ebenso wenig Paulus, Jakobus oder irgendeine andere Person des Neuen Testaments.

---

[452] M. Burrows: The Dead Sea Scrolls of St. Mark's Monastery. New Haven 1951.

[453] Dieser gesamte Abschnitt spiegelt noch den Stand der Veröffentlichung zur Zeit der ersten Auflage von „Faszination Jesus“ (1993) wieder. Inzwischen (2016) sind alle Funde aus Qumran in offiziellen Textausgaben veröffentlicht und in jeder größeren Bibliothek einsehbar. Die offiziellen Textausgaben sind in der Reihe „Discoveries in the Judean Desert“ (40 Bände, Clarendon Press, Oxford 1955-2009) erschienen. Handlichere Textausgaben für Studenten gibt es im von Donald Parry und Emanuel Tov herausgegebenen „Dead Sea Scrolls Reader“ 6 Bände, 2. Auflage Leiden 2013.

Schon kurz nach der Entdeckung der Schriften vermuteten einige Gelehrte, dass es sich hier um Schriften des frühen Christentums handelt oder dass die Gruppe der Essener in Wirklichkeit eine christliche Gruppe war. Diese Theorien gerieten schnell in Vergessenheit, als die Forschung Fortschritte machte: Es stellte sich heraus, dass die Siedlung in Qumran schon im 2. Jahrhundert vor Christus gegründet worden war. Damals entstand die Gruppe der „Essener", die sich vom offiziellen Judentum in Jerusalem trennte und in die Wüste auswanderte. Der Grund war ein Streit darüber, wie weit sich das Judentum für die Einflüsse der heidnischen Kultur öffnen durfte. Ein ähnlicher Streit entstand dann auch viel später, in den 40er-Jahren des 1. Jahrhunderts n. Chr., in der christlichen Gemeinde von Jerusalem: Viele Nichtjuden kamen zum Glauben an Jesus und die zuerst ausschließlich aus Juden bestehende christliche Gemeinde musste sich für diese nichtjüdischen Mitglieder öffnen. Das gab natürlich Konflikte.[454] Einige Autoren (zuletzt in „Verschlusssache Jesus") versuchten denn auch, diese Streitigkeiten in den Qumran-Texten wiederzufinden. Aber der Streit, der zur Gründung der Qumran-Siedlung führte, ereignete sich nachweislich schon etwa 150 Jahre früher. Damit ist aber die Hauptaussage der „Verschlusssache Jesus" schon aus historischen Gründen hinfällig.

Wann entstanden die Schriften von Qumran?

Es steht inzwischen fest, dass fast alle Texte aus Qumran (und vor allem die bisher veröffentlichten großen Schriftrollen) viel älter sind als das Christentum:[455] Dafür sprechen nicht nur inhaltliche und stilistische Gründe, sondern auch die Ausgrabungen und Münzfunde, außerdem die

[454] Vgl. Gal 2,12-14 und Apg 15,1-29

[455] Eine Ausnahme bilden vielleicht nur die wenigen Funde aus Höhle 7. Näheres dazu siehe oben im Abschnitt: „Wer schrieb die Evangelien?".

Vergleiche des Schrifttyps mit anderen Texten aus dieser Zeit. Ein Radiocarbon-Test im Sommer 1991 ergab mit einer Genauigkeit von etwa 40 Jahren eine Entstehungszeit im frühen 1. Jahrhundert v. Chr. für alle getesteten Fragmente.[456] Außerdem wurden in bisher unveröffentlichten Texten aus Höhle 4 Kalender gefunden, die die Namen von jüdischen Herrschern des 2./1. Jahrhunderts vor Christus, Hyrkan und Shelamzion, enthalten, außerdem Aemilius, den Namen eines römischen Generals aus dieser Zeit.[457]

Und schließlich hat der sogenannte „Brief des Lehrers der Gerechtigkeit" an die religiösen Führer in Jerusalem endgültig die Unklarheiten über die Entstehung der Gemeinde aufgehellt: In einem deutlichen Protestschreiben werden hier die Gründe für die Trennung von Jerusalem genannt. Es handelt sich eindeutig um Fragen der jüdischen Gesetzesauslegung des späten 2. Jahrhunderts vor Christus. Deshalb findet sich weder ein Hinweis auf Jesus noch ein anderer Hinweis auf das Christentum in diesem Schreiben.[458] Die Gemeinde von Qumran ist also mit Sicherheit keine frühe Abspaltung vom Christentum, wie einige Autoren schon seit 1951[459] und zuletzt wieder in der „Verschlusssache Jesus" glauben machen wollen.

Neues Licht auf die Welt des Judentums

Die Schriften werfen aber in einem anderen Sinn neues Licht auf die neutestamentlichen Berichte über Jesus: Sie helfen uns, den jüdischen

---

[456] Mit einer einzigen Ausnahme, die das Jahr 297 v. Chr. ergab. Dabei handelt es sich aber wohl um einen Messfehler. Vgl. S. Goranson: Radiocarbon Dating the Dead Sea Scrolls. Biblical Archeologist 3/1991. S. 172.

[457] S. Goranson: Editorial Appointments, Access Policy Discussed. Biblical Archeologist 1/1991. S. 55.

[458] L. Schiffman: The New Halakhic Letter (4QMMT) and the Origins of the Dead Sea Sect. Biblical Archeologist 2/1990. S. 64–73.

[459] Zum ersten Mal J. L. Teicher: The Dead Sea Scrolls. Documents of the Jewish-Christian Sect of Ebionites. Journal of Jewish Studies 2/1951. S. 67 ff.

Hintergrund des Neuen Testaments besser zu verstehen. Viele Arbeitshypothesen der theologischen Forschung mussten durch die Funde aus Qumran über den Haufen geworfen werden. Dazu gehört vor allem die Theorie, dass viele der zentralen Gedanken des Neuen Testaments weder von Jesus noch aus den ersten Christengemeinden in Palästina stammen könnten, weil sie im Judentum undenkbar seien.

Eine unerwartete Erwartung

Lange Zeit galt zum Beispiel die These als sicher: „Jesus hat den Titel ‚Gottessohn' ... sicher nicht verwendet. Das ist auch nicht zu erwarten; denn ‚Gottessohn' war keine jüdische Bezeichnung des erhofften Heilsbringers, wie das völlige Fehlen dieser Bezeichnung in jüdischer Überlieferung beweist."[460] In Höhle 4 von Qumran fand sich allerdings dann der folgende Text:

„(Aber dein Sohn) wird groß sein auf der Erde. (O König! Alle Menschen werden Frieden) halten, und alle werden (ihm) dienen. (Er soll genannt werden: Sohn) des großen Gottes, und mit diesem Namen soll er genannt werden. Man wird ihm zujubeln als dem Sohn Gottes, und sie werden ihn Sohn des Höchsten nennen. Wie Kometen leuchten, wird ihr Königreich sein, für einige Jahre werden sie auf der Erde regieren, und sie werden alles unter ihre Füße treten."[461]

Von wem dieser Text handelt, ist nicht sicher. Es könnte ein König aus der Familie Davids und damit der Messias sein, aber auch die Person des „Menschensohns".[462] In jedem Fall geht es hier um einen Retter, der das

---

[460] W. G. Kümmel: Theologie des NT. 4. Auflage Göttingen 1980. S. 66. Ähnlich auch schon bei R. Bultmann: Theologie des NT. Tübingen 1953. 9. Auflage 1984. S. 52, und H. Conzelmann/A. Lindemann: Arbeitsbuch zum NT. 9. Auflage Tübingen 1988. S. 398 f.

[461] 4Q psDan Aa (=4Q243). Vgl. A. Fitzmyer: The Contribution of Qumran Aramaic to the Study of the New Testament. NTS 20/ 1974. S. 393.

[462] Der Text bezieht sich nämlich auf die Visionen des Buchs Daniel, und vorher ist von den verschiedenen Weltreichen die Rede. Vgl. Fitzmyer, a. a. O. S. 392

Volk Israel wieder zu einem starken Königreich machen wird. Und dieser erwartete Retter sollte (was viele Forscher bisher in einem jüdischen Rahmen für undenkbar hielten) „Sohn Gottes“ und „Sohn des Höchsten“ genannt werden.

Wer nannte Jesus „Herr“?

Auch an einer anderen Stelle wirft ein Fund aus Qumran neues Licht auf einen theologischen Streitpunkt: Lange Zeit galt es als sicher, dass der Titel „Herr“ (Aramäisch: *mara)* in der aramäischen Sprache des 1. Jahrhunderts nicht vorkam, schon gar nicht als Synonym für „Gott“: „Im jüdischen Sprachgebrauch ist überhaupt das absolute ‚der Herr‘ nicht denkbar“, so noch Rudolf Bultmann. Mit dieser Begründung wurde teilweise die Entstehung des christlichen Glaubens an Jesus als „Herrn“ in eine sehr späte Zeit und in den griechischen Sprach- und Kulturraum verlegt. Dann wurde in Qumran jedoch eine aramäische Übersetzung von Hiob 34,12 gefunden: „Sollte Gott etwa Unrecht tun, und sollte der Herr *(mara)* das Recht beugen?“[463] Offensichtlich gab es den Titel *mara* also im Judentum doch, und zwar auch als Bezeichnung für Gott. Diese Entdeckung zeigt, dass auch der urchristliche aramäische Gebetsruf: „Maranatha – Unser Herr, komm!“, schon sehr alt sein kann und dass es nicht auszuschließen ist, dass auch schon die Aramäisch sprechenden Christen diesen Titel verwandten, um ihren Glauben an Jesus als Herrn und Gott auszudrücken.

---

[463] 11 Q tgHiob (Hiobtargum) 24,6-7.

Der Gesalbte, der Gottes Königsherrschaft ankündigt

In einem anderen Text aus Höhle 11 ist von einer himmlischen Gestalt die Rede, die am Ende der Tage erscheinen wird, um die Menschen zu retten.[464] Dieser erwartete Retter wird dort „Melchisedek" genannt. Verschiedene Verse des Alten Testaments werden dort als Voraussagen auf seine Person gedeutet. Zum Beispiel die Erwartung, dass der Messias, der Gesalbte, mit dem Geist Gottes gesalbt sein wird,[465] dass er Befreiung bringen und die Sünden sühnen wird und dass mit seinem Kommen das „Gnadenjahr des Herrn" anbricht.[466] Und dass er mehr sein wird als ein Mensch, nämlich eine Person, die aus dem Himmel kommt und „Gott" *(elohim)* genannt wird.[467] Er wird die Freudenbotschaft von der Königsherrschaft Gottes verkündigen.[468]

Die Erwartungen werden erfüllt

Es sind alle diese Erwartungen, die zur Zeit Jesu den jüdischen Hintergrund des Neuen Testaments ausmachen. Und auf diesem Hintergrund können wir jetzt besser verstehen, was Jesus meinte, wenn er das Evangelium (d. h. die „Freudenbotschaft") von der Königsherrschaft verkündete, wenn er sich als „Sohn Gottes" bezeichnete oder wenn seine Jünger ihn als „Herrn und Gott" anbeteten. Oder wenn er diese jüdischen Erwartungen mit klaren Worten auf sich selbst bezog:

„Der starke Gottesgeist liegt auf mir. Er hat mich gesalbt und dadurch beauftragt, den Armen die befreiende Botschaft zu bringen und ... die Niedergestoßenen in die Freiheit zu entlassen. So soll ich das Jahr der

---

464 11 Q Melchisedek, veröffentlicht in: A. S. v. d. Woude: Melchisedek als himmlische Erlösergestalt, Oudtestamentliche Studiën 14/1965.

465 Als Auslegung von Jes 61,1.

466 Als Auslegung von 3. Mo 25,10-13.

467 „Von ihm heißt es: Gott steht in der Versammlung der Götter ..." (nach Ps 82,1).

468 Als Auslegung von Jes 52,7.

großzügigen Zuwendung Gottes ausrufen. ...Heute erfüllen sich diese Voraussagen im Buch Gottes, hier, in eurem Beisein!"[469]

Die neuen Textfunde haben also vor allem eines deutlich gemacht: Die Worte und Berichte, die wir von Jesus im Neuen Testament lesen, auch die, die man lange Zeit für „unjüdisch" und für späte Erfindungen der griechisch-römischen Kultur hielt, sind tatsächlich tief verwurzelt in der jüdischen Welt des 1. Jahrhunderts. Das macht sie für uns authentisch und zu einem zuverlässigen Zeugnis für die Frage nach Jesus.

5. Was sagen die außerbiblischen Quellen über Jesus?

Jesus hat den Verlauf der Weltgeschichte verändert. Er selbst hatte seinen Jüngern angekündigt: „Ihr werdet vor die Mächtigen dieser Welt geschleppt werden, vor Herrscher und Könige, und das alles nur wegen mir."[470] Kurz danach steht er selbst als Angeklagter vor dem römischen Präfekten Pontius Pilatus. Schon 19 Jahre später, im Jahr 49 n. Chr., sorgen die ersten Christen in Rom unter ihren jüdischen Mitbürgern für derartiges Aufsehen, dass sich der Kaiser gezwungen sieht, alle Juden aus der Stadt zu vertreiben, weil ihm die Anstifter nicht genauer bekannt waren. Wenig später, im Jahr 58 n. Chr., wird Paulus in Jerusalem Felix, dem Nachfolger von Pilatus, vorgeführt und angeklagt, dass er „überall in der bewohnten Welt unter den Juden Tumulte verursacht. Er ist ein Anführer der Sekte der Nazoräer"[471]. Einige Jahre später wurde er vermutlich in Rom dem kaiserlichen Gericht selbst vorgeführt. Etwa im Jahr 115 n. Chr. wird die schnelle Verbreitung der Jesus-Bewegung in den römischen Provinzen zu einem öffentlichen Problem, mit dem sich der römische Kaiser persönlich beschäftigen muss: In einem Brief an seinen Gesandten in Bithynien regelt

[469] Lk 4,18-19.21 124
[470] Mt 10,18
[471] Apg 24,5

Kaiser Trajan in dieser Zeit das gerichtliche Vorgehen gegen Christen. Zweihundert Jahre später bekennt sich der erste römische Kaiser zum Glauben an Jesus. Jesus wurde zu einem entscheidenden Faktor für die Geschichte des Römischen Reiches.

Deswegen ist es interessant, die Aussagen der nichtchristlichen historischen Quellen über Jesus zu untersuchen. Diese Quellen haben wir schon in Kapitel 2 kurz genannt, aber wir wollen sie hier noch einmal ausführlicher und im ursprünglichen Wortlaut vorstellen.

Gibt es „amtliche" Berichte über Jesus?

Berichte der römischen Behörden über Jesus oder den Prozess gegen Jesus sind uns nicht erhalten. Interessant ist aber doch die Tatsache, dass es ursprünglich wohl einen solchen Prozessbericht gegeben hat: Dass die römischen Statthalter dem Kaiser in Rom über ihre Tätigkeit in den Provinzen berichteten, wissen wir aus anderen Quellen. Besonders für Pontius Pilatus, den Statthalter in Judäa zur Zeit Jesu, war das wichtig: Während seiner Amtszeit hatte es wiederholt Proteste der jüdischen Bevölkerung gegen seine Amtsführung gegeben, sodass der Kaiser selbst als Schlichter einschreiten musste.[472] Wir wissen sicher von mindestens einem entsprechenden Briefwechsel zwischen den jüdischen Führern, dem Kaiser Tiberius und Pontius Pilatus.[473]

Pilatus lief Gefahr, seinen Ehrentitel „Freund des Kaisers" *(amicus caesaris)* zu verlieren.[474] Er musste mit dem Kaiserhaus auf gutem Fuß bleiben. Es ist also gerade im Fall von Pilatus sehr wahrscheinlich, dass es über seine Amtszeit in Rom amtliche Dokumente und Berichte gab.

---

[472] Josephus, Altertümer XVIII, 55-59, Jüdischer Krieg II, 175-177 und Altertümer XVIII, 85-89.

[473] Philo, Legatio ad Gaium XXXVIII, 303-304.

[474] Joh 19,12

Im 2. Jahrhundert lagen diese Berichte offenbar noch in Rom vor. Der christliche Schriftsteller Justin, der im Jahr 165 n. Chr. in Rom als Märtyrer starb, verfasste eine Darstellung des christlichen Glaubens, die an die staatlichen Behörden gerichtet war. Er beschrieb die Ereignisse um den Prozess Jesu:

„Die Worte aber: ‚Sie haben meine Hände und Füße durchbohrt' (Psalm 22,16), deuten auf die Nägel hin, die ihm am Kreuz durch Hände und Füße getrieben wurden. Und nachdem sie ihn gekreuzigt hatten, warfen die, welche ihn gekreuzigt hatten, über seine Kleidung das Los und teilten sie untereinander. Dass das so geschehen ist, könnt ihr aus den unter Pontius Pilatus aufgenommenen Akten ersehen."[475]

Auch an anderer Stelle fordert Justin seine Leser dazu auf, die Berichte des Neuen Testaments anhand der offiziellen Akten zu überprüfen.[476] Heute ist uns eine solche Überprüfung leider nicht mehr möglich, weil diese Dokumente nicht mehr erhalten sind. Seit etwa 180 n. Chr. gab es dann auch gefälschte Pilatusakten, mit denen Gegner des Christentums ihre Überzeugungen untermauern wollten. Später entstanden christliche „Pilatusakten", in denen Pilatus begeistert von den Wundern Jesu berichtet. Solche Schriften sind aber historisch wertlos.

Tacitus

Im Jahr 115 n. Chr. schrieb der römische Staatsmann und Historiker Tacitus seine Annalen der Geschichte Roms. Darin berichtet er auch über den Großbrand in Rom im Jahr 64. Die Schuld für diesen Brand habe Kaiser Nero den Christen gegeben. Weiter schreibt Tacitus:

„Weil sich das Gerücht nicht aus der Welt schaffen ließ, dass dieser Brand von oben befohlen worden sei, gab Nero, um dieses Gerücht zu

---

475 Justin, Erste Apologie 35,9.
476 Ebd., 48,3.

unterdrücken, die Schuld denen, die das Volk ohnehin wegen ihrer Untaten hasste und die es ‚Chrestianer' nannte. Der Urheber dieses Namens, Christus, war unter der Herrschaft des Tiberius vom Prokurator Pontius Pilatus hingerichtet worden. Dieser verderbliche Aberglaube war für den Augenblick unterdrückt worden, trat aber später wieder hervor und verbreitete sich nicht nur in Judäa, wo er aufgekommen war, sondern auch in Rom, wo alle Gräuel und Abscheulichkeiten der ganzen Welt zusammenströmen und ausgeübt werden."[477]

Woher hat Tacitus seine Informationen über Jesus? Seine Kenntnis über Jesus beschränkt sich auf den römischen Prozess, die Todesstrafe, die dazugehörigen Amtspersonen und Ortsnamen. Christliche Glaubensinhalte über Jesus sind nicht erwähnt. Ihn interessieren vor allem die geschichtlichen Hintergründe, nicht die christlichen Glaubensinhalte. Er hat seine Informationen also wahrscheinlich nicht von Christen, sondern eher von amtlichen Stellen, aus staatlichen Chroniken oder den Archiven. Tacitus, der im Jahr 88 Prätor und „Quindecimvir sacris faciundis" gewesen war[478], wird als ehemaliger Staatsmann auch Zugang zu den entsprechenden Archiven gehabt haben.

Jesus als Unruhestifter in Rom?

Auch der römische Schriftsteller Sueton hatte als Geheimsekretär „de epistulis" des Kaisers Hadrian[479] Zugang zu den kaiserlichen Archiven. In seinem Bericht über das Leben des Kaisers Claudius berichtet er von einem Edikt des Claudius, durch das im Jahr 49 n. Chr. alle Juden aus Rom vertrieben wurden:

---

[477] Tacitus, Annalen XV, 44.
[478] Tacitus, Annalen XI, 11.
[479] Sueton, Vita Hadriani 11.

„Claudius vertrieb die Juden aus Rom, weil sie auf Anstiftung des Chrestus fortwährend Unruhe stifteten."[480]

Offenbar war es unter den Juden in Rom zu ähnlichen Tumulten unter der jüdischen Bevölkerung gekommen, wie sie auch in der Apostelgeschichte wiederholt berichtet werden.[481]

Für die römischen Behörden war nicht ganz klar, wer da mit wem worüber stritt. Der römische Statthalter Festus, Nachfolger von Pilatus, beschreibt diesen Streit aus der Sicht eines Römers: „Stattdessen ging es um gegensätzliche Meinungen in Bezug auf ihre eigenen Gottesdienstformen und wegen eines bestimmten Jesus, der gestorben war, von dem aber Paulus behauptete, dass er am Leben sei."[482]

In Rom löste man das Problem offenbar einfach dadurch, dass man alle Juden aus der Stadt vertrieb.

Zwei judenchristlichen Opfern dieser Vertreibung begegnete Paulus übrigens bei seinem Aufenthalt in Korinth: „Dort begegnete er einem Juden namens Aquila, der aus der Gegend von Pontus stammte. Zusammen mit seiner Frau Priszilla war er kurz vorher aus Italien dorthin gekommen, weil Kaiser Klaudius angeordnet hatte, dass alle Juden die Stadt Rom verlassen mussten."[483]

Ähnliche Streitereien haben möglicherweise auch zu dem folgenden Edikt geführt, das auf einer Inschrift ausgerechnet in Nazareth, dem Wohnort der Familie Jesu, gefunden wurde und aus etwa dieser Zeit stammt:

„Kaiserliche Anordnung: Ich ordne an, dass Gräber und Begräbnisstätten, die man zur Verehrung der Vorfahren, der Kinder oder Verwandten errichtet hat, für alle Zeiten unverletzlich sein sollen. Wenn aber jemand einen Menschen anzeigt, der die Begrabenen angetastet bzw. auf irgendeine Weise herausgeschafft oder diese arglistig an einen anderen Ort verbracht hat, der unrechtmäßig den Platz oder die Gedenkstätte der Toten

---

[480] Ders., Vita Claudii 25,4.
[481] Apg 13,44-52; 14,4-5; 17,5-9
[482] Apg 25,19
[483] Apg 18,2

verändert hat, dann ordne ich gegen einen solchen Menschen ein gerichtliches Verfahren an. Denn in gleicher Weise, wie die Menschen den Göttern dienen, geziemt es sich vielmehr die Toten zu ehren. Darum ist es niemand gestattet, diese von ihrer Stätte zu entfernen; andernfalls will ich, dass ein solcher Mensch als Grabschänder mit dem Tod bestraft wird."[484]

Dieses Edikt gegen den arglistigen Diebstahl von Leichen aus Gräbern könnte eine kaiserliche Reaktion auf die Behauptung der Christen sein, dass Jesus „von Nazareth" nicht im Grab geblieben, sondern auferstanden ist. Vielleicht handelt es sich aber auch nur um einen Zufall, denn Grabschändungen waren in dieser Zeit ein weit verbreitetes Problem.

Jesus, Sokrates und Pythagoras

Höchstwahrscheinlich schon aus einer Zeit vor den erwähnten römischen Geschichtsschreibern stammt ein Hinweis auf Jesus aus einem Brief des syrischen Philosophen Mara bar Serapion (nach 72 n. Chr.):

„Welchen Vorteil hatten die Athener davon, Sokrates zu töten? Hungersnot und Seuchen kamen über sie als Strafe für ihr Verbrechen. Welchen Vorteil hatten die Leute von Samos davon, Pythagoras zu verbrennen? In einem Augenblick wurde ihr Land vom Sand bedeckt. Welchen Vorteil hatten die Juden davon, ihren weisen König hinzurichten? Bald darauf hatte ihr Königreich ein Ende. Gott verschaffte diesen drei weisen Männern gerechte Rache: Die Athener starben am Hunger, die Samier wurden vom Meer überschwemmt, die Juden leben, ruiniert und aus ihrem Land vertrieben, in völliger Zerstreuung. Aber: Sokrates starb nicht für immer; er lebte weiter in der Lehre Platos. Pythagoras starb nicht für immer; er lebte weiter in der Statue der Hera. Ebenso wenig starb der weise König

---

[484] Supplementum Epigraphicum Graecum 8 (1937),13.

für immer; er lebte weiter in der Lehre, die er gegeben hatte."[485] Mara bar Serapion setzt also den „weisen König", den die Juden getötet haben, als bekannt voraus. Und er deutet die Zerstörung Jerusalems im Jahr 70 n. Chr. als Folge dieses „Justizirrtums". Das ist umso eindrücklicher, als er sicher kein Christ war.

Der Bericht eines jüdischen Geschichtsschreibers

Über die Geschichte Palästinas im 1. Jahrhundert wissen wir vor allem aus den Berichten des jüdischen Historikers Flavius Josephus. Josephus war ursprünglich ein Anführer des jüdischen Widerstands gegen die Römer. Nach seiner Verhaftung wechselte er jedoch schnell die Seiten. Er pries den römischen Heerführer und späteren Kaiser Vespasian als den lang erwarteten Messias und verfasste zwei umfangreiche Geschichtswerke. In diesen Berichten begegnen uns viele Persönlichkeiten, die uns aus dem Neuen Testament bekannt sind: die römischen Statthalter Pilatus, Felix und Festus, die jüdischen Könige, die Hohepriester Hannas und Kaiphas. Außerdem beschreibt Josephus die verschiedenen jüdischen Parteien: Pharisäer, Sadduzäer, Zeloten und Essener.

In seinen „Jüdischen Altertümern" aus dem Jahr 93 berichtet er auch über „Johannes, den sogenannten Täufer"[486] und über „den Bruder des Christus genannten Jesus, der Jakobus hieß"[487], einen der ersten Leiter der christlichen Gemeinde in Jerusalem.

An anderer Stelle berichtet Josephus ausführlicher von diesem „Christus genannten Jesus":

---

[485] Cureton, W., 'The Epistle of Mara, Son of Serapion' in Spicilegium Syriacum (London 1855), 43-48, 70-76, 101-2.; Merz, A. & Tieleman, T., 'The Letter of Mara bar Sarapion. Some Comments on its Philosophical and Historical Context', in D. Houtman et al. (eds.) Empsychoi Logoi (Studies in Honour of Pieter W. van der Horst) Leiden: Brill 2008. S. 107-33.

[486] Josephus, Antiquitates XVIII 116-119.

[487] Josephus, Antiquitates XX 200.

„Zu dieser Zeit lebte Jesus, ein weiser Mensch, wenn man ihn einen Menschen nennen darf. Unerhörte Taten tat er nämlich, ein Lehrer solcher Menschen, die mit Freude die Wahrheit annehmen, und gewann viele Juden und auch viele Griechen für sich. Er war der Christus. Und als Pilatus nach Hinweisen unserer führenden Männer ihn zum Kreuz verurteilte, gaben diejenigen, die ihn zuerst geliebt hatten, nicht auf. Er erschien ihnen nämlich am dritten Tage wieder lebend, was neben zehntausend anderen wunderbaren Dingen die göttlichen Propheten gesagt hatten. Und noch bis jetzt ist der nach ihm genannte Stamm der Christen nicht verschwunden.“[488]

Einiges in diesem Abschnitt ist von Josephus möglicherweise ironisch gemeint. Vielleicht zitiert er auch Aussagen von Christen. Es könnte auch sein, dass diese Stelle nachträglich von einem christlichen Schreiber überarbeitet wurde. Dass sie aber als Ganzes erst später eingefügt wurde, wie manchmal vermutet wird, ist unwahrscheinlich. Denn dieser Bericht findet sich in dieser Form in jeder erhaltenen Abschrift der „Altertümer“, außerdem ist er in der für Josephus typischen Sprache geschrieben.

Eine erst kürzlich veröffentlichte alte arabische Version des Josephus-Textes hat dies jetzt auch neu bestätigt: Hier wurde vermutlich eine ursprünglichere, nicht christlich überarbeitete Fassung des Textes bewahrt:

„Zu dieser Zeit lebte ein weiser Mensch, genannt Jesus. Er führte ein gutes Leben und war bekannt für seine herausragenden Fähigkeiten. Viele Juden und auch Menschen aus anderen Völkern wurden seine Jünger. Pilatus verurteilte ihn zum Tod am Kreuz. Aber, die, die seine Jünger waren, gaben ihre Jüngerschaft nicht auf. Sie sagten, dass er ihnen drei Tage nach der Kreuzigung lebendig erschienen sei. Daher war er vielleicht (oder: daher sei er) der Christus, über den die Propheten wunderbare Dinge geweissagt haben.“[489]

---

[488] Josephus, Antiquitates XVIII 63 f.

[489] Vgl. S. Pines: An Arabic Version of the Testimonium Flavianum and its Implications. Publications of the Israel Academy of Sciences and Humanities. Jerusalem 1971. Zur Bewertung der Aussagen des Josephus vgl. auch Kap. 2: „Jesus: Berichte und Geschichte“.

Jesus aus der Sicht der jüdischen Rabbinen

Der jüdische Talmud ist eine Sammlung von Gesetzen und Vorschriften *(Mischna)* und den dazugehörigen Kommentaren *(Gemara)*. Die Sammlung dieser Texte begann im 2. Jahrhundert, aber sie geht oft auf mündliche Traditionen zurück, die bis zu 150 Jahre älter sind. Im Zusammenhang mit Vorschriften für die Durchführung eines Gerichtsverfahrens wird dort höchstwahrscheinlich auch der Prozess Jesu erwähnt:

„Am Vorabend des Passahfestes henkte man Jesus. Vierzig Tage vorher hatte der Herold ausgerufen: Er wird zur Steinigung herausgeführt, weil er Zauberei betrieben und Israel verführt und abtrünnig gemacht hat. Wer etwas zu seiner Verteidigung zu sagen hat, komme und bringe es vor. Da aber nichts zu seiner Verteidigung vorgebracht wurde, henkte man ihn am Vorabend des Passahfestes."[490]

Die Angaben zum Verlauf des Prozesses, wie etwa die Frist von 40 Tagen, sind hier wohl nachträglich den jüdischen Prozessvorschriften angepasst worden. Vielleicht wollten die Verfasser dadurch zeigen, dass es mit diesem Prozess seine Richtigkeit hatte und die Juden nichts unversucht ließen, die Verurteilung Jesu zu vermeiden. In Wirklichkeit wurde Jesus aber ohnehin nach römischem Recht und durch die römischen Behörden verurteilt und hingerichtet.[491]

In anderen Teilen des Talmud finden sich auch Hinweise auf Maria, die Mutter Jesu, auf einige Jünger Jesu (allerdings mit falschen Namen) und auch zitierte Worte Jesu.

---

[490] Babylonischer Talmud, Sanhedrin 43a.

[491] Rechtsgrundlage für den Prozess war wohl die römische „Lex Iulia Maiestatis" (Digesten 48,4), wie die Erwähnung der Anschlagtafel „König der Juden" zeigt. „Der Versuch, den Kaiser, sei es ..., sei es durch eine andere Person aus seinem Amt zu verdrängen, ist das schwerste aller Majestätsverbrechen" (Th. Mommsen: Römisches Strafrecht, Graz 1955. S. 554). Im Jahr 17 n. Chr. war in Rom ein Sklave nach demselben römischen Gesetz hingerichtet worden, nachdem er sich als Thronfolger ausgegeben hatte und unter Jubel in der Hauptstadt Rom eingezogen war (Tacitus, Annalen II, 39-40).

Heilungen im Namen von „Jesus ben Pantera“?

Mehrmals wird Jesus in den jüdischen Quellen „Jesus ben Pantera“ genannt. Celsus, ein früher Gegner des Christentums, erklärte diesen Namen um 200 n. Chr. damit, dass Jesus der uneheliche Sohn eines römischen Soldaten namens Panthera gewesen sei.[492] Daraufhin antwortete ihm der christliche Theologe Origenes, Panthera sei in Wirklichkeit der Beiname Jakobs, des Großvaters Jesu.[493] Beides sind wohl nur schlechte Rateversuche. Wahrscheinlicher ist, dass es sich hier nur um eine missverstandene Wiedergabe des griechischen Wortes Parthenos, Jungfrau, handelt. Dieses Missverständnis entstand wohl aus dem christlichen Bekenntnis zu „Jesus, dem Sohn einer Jungfrau“.

Im Zusammenhang mit den gesetzlichen Bestimmungen über den Umgang mit Ungläubigen wird im Talmud auch die Frage behandelt, ob man die Dienste von „Ungläubigen“ in Anspruch nehmen darf, zum Beispiel das Haareschneiden oder eine Heilung. Es wird auch das Beispiel eines gewissen Jakob aus Kefar-Sama erzählt, der schon vorher im Talmud als ein Jünger des Jesus ben Pantera vorgestellt wurde: „Es geschah Eliezer-ben-Dama, dass ihn eine Schlange biss, und Jakob aus Kefar-Sama kam, um ihn zu heilen. Er sagte zu ihm: Wir wollen im Namen von Jesus ben Pantera zu dir reden! Rabbi Ismael (Eliezers Onkel) sagte zu ihm: Du hast keine Erlaubnis dazu, ben-Dama! Er aber sagte zu ihm: Ich werde dir einen Beweis (aus der Schrift) bringen, dass er mich heilen darf. Er hatte noch nicht Zeit gefunden, den Beweis zu bringen, als er schon starb. Rabbi Ismael sagte zu ihm: Heil dir, ben-Dama, dass du in Frieden aus der Welt gegangen bist und nicht den Zaun (der Thora) durchbrochen hast (durch eine Heilung im Namen Jesu)!“[494]

---

492 Epiphanius, Adversus Haereses 78.

493 Origenes, Contra Celsum I 32-33.

494 Jerusalemer Talmud, Avoda Zara 40d,73ff; Tosefta, Hullin 2,22f; Babylonischer Talmud, Avoda Zara 27b.

Das Erdbeben am Todestag Jesu

Im Neuen Testament wird berichtet, dass nach dem Tod Jesu ein Erdbeben Jerusalem erschütterte und gleichzeitig im Tempel der Vorhang zerriss.[495] Auch dieses Ereignis ist wahrscheinlich durch außerbiblische Zeugnisse belegt. Der jüdische Historiker Flavius Josephus (ca. 90 n. Chr.) berichtet in seinem „Jüdischen Krieg" von einigen merkwürdigen Ereignissen an einem Passahfest eines nicht näher bezeichneten Jahres:

„... oder damals, als noch vor dem Aufstand und vor der Bewegung, die schließlich zum Krieg führte, sich das Volk zum Fest der ungesäuerten Brote versammelte – es war am 8. des Monats Xanthikos (Nisan) – und nachts zur neunten Stunde ein so großes Licht den Altar und den Tempel umstrahlte, dass es schien, als wäre es heller Tag, was eine halbe Stunde lang anhielt. Den Unerfahrenen schien das zwar etwas Gutes zu bedeuten, die Gelehrten der heiligen Schrift aber deuteten es sofort auf das, was dann gekommen ist (d. h. die Zerstörung Jerusalems im Jahr 70). Am Festtag selbst warf eine Kuh, als man sie zur Schlachtstätte führte, mitten im Tempel ein Lamm. Das Osttor des inneren Tempelbezirks, das von Erz und außerordentlich schwer war und am Abend von zwanzig Mann nur mit Mühe geschlossen werden konnte, das außerdem durch eisenbeschlagene Querbalken versperrt wurde und senkrechte Riegel hatte, die tief in die aus einem einzigen Stein bestehende Schwelle eingelassen wurden – dieses Tor sah man nachts zur 6. Stunde sich von selbst öffnen. Die Tempelwächter liefen zum Tempelhauptmann; als der aber heraufkam, vermochte er kaum das Tor zu schließen. Wiederum schien das den Unkundigen ein sehr gutes Omen dafür zu sein, dass Gott ihnen das Tor zum Guten öffne. Die Einsichtigen glaubten, dass die Sicherheit des Tempels sich von selbst auflöse und das Tor den Feinden zum Geschenk geöffnet würde, und erklärten es untereinander als offenbares Zeichen der Verwüstung (d. h. der Tempelzerstörung im Jahr 70). Nach dem Fest, gar nicht viele Tage später, am 21. des Monats Artemisios,

[495] Mt 27,51; Mk 15,38; Lk 23,45

zeigte sich eine unheimliche, kaum glaubliche Erscheinung. Das, was ich zu berichten habe, könnte, so glaube ich, wohl als Aufschneiderei erscheinen, wenn es nicht auch durch Augenzeugen berichtet worden wäre und die nachfolgenden Leiden nicht den Vorzeichen tatsächlich entsprochen hätten. Vor Sonnenaufgang nämlich zeigten sich im ganzen Lande Lufterscheinungen, Wagen und bewaffnete Heerscharen, die durch die Wolken stoben und die Städte umzingelten. Als dann an dem Fest, das Pfingsten genannt wird, die Priester nachts in den inneren Tempelbezirk kamen, um nach ihrer Gewohnheit ihren heiligen Dienst zu verrichten, hätten sie, wie sie sagten, zuerst eine Bewegung und ein Getöse wahrgenommen, danach aber einen vielfältigen Ruf: ‚Lasst uns von hier fortgehen!'"[496]

Einen ähnlichen Bericht gibt auch der römische Historiker Tacitus (ca. 115 n. Chr.): „Es waren Wunderzeichen eingetreten. ... Am Himmel sah man Heerscharen im Kampfe aufeinanderstoßen, rotleuchtende Waffen, und in einem plötzlichen Feuer der Wolken den Tempel aufleuchten. Mit einem Schlag öffneten sich die Tore des Tempels, und man vernahm eine übermenschliche laute Stimme: ‚Die Götter ziehen aus!' Zugleich spürte man die gewaltige Bewegung eines Auszuges. Das deuteten nur wenige als einen Anlass zur Furcht. In der Mehrzahl lebte die Überzeugung, in den alten Priesterschriften sei es enthalten, dass eben zu dieser Zeit der Orient erstarken werde und von Judäa Leute ausgehen werden, die sich der Weltherrschaft bemächtigten."[497]

Weder Josephus noch Tacitus geben an, in welchem Jahr sich diese Zeichen ereigneten. Aber das Öffnen der Tempeltore wird auch im Talmud berichtet. Dort finden wir auch die genaue Angabe des Jahres: 40 Jahre vor der Zerstörung des Tempels, also genau im Jahr 30 n. Chr. Daneben werden weitere Zeichen berichtet, die eher von religiösem Interesse waren und deshalb bei Josephus und Tacitus nicht erwähnt werden:

---

[496] Josephus, Jüdischer Krieg VI,290-295.
[497] Tacitus, Historien V, 13.

„Die Rabbanan lehren: Vierzig Jahre vor der Zerstörung des Tempels geriet das Los nicht in die Rechte, wurde der rotglänzende Wollstreifen nicht weiß, brannte nicht die westliche Lampe und öffneten sich die Tempeltüren von selbst, bis Rabbi Johanan ben Zakkaj sie anschrie und sprach: O Tempel, weshalb ängstigst du dich! Ich weiß, dass du am Ende zerstört werden wirst, und bereits Zekharja ben Ido hat über dich geweissagt (Sach 11,1): Öffne, Libanon, deine Türen, ein Feuer soll an deinen Zedern zehren."[498]

Drei Zeugen – ein römischer Geschichtsschreiber, ein jüdischer Geschichtsschreiber und eine jüdische religiöse Schrift – stimmen also darin überein, dass es in einem bestimmten Jahr eine Reihe von verwunderlichen Ereignissen in Jerusalem gab, die als Zeichen des Unheils gedeutet werden konnten. Eins dieser Zeichen kennen alle drei: Die Tempeltore öffneten sich von selbst, obwohl sie so schwer waren, dass nur einige Männer sie mit Mühe gemeinsam bewegen konnten. Nach Josephus passierte dies an einem Passahfest, nach dem Talmud vierzig Jahre vor der Zerstörung des Tempels. Es handelt sich also um den 14. Nisan des Jahres 30, was auch eins der wahrscheinlichsten Daten für die Kreuzigung Jesu ist. Das Aufspringen der Tempeltore und das Zerreißen des Vorhangs im Tempel an diesem Tag könnten also gut auf dasselbe Ereignis, etwa ein Erdbeben, zurückgehen.

Nach der Überlieferung des judenchristlichen „Nazaräerevangeliums", das etwa 150n. Chr. verfasst wurde, wird darüber hinaus gesagt: „Nicht der Tempelvorhang ist zerrissen, sondern die Tempeloberschwelle von wunderbarer Größe ist zusammengestürzt."[499]

All diese Vorfälle, die von Josephus, Tacitus, dem Talmud und dem Neuen Testament berichtet werden, gehen also vermutlich auf dasselbe Erdbeben in Jerusalem am Passahfest des Jahres 30 zurück.

---

[498] Babylonischer Talmud, Joma 39b.

[499] Hieronymus, Epistula 120 und Matthäus-Kommentar zu 27,51.

Hinweise im Talmud auf den zerrissenen Vorhang?

Der zerrissene Vorhang im Tempel hat vermutlich noch mehr Spuren im Talmud hinterlassen: In den Vorschriften zum Opferritus des Versöhnungstages wird beschrieben, wie der Priester in der Zeit, als der Tempel noch stand, umständlich zwischen zwei hintereinander aufgehängten Vorhängen in das Allerheiligste schritt, obwohl bei allen Beschreibungen des Tempels im Alten und auch im Neuen Testament immer nur ein Vorhang erwähnt wird.[500] Deswegen wird auch an dieser Stelle des Talmud gleich der Einspruch des Rabbi Jose zitiert, der Schüler eines Augenzeugen des Tempels war: „Es gab nicht zwei, sondern nur einen Vorhang vor dem Allerheiligsten!" Tatsächlich redet der Talmud an allen anderen Stellen wie auch die Bibel immer nur von einem Vorhang. Ein zweiter Vorhang hatte aber immer in Reserve gelegen, falls mit dem ersten etwas nicht in Ordnung war.[501] Denn es war niemandem gestattet, einen Blick ins Allerheiligste zu werfen. Auch die Schreiber des Talmuds wussten offenbar noch, dass die Erwähnung von zwei Vorhängen an dieser Stelle nicht richtig war, deswegen fügten sie den Einspruch des Rabbi Jose ein.

Aus all diesen Gründen hat man deshalb vermutet, dass es sich bei der Verwendung der zwei Vorhänge nicht um den Regelfall, sondern um einen Ausnahmefall handelte: nämlich dass man, als der Vorhang vor dem Allerheiligsten einmal beschädigt war, kurzerhand den bereitliegenden Ersatzvorhang davorgehängt hatte. Das könnte zum Beispiel der Fall gewesen sein, als der Vorhang am Passahfest des Jahres 30 zerriss.[502] Dann wäre das Aufhängen von zwei Vorhängen eine kurzfristige Ausnahme gewesen, die im Talmud an dieser Stelle irrtümlich als Regel aufgefasst wurde.

---

500 Mischna, Joma 5,1.

501 Tosefta, Schekalim 3,13 – 3,14; vgl. auch den Kommentar „Minchath Bikkurim" des Rabbi Meyuchas ben Shmuel (18. Jh.) zu Mischna, Chagiga 3,8, sowie H. Laible: Der zerrissene Tempelvorhang und die eingestürzte Oberschwelle vom Talmud bezeugt. Neue kirchliche Zeitschrift 35 (1924). S. 287–314. S. 291.

502 Mt 27,51

Man könnte aber auch vermuten, dass nach den Ereignissen am Passahfest des Jahres 30 zur Vorsicht tatsächlich auf Dauer zwei Vorhänge aufgehängt wurden, damit sich ein ähnliches Unglück nicht noch einmal ereignen konnte.

Die Ereignisse am Pfingstfest des Jahres 30 n. Chr.

Die Berichte von Tacitus und von Josephus enthalten aber nicht nur Hinweise auf das Erdbeben und den zerrissenen Tempelvorhang am Todestag Jesu, sondern es werden dort auch ungewöhnliche Ereignisse am Pfingstfest desselben Jahres erwähnt: Nach dem Bericht von Josephus haben die Priester im Tempel am Pfingstfest „zuerst eine Bewegung und ein Getöse wahrgenommen, danach aber einen vielfältigen Ruf: ‚Lasst uns von hier fortgehen!'"[503] Ausgehend vom Alten Testament, besonders vom Buch Hesekiel, gab es in der jüdischen Tradition die Vorstellung, dass Gottes Herrlichkeit und seine Engel, die im Tempel wohnten, diesen verlassen und in den Himmel zurückkehren. Dies wurde als ein Ausdruck für das Gericht Gottes gesehen.[504] Der römische Schriftsteller Tacitus erklärt diese Vorgänge im Rahmen seiner religiösen Vorstellungen etwas anders: „Es wurde eine laute menschliche Stimme gehört: Die Götter zögen hinaus. Gleichzeitig ereignete sich die ungeheure Bewegung eines Auszugs."[505]

Ähnlich lautet der Bericht der Apostelgeschichte:[506] Auch dort wird das Brausen in der Luft am Pfingstfest erwähnt. Aber für die ersten Christen bedeutete dieses Ereignis viel mehr als das: Der Geist Gottes, dessen ‚Wohnung' für den jüdischen Glauben im Tempel war und der deshalb bis

---

503 Josephus, Jüdischer Krieg VI,295.

504 Siehe Hes 11,23, vgl. Midrasch Rabba zu Klagelieder 2,3.

505 Tacitus, Historae V,13.

506 Apg 2,1-13. Zur außerbiblischen Bezeugung der Ereignisse um Kreuzigung und Himmelfahrt Jesu sowie des Pfingstereignisses vgl. auch den ausführlichen Aufsatz von H. W. Montefiore: Josephus and the New Testament. In: Novum Testamentum 4/1960 S. 139– 160 u. 307–318.

dahin nur für die Juden zugänglich war, wurde nun auf alle Menschen ausgegossen, die an Jesus glauben. So wird es im Bericht des Neuen Testaments beschrieben. Für die Christen war dieser Tag der Beginn eines anderen Auszugs: Sie gingen in alle Teile der Welt, um dort über das zu berichten, was sie selbst in diesem Jahr 30 in Jerusalem erlebt hatten: dass Jesus für sie gestorben und danach von den Toten auferstanden war und dass er sie am Pfingstfest mit der Kraft des Heiligen Geistes erfüllte, wie er es versprochen hatte.[507]

Archäologische Spuren der ersten Christen?

Neben den schriftlichen Zeugnissen antiker Historiker gibt auch die Archäologie oft Auskunft über Personen oder Ereignisse der Geschichte. Von Jesus haben wir allerdings keine direkten archäologischen Zeugnisse. Wie sollten die auch aussehen? Große Herrscher der Antike haben uns Pyramiden, Triumphbögen oder Schätze hinterlassen. Jesus hat lebendige Menschen und eine weltverändernde Botschaft hinterlassen. Er selbst wurde in einem einfachen Steingrab beigesetzt, das nach drei Tagen wieder leer war. Dieses ist zwar bis heute vorhanden, ebenso wie der Felsen Golgatha, auf dem Jesus hingerichtet wurde. Aber viel mehr Aufsehen erregende archäologische Funde aus dem Leben Jesu sind nicht zu erwarten.

Dennoch gibt es eine Reihe von Funden, die, mit Vorsicht betrachtet, auf Jesus und das frühe Christentum hinweisen könnten. Dazu gehören zum Beispiel die schlichten Kreuzzeichen, die sich auf steinernen Knochenbehältern, sogenannten Ossuarien, in vielen jüdischen Gräbern des 1. Jahrhunderts finden.[508] In zwei dieser Ossuarien wurde außerdem,

[507] Apg 1,8

[508] R. H. Smith: The Cross Marks on Jewish Ossuaries. Palestine Exploration Quarterly 106/1974. S. 53–66.

neben den Kreuzzeichen, der Name ‚Jesus' und das hebräische Wort für ‚Auferstehung' eingraviert. Jüdische Archäologen haben das als den „frühesten archäologischen Hinweis auf den christlichen Glauben" bezeichnet.[509] Es kann allerdings ebenso gut sein, dass die Verstorbenen einfach nur Namensverwandte von Jesus waren.

Eine Grabstätte nahe dem Weg nach Bethanien enthielt neben einigen deutlichen Kreuzzeichen Ossuarien mit den Namen Maria, Marta und Eleazar (Lazarus). Das könnte ein Zufall sein, könnte aber auch auf die in der Bibel erwähnte Familie aus Bethanien hinweisen.[510] Auch das Grab eines gewissen Alexander, Sohn eines Simon aus Kyrene, könnte mit dem gleichnamigen Alexander aus Kyrene zu tun haben, der auch im Bericht von der Kreuzigung Jesu erwähnt wird und dessen Bruder und Mutter später der Gemeinde in Rom angehörten.[511]

Aber nicht nur in Jerusalem hat man solche Spuren gefunden: Das bereits erwähnte Edikt gegen Grabräuberei auf einer Inschrift in Nazareth könnte ein Zeugnis für die Diskussion um das leere Grab Jesu sein. Auch bei den Ausgrabungen in Pompeji und Herculaneum, die im Jahr 79 n. Chr. durch den Ausbruch des Vesuv zerstört wurden, kamen Hinweise auf das frühe Christentum zutage: ein sogenanntes ‚Christusmonogramm' (die gekreuzten griechischen Buchstaben X und P) sowie ein Andachtsraum mit einem Behelfsaltar vor einem großen Holzkreuz.[512]

Zwei scheinbare Sensationsfunde, die aber, wie so viele andere, eher ins Reich der Forschermythen gehört, sind das sogenannte „Ossuar des Jakobus" und ein vermeintliches „Grab Jesu". Beide Funde verbindet eine gemeinsame Geschichte: In der 1980 bei Bauarbeiten im Jerusalemer

---

509 E. L. Sukenik: The Earliest Records of Christianity. American Journal of Archeology 51/1947. S. 351-365. B. Gustavsson: The Oldest Graffity in the History of the Church. New Testament Studies 3/1957. S. 65–69.

510 Joh 11,1-2. Vgl. Clermont-Ganneau: Archeological Researches in Palestine during the Years 1873-1874. London 1896-1899, Vol. 1.

511 Das vermutet der jüdische Archäologe N. Avigad: A Depository of Inscribed Ossuaries in the Kidron Valley. Israel Exploration Journal 12/1962. S. 112. Vgl. dazu Mk 15,21 und Röm 16,13: Zu beachten ist, dass nur Markus, der sein Evangelium in Rom verfasste, die Namen der Söhne ausdrücklich erwähnt. Bei Matthäus und Lukas finden sie sich nicht.

512 E. L. Sukenik, a. a. O. S. 364–365.

Stadtteil Talpiot entdeckten Grabhöhle fanden sich Ossuarien mit den Namen Jesus, Maria und Joseph. Schell entstand daraus die Pressemeldung, man habe das echte „Familiengrab Jesu" gefunden und dieser Fund könne sogar die christliche Botschaft von der Auferstehung Jesu widerlegen. Seriöse Forscher jedoch machten darauf aufmerksam, dass die Namen allein keinerlei Aussagekraft haben: Denn die drei Namen waren in der jüdischen Bevölkerung so verbreitet, dass ihr gemeinsames Auftreten keine statistische Besonderheit darstellt.[513]

Zusätzlichen Zündstoff erhielt die Diskussion dann allerdings durch ein weiteres Ossuar, das 2001 im Besitz des israelischen Antiquitätenhändlers Oded Golan auftauchte. Darauf fand sich der Name „Jakobus, Sohn des Joseph, Bruder von Jesus". Besonders brisant: Es wurde behauptet, dieses Ossuar stamme aus demselben, 1980 entdeckten Familiengrab Jesu und tatsächlich entsprachen Erdreste an dem Ossuar genau denen, die auch im Talpiot-Grab gefunden wurden. Eine wissenschaftliche Untersuchung ergab jedoch, dass die Worte „Bruder von Jesus" der Inschrift erst nachträglich von Fälschern hinzugefügt wurden. Oded Golan wurde zwar 2013 vor Gericht von dem Vorwurf freigesprochen, die Fälschung selbst angefertigt zu haben. Das ändert aber nichts daran, dass es sich nach Meinung der meisten Experten um eine moderne Fälschung handelt.

Hinzu tritt die Tatsache, dass der Ort des tatsächlichen Grabes Jesu bereits seit Langem bekannt ist: Es befindet sich im Inneren der sogenannten „Grabeskirche" in der Altstadt von Jerusalem. Dieser Ort ist nicht nur durch jahrhundertelange Verehrung von Christen bekannt und bewahrt worden, sondern auch in historischen Zeugnissen seit dem 2. Jahrhundert nach Christus belegt. Moderne Ausgrabungen in der unmittelbaren Nähe des Grabes haben bestätigt, dass sich an dieser Stelle zur Zeit Jesu ein alter Steinbruch befand, der auch als Grabstätte genutzt wurde. Weitere Gräber aus der Zeit Jesu wurden dort freigelegt und können heute von Besuchern der Kirche betrachtet werden. Dass es sich bei der

513 Vgl. James H. Charlesworth: The Tomb of Jesus and his family? Exploring Ancient Jewish Tombs near Jerusalem's walls. Michigan: Eerdmans 2011.

eigentlichen Grabeskapelle, die traditionell als das Grab Christi gilt, um ein echtes jüdisches Grab aus der Zeit Jesu handelt, wurde erst kürzlich, im Herbst 2016, durch weitere archäologische Untersuchungen bestätigt: Im Zuge von Renovierungsarbeiten durften die Marmorplatten, die die Grabstätte seit Jahrhunderten bedecken, zum ersten Mal seit über 500 Jahren entfernt werden, um für wenige Stunden eine wissenschaftliche Erforschung des Grabes zu ermöglichen. Und tatsächlich wurden unter den Marmorplatten die immer noch erhaltenen Überreste eines alten Felsgrabes gefunden. Was bisher nur aufgrund von historischen Zeugnissen vermutet werden konnte und von vielen skeptischen Stimmen der Neuzeit immer wieder bezweifelt wurde, ist nun durch einen archäologischen Nachweis endgültig bestätigt.[514]

Auch hier zeigt sich wieder, dass wir mit unseren Informationen über Jesus – auch wenn sie zum großen Teil auf historischen Quellen und Überlieferungen beruhen – am Ende doch auf sicherem Grund stehen. Zwar können wir vieles heute nicht mehr eigenhändig überprüfen. Aber wir haben gute Gründe, den Überlieferungen zu vertrauen, die wir im Neuen Testament und in anderen frühen Quellen finden.

Zusammenfassung und Ausblick

Wie wir gesehen haben, gibt es eine Anzahl von deutlichen und weniger deutlichen außerbiblischen Hinweisen auf Jesus und das frühe Christentum: die Berichte antiker römischer und jüdischer Historiker, die Überlieferungen der Rabbinen und archäologische Zeugnisse. Eine genaue und ausführliche Darstellung dieser und anderer Hinweise gibt der englische Neutestamentler F. F. Bruce in seinem Buch „Außerbiblische

[514] „Exclusive: Christ's Burial Place Exposed for First Time in Centuries". National Geographic Online Edition vom 26.10.2016. (http://news.nationalgeographic.com/2016/10/ jesus-tomb-opened-church-holy-sepulchre/, zuletzt abgerufen am 24.4.2017).

Zeugnisse für Jesus und das frühe Christentum" (Gießen/Basel 1991). Der hier gegebene Überblick ist sicher nur ein Ausschnitt dessen, was aus den ersten Jahrhunderten an Information über Jesus und das frühe Christentum existiert. Es ist nicht unmöglich, dass weitere archäologische Untersuchungen noch einiges zutage fördern werden, was von Belang für die genauere Kenntnis der Geschichte Jesu und des frühen Christentums ist. Dabei ist deutlich, dass historische, literarische und archäologische Quellen nur den Hintergrund einer inneren Beziehung zu Jesus bieten können. Deshalb sind die aufgeführten Hinweise auch nicht als Beweise gemeint, sondern sollen nur der Irrmeinung entgegentreten, als wüsste man über Jesus und die ersten Christen kaum etwas und als befänden wir uns auf historisch unsicherem Boden.

In unserer Darstellung haben wir übrigens die durchaus reiche Literatur der ersten Christen selbst fast völlig außen vor gelassen. Wer sich die Mühe macht, sie zu lesen, wird ein noch klareres Bild davon erhalten, was Jesus für die ersten Christen bedeutete.

Literatur zum Weiterlesen

Arnold, E.: Am Anfang war die Liebe. Dokumente, Briefe und Texte der Urchristen. Wiesbaden 1986

Baltes, G.: Jesus. Dein Leben. Und du. Marburg 2004

Baum, A. Einleitung in das Neue Testament: Evangelien und Apostelgeschichte. Gießen 2018

Betz, O.: Was wissen wir von Jesus? Stuttgart 1965

Betz, O. / Riesner, R.: Jesus, Qumran und der Vatikan. Klarstellungen. Gießen 1993

Bruce, F. F.: Außerbiblische Zeugnisse über Jesus und das frühe Christentum. Gießen 1991

Bruce, F. F.: Zeitgeschichte des Neuen Testaments. Wuppertal 1986

Gerhardsson, B.: Die Anfänge der Evangelientradition. Wuppertal 1977

Lohfink, G.: Der letzte Tag Jesu. Die Ereignisse der Passion. Freiburg 1981

Parzany, U.: Jesus – der einzige Weg? Neukirchen-Vluyn 1992

Pixner, B. / Riesner, R.: Wege des Messias und Stätten der Urkirche. 2. Auflage Gießen 1994

Riesner, R.: Messias Jesus – Seine Geschichte, seine Botschaft und ihre Überlieferung. Gießen 2019

Spieß, J.: Nach der Wahrheit fragen. Antworten von C. S. Lewis. 4. Auflage Gießen 1994

Staudinger, H.: Die historische Glaubwürdigkeit der Evangelien. 5. Auflage Wuppertal 1988

Weißenborn, T.: Apostel, Lehrer und Propheten. Eine Einführung in das Neue Testament. Band 1: Evangelien und Apostelgeschichte. Marburg 2004

Weißenborn, T.: Apostel, Lehrer und Propheten. Eine Einführung in das Neue Testament. Band 2: Briefe und Leben des Apostel Paulus. Marburg 2004

Wenham, J.: Das Rätsel Ostern. Was zwischen Karfreitag ubnd Ostersonntag wirklich geschah. Wuppertal 1985

Werner, R.: Zehn gute Gründe, Christ zu sein. Neukirchen-Vluyn, 6. Auflage 2003